U0956460

译文纪实

CURRENCY WARS

James Rickards

[美] 詹姆斯 · 里卡兹 著
凌复华 译

货币战争

上海译文出版社

献给安、斯科特、阿里、威尔和莎莉——满怀深爱和感激，并以此纪念我的父亲，理查德·H·里卡兹和其他曾战斗在佩莱利乌岛、冲绳岛和中国的老兵们。

“埃及地和迦南地的银子都花尽了，埃及众人都来见约瑟，说：‘我们的银子都用尽了，求你给我们粮食，我们为什么死在你面前呢？’”

《圣经·旧约·创世记》47：15

目 录

前言 …… 001

·第一部分·
军事演习

第一章 演习准备 …… 003
第二章 金融战争 …… 016

·第二部分·
货币战争

第三章 对黄金时代的反思 …… 035
第四章 第一次货币战争（1921 年～1936 年） …… 053
第五章 第二次货币战争（1967 年～1987 年） …… 073
第六章 第三次货币战争（2010 年～ ） …… 091
第七章 G20 解决方案 …… 116

·第三部分·
下一波全球性危机

第八章 全球化和国家资本主义 …… 137

第九章　经济学的误用 …… 158
第十章　货币、资本和复杂性 …… 183
第十一章　终曲——纸币、黄金或混沌? …… 211

结论 …… 239
平装版后记（2012 年） …… 243
致谢 …… 249
参考文献 …… 252

前　言

1971年8月15日，一个安静的星期日晚上，理查德·尼克松总统占用美国最热门电视节目的黄金时段，开始广播演说，以宣布他的新经济政策。美国政府将实施全国性的价格管制，对国外进口商品征收高额附加税，并禁止用美元兑换黄金。由于一场正在进行的货币战争摧毁了人们对美元的信任，这个国家正处于危机之中，因此总统确信，这些极端措施是必要的。

今天我们正在介入一场新的货币战争，另一次美元信任危机即将到来。这一次的后果要比尼克松面对的严重得多。全球化、金融衍生品和杠杆化产品在过去四十年里的增长，使得金融恐慌及其蔓延几乎不可能被遏制。

新的危机可能会从货币市场开始，并迅速蔓延到股票、债券和期货。当美元崩溃时，以美元计价的市场也会崩溃。恐慌将迅速蔓延全世界。

结果是，另一位美国总统（或许是奥巴马），将援引现存的法律，通过广播、电视和互联网宣布一项激进的干预计划，以避免美元彻底崩溃。这个新计划甚至可能涉及回归金本位。如果回到金本位，黄金的价格会比现在高得多，这样可用的固定数量的黄金才能支撑膨胀臃肿的货币供应。因投资黄金而获得新财富的美国人，将面临以公平名义征收的90%的“暴利税”。目前存放在纽约的欧洲和日本的黄金将被征用，为新的美元政策服务。毫无疑问，欧洲人和日本人会得到一份收据，他们的黄金将以新的更高的价格兑换成新美元。

作为替代方案，总统也可以不回到金本位，而是利用一系列资本管制以及由国际货币基金组织（IMF）创建的全球性货币，来缓和并稳定局势。国际货币基金组织的全球性救市不会用旧的、不可兑换黄金的美元，而是用新印制的具有特别提款权的全球性货币。生活仍将继续，但国际货币体系永远不会再跟以前一样了。

以上并不是遥不可及的胡乱猜测，在过去，这一切全都发生过。一次又一次，纸币贬值，资产冻结，黄金被没收，资本被管制。对此，美国也无法独善其身；事实上，从1770年代到1970年代，经历了革命、内战、大萧条和卡特时期的恶性通货膨胀，美国一直是美元贬值的引领者。在一代人中没有发生货币崩溃的事实，只是意味着下一次崩溃已经逾期。这不是猜测——先决条件早已满足。

今天，本·伯南克领导下的美国联邦储备委员会，正在进行金融史上最大的赌博。从2007年起，美联储通过削减短期利率和自由借贷来抵御经济崩溃。最终，利率归零，美联储的弹药用完了。

之后，在2008年，美联储发现了新的弹药：量化宽松。虽然美联储宣称，该计划是通过降低长期利率以缓解金融状况，但究其本质，它只是刺激经济增长的一个印钞方案。

美联储正试图用资产价格、商品价格和消费价格的膨胀来抵销崩溃后的自然膨胀。基本上这是一场对抗通货紧缩（通常伴随着萧条）的拔河比赛。在典型的拔河比赛中，开始时很少有什么发生。双方势均力敌，一段时间内没有动静，只是绳索被拉紧。最终，一方崩溃，另一方把失败者拖过界线以宣布胜利。这是美联储豪赌的精髓。它必须在通货紧缩占上风之前制造通货膨胀；它必须在拔河比赛中获胜。

在拔河比赛中，绳索是从一端向另一端传递力量的通道。本书讲述的就是这条绳子。在通货膨胀和通货紧缩的较量中，绳索是美元。美元承受着所有对抗势力的作用力，并把这种力量传递给全世界。美元的价值变化将告知谁赢得了拔河比赛。这种特殊的比赛实际上是一场全面的货币战争，它不是一场游戏，而是对世界上每一种股票、每一种债券和每一种大宗商品价值的攻击。

对美联储而言，最好的可能世界是这样的：资产价值被维持，银行变得更健康，政府债务消失了，似乎没有人注意到有什么问题。然而，通过规模空前的印钞，伯南克已成为 21 世纪的潘格洛斯①，希望最好的情况出现，但对最坏的情况几乎毫无准备。

这里有一种非常现实的危险：美联储的印钞会突然变身为恶性通货膨胀。即使通货膨胀没有影响消费价格，它也会在资产价格中显现，导致股市、期货、土地和其他硬资产的泡沫，这些泡沫很可能会像 2000 年的科技股或 2007 年的房市那样破裂。美联储声称有手段可以避免这些结果，但这些手段从未在这种情况下，或是在如此大的规模上尝试过。美联储的补救措施——更高的利率和紧缩的货币——很可能会导致美联储原本打算避免的大萧条。美国经济处于萧条和恶性通货膨胀之间的刀刃上。数以百万计的投资者、企业主和工人，忧心忡忡地想知道美联储能在这把刀子上平衡多久。

更糟的是，所有这一切都不是在真空中发生的。如果美联储的政策操作仅限于美国经济，那是另一回事，但它不是。印制美元的影响是全球性的；通过实行量化宽松政策，美联储事实上向全世界宣布了货币战争。美联储政策许多令人担忧的潜在影响已经在海外显现。在美国印制美元，意味着中国的通货膨胀率更高，埃及的食品价格上涨以及巴西的

---

① 潘格洛斯（Pangaloss），伏尔泰的小说《老实人》中的人物，他的哲学是：在所有可能的世界中，我们这个是最好的，一切都因为绝对的必要而发生，一切都以最好的方式发生。——译者

股市泡沫。印制美元，意味着美国债务贬值，外国债权人收到的美元贬值。贬值，意味着发展中国家的失业率升高，因为他们的出口商品对美国人而言更加昂贵。由此造成的通货膨胀，也意味着发展中国家需要的进口商品如铜、玉米、石油和小麦的价格更高。各国已经开始通过补贴、关税和资本管制来反击美国造成的通货膨胀；货币战争正在迅速蔓延。

虽然美联储印制万亿美元的规模可能史无前例，但货币战争并非前所未闻。货币战争曾发生过——单单 20 世纪就有两次——而且结局总是很糟。在最好的情况下，货币战争造成有些国家从贸易伙伴那里窃取了经济增长。在最坏的情况下，对资源的争夺导致了侵略和战争，它蜕变成通货膨胀、衰退、报复和暴力。历史上的先例足够清晰，今天的危险则更大，因为金融关联的规模和复杂性在全世界呈指数级增长。

使许多观察家困惑的是，近年来经济学家在预见或防止经济灾难上的彻底失败。他们的理论不仅没有阻止灾难，反而使货币战争变得更糟。经济学家的最新解决方案——例如被称为特别提款权的全球货币——具有潜在的新危险，而且它并不能帮助我们从现存的困境中解脱。

这些新的危险中有一些不仅威胁到美国的经济福祉，也威胁到我们的国家安全。国家安全专家对货币问题的审视，传统上是交给财政部进行的。新的威胁不断成为人们关注的焦点，从中国购买黄金到主权财富基金的幕后动机。而大于任何单一威胁的，是美元本身的崩溃。军事和情报领域的高级官员现在认识到，美国独特的军事优势只能靠美元同样独特和占主导地位的作用维持。如果美元崩溃，美国的国家安全也将随之崩溃。

虽然当前货币战争的结果尚不确定，但如果美国和世界各国的领导人未能从前任的错误中吸取教训，某种类型的最坏情况几乎是不可避免的。本书从经济政策、国家安全和历史先例的角度来审视我们当前的货币战争。它将解读扑朔迷离的失败案例，以及被一厢情愿和傲慢偏见推动的现行公共政策，并指出一条通向更有事实根据的有效做法的途径。最后，读者将理解为什么新的货币战争是当今世界上最重要的战争——正是这场战争决定了所有其他事情的结果。

第一部分

军 事 演 习

第一章　演习准备

“目前的国际货币体系是旧时代的产物。”[①]

胡锦涛

2011 年 1 月 16 日

应用物理实验室（Applied Physics Laboratory，简称 APL），建于曾是农田的 400 英亩的土地上，正好位于巴尔的摩和华盛顿特区中间，是美国最高机密级的高科技应用物理和武器研究系统皇冠上的宝石之一。它与国防部密切协调运作，其专业包括尖端武器装备和深太空探测。实验室的官员自豪地告诉来访者，月亮和太阳系中的每颗行星都有一个 APL 开发的相关设备，要么在其表面，要么从旁经过。[②]

1942 年珍珠港被袭后不久，应用物理实验室成立，目的是引入应用科学以改进武器。美国军方在第二次世界大战早期使用的大部分武器，要么过时要么低效。实验室最初被安置在美国陆军部征用的一个二手车经销店里，位于马里兰州银泉镇的乔治亚大道。它从一开始就是保密的，虽然其早期的安保只靠几名武装警卫，而不是今天复杂的传感器和多重安保外围设备。APL 的第一个使命是开发延时（或称 VT）引信，这是一种高射炮弹引信，用来帮助保护海军舰艇免受空中打击，后来它与原子弹和雷达一起，被誉为对美国在第二次世界大战中取胜作出贡献的三大技术。基于这一初步成功，APL 的项目、预算和设施自此一直在扩大中。“战斧”巡航导弹、“宙斯盾”导弹防御系统和各种的宇宙飞船，都属于APL近几十年来为国防部和美国宇航局（NASA）开发的先进武器系统和空间系统。

除了武器和太空探索，应用物理实验室还一直为军方做强有力的知识和战略服务。在这些更抽象的功能中，它的战争分析实验室尤其卓越超群，该实验室是美国军事演习和战略规划的主要场所之一。因为该实验室靠近华盛顿特区，人们最喜欢在这里进行战争—战斗模拟，在过去的几十年里，它多次成为这类演习的场所。为了进行一场由五角大楼发起的军事演习，大约60名来自军方、情报部门和学术机构的专家，于2009年深冬一个下着雨的早晨抵达APL。[3] 这次军事演习与军方以往进行的任何演习都不同。交战规则禁止军方所谓的动力学方法——可以被发射或会爆炸的物体。没有两栖入侵、没有特种部队、没有装甲侧翼演习。取而代之，唯一允许使用的是金融武器——货币、股票、债券和金融衍生品。五角大楼准备用货币和资本市场而不是军舰和战机，发动一场全球性的金融战争。

21世纪初，美国在传统和先进的高科技武器系统方面，以及军方所说的4CI，即指挥（Command）、控制（Control）、通信（Communications）、电脑（Computers）和情报（Intelligence）方面的优势如此之大，以至没有

① “Q&A with Hu Jintao,” *Wall Street Journal*, January 18, 2011, http://online.wsj.com/article/SB10001424052748703551604576085514147521334.html.

② 有关应用物理实验室的历史和业务的信息取自该中心的网页，www.jhuapl.edu。

③ 由国防部部长办公室发起、应用物理实验室的战争分析实验室主办的金融战演习的细节，来自作者的回忆和当时的笔记，以及应用物理实验室提供的大量材料，包括会议日程、座位分布、邀请电子邮件和演习资料：“Economic and Finance Game Player Book,”“Economic & Finance Game Mechanics,”“Economic & Finance Game Overview,”“Administrative Instructions — Global Economic Seminar 7 - 8 October 2008,”“Administrative Instructions — Global Economic & Finance Game Design Planning Seminar 18 - 19 November 2008,”“Economic and Financial Game Baseline Scenario — March 17, 2009,”“Global Economic Impacts on the DoD Final Report 31 March, 2010,” and “Global Economic Study: Appendix D: Economic Game 17 - 18 March 2009”。

哪个国家敢直面对抗。但这并不意味着战争是不可能的。像朝鲜这样的国家，就有可能把某一事件升级为重大攻击而不顾后果。如果美国的国家利益受到影响，它也可能会卷入涉及其他国家，例如伊朗和以色列之间的战争。除了这些特殊情况，与美国进行常规军事对抗看起来不太可能，因为美国有能力遏制并最终消灭对方。结果是，竞争国家和跨国力量如“圣战组织”，越来越多地发展非常规战争的能力，包括网络战、生化武器和其他大规模杀伤性武器，或是一种意想不到的新花样——金融武器。这场金融战争演习是五角大楼的首次尝试，以探索实际的金融战争会如何演变，以及有什么经验教训可以汲取。

这次军事演习酝酿了好几个月，我参与了真实演习之前的战略会议和演习设计。精心设计的军事演习，尝试达到出乎意料的结果并模拟真实战争的迷雾，但仍需要一些出发点和一套规则，以免陷入混乱。APL的演习设计团队在这方面是世界上的佼佼者，但金融战争演习需要一些全新的途径，包括华尔街的专业知识，对此物理学家或军事计划专家并不具备。而我的任务，是填补这一空白。

我与实验室的合作于2006年12月在内布拉斯加州的奥马哈开始，当时我在那里参加一个由美国战略司令部主办的战略论坛。我做了一个关于新的市场情报科学，或被情报专家称为MARKINT的报告，涉及分析资本市场以寻找关于市场参与者意图的有用情报。对冲基金[①]和投资银行多年来一直在使用这些方法，以便在收购和政府政策变动方面获得

① 对冲基金（Hedge Fund），原意为“风险对冲过的基金”，其操作中利用了期货、期权等金融衍生产品以及对相关联的不同股票的买空（亦称做多，预测股价会上涨时买入看涨合约或类似操作）卖空（亦称做空，预测股价会下跌时买入看跌合约或类似操作）。风险对冲的操作技巧，在一定程度上可规避和化解投资风险。但经过几十年的演变，对冲基金已成为一种新的投资模式的代名词，即基于最新的投资理论和极其复杂的金融市场操作技巧，充分利用各种金融衍生产品的杠杆效应，承担高风险追求高收益的投资模式，因此也称为避险基金。对冲基金的规模一般都很大。——译者

信息优势。现在，与合作伙伴——经验丰富的期权交易员和风险经理克里斯·雷和在中情局工作三十五年后最近退休的兰迪·陶斯——一起，我们运用这些技术开发出新的方法，可以在国家安全领域提前识别潜在的恐怖主义袭击，并获得对美元攻击的预警。APL 战争分析实验室的几名成员出席了在奥马哈的会议并在事后与我联系，商讨一起工作的可能性，把 MARKINT 概念与他们自己的研究结合起来。

所以当 2008 年夏天接到电话被邀请参加由国防部部长办公室和 APL 主办的一次全球金融研讨会时，我并未感到惊讶。会议被安排在 9 月，目的是“审视全球金融活动对国家安全问题的影响”。这是国防部计划在该年度整个夏末和秋季举行的一系列研讨会中的一个，以作为金融战争演习的准备。国防部想知道，这样的演习是否有可能进行——它是否有意义。他们需要考虑适当的“团队”。这些团队应该是国家、主权财富基金、银行还是它们的组合？他们还需要考虑让参演者做出反应的情景，这些情景遥远但仍有可能发生。必须制定一张参演专家名单，也可能需要聘用一些从未参加过军事演习的人员。最后，必须建立演习的规则。

为了保障实验室内的绝密工作，对访客的安检程序与美国政府国防或情报设施的安检程序一样严格，从事先的许可证和背景调查开始。到达后，访客很快被分为两类，“无须陪同”或“需要陪同”，以徽章的不同颜色显示。其实际影响主要体现在来回咖啡机的途中，但隐含的意义是，那些持有“无须陪同”徽章的人，已经从他们单位的主管或政府承包商那里得到高度安保的许可。黑莓手机、苹果手机和其他数字设备，必须存放在安保处，离开时才能取回。X 射线扫描仪、金属探测器、多重安保区和武装警卫是例行常规。一旦进入，你就真正陷入了军事情报复合体的氛围之中。

总共大约有 40 人参加了 9 月会议，包括许多杰出的学者、智库专家、情报官员和穿制服的军人。我是被要求在那一天做正式报告的五人之一，主题是主权财富基金。主权财富基金由政府设立，用于把政府多余的储备金做投资，许多基金的资产总值在千亿美元量级甚至更高。这些储备金基本上是硬通货盈余，大多数是美元，由政府通过出口自然资源或制造业产品赚取。最大的储备金由石油生产国挪威和阿拉伯国家，或是制造业出口大国和地区如中国掌握。传统上这些储备金由那些国家的中央银行以高度保守的方式管理；投资局限于低风险的流通票据，如美国国库券。这种策略提供了流动性，但不会提供太多收入，往往趋于将投资组合中的一大部分仅仅集中于一种投资类型。事实上，盈余国家把他们所有的鸡蛋都放在一个篮子里，并没有得到很好的收益。储备金的规模在 1990 年代开始急剧增加，部分是全球化的结果，盈余国家开始寻找使投资获得更高收益的方法。中央银行没有能力这样做，因为它们缺乏选择股票、期权、私募股权、房地产和对冲基金所需要的投资人员和投资组合经理，而这些是高收益的关键。因此，主权财富基金开始出现，以便更好地管理这些投资；最早的主权财富基金创立于几十年前，但大多数出现在过去十年中，发起政府从中央银行储备金中拨出大笔款项，并强制性地要求建立一个涉及全球的多元投资组合。

就基本形式而言，主权财富基金在经济上是有意义的。大多数资本用于专业投资，不包含隐藏的政治目的，当然并非总是如此。有些收购是形象工程，如“中东”投资迈凯轮、阿斯顿·马丁和法拉利 F1 方程式赛车队，而另一些投资在政治上远比在经济上更重要。在开始于 2007 年的大萧条的第一阶段，主权财富基金是救助资金的主要来源。2007 年底和 2008 年初，主权财富基金投入了超过 580 亿美元以支持花旗集团、美林、瑞士联合银行和摩根士丹利。2008 年初，中国曾考虑向贝尔斯登额外注资 10 亿美元，只是因为贝尔斯登在那一年 3 月几近破产才最后放弃。当这些投资在 2008 年的恐慌中锐减时，美国政府不得不介入，用纳税人的钱来继续救助。主权财富基金在这些早期投资中损失了大量财富，但它们的股票仓位和影响依然存在。

我的报告主要集中在主权财富基金投资的黑暗面，它们如何通过情报分析家所谓的借壳公司（即皮包公司），如信托公司、托管账户、瑞士私人银行和对冲基金来操作。有了这些皮包公司，主权财富基金可以施加恶性影响于目标公司，如窃取技术、破坏新项目、扼杀竞争、从事串通投标、招募代理商或操纵市场。我并没有断言这些活动是常见的，更没说它们是常规的，而只是说这样的活动是可能的，美国需要发展更强的监测能力来保护其国家安全利益。与这些具体威胁一起，我指出了潜在的更大威胁：全方位攻击西方资本市场以使资本主义社会的引擎失效。我的报告包括了监测主权财富基金行为的指标和系统规范，以便寻找幕后的不良活动并识别金融瓶颈——苏伊士运河和霍尔木兹海峡在信息时代的等同物，它可以被监控，以防止或击退未来的金融攻击。

在为期两天的会议结束后，出席的国防部官员看起来很满意，因为实验室的专家、议题和威胁分析的坚实核心已经发展起来，由此可以将军事演习推进到下一个阶段。

次月，核心专家组在实验室再次开会，继续准备金融战争演习。除了 APL 的主持人和我们在国防部的发起人，还有包括商业和能源的其他内阁级部门的代表；包括海军战争学院在内的几所主要大学；包括彼得森研究所和兰德公司在内的一些智库；包括洛斯阿拉莫斯在内的其他物理实验室和参谋长联席会议的高级军官。

这时我注意到我们缺乏有实际资本市场经验的代表。我是房间里唯一在华尔街有漫长职业生涯的人，包括在投资银行、对冲基金和交易所的工作经历。为了进行一次金融战争，我们需要懂得如何应用金融武器的人，这类武器包括非法预先交易、内幕消息、流言、带有误导性价格行情的“粉饰行情”、逼空[①]，以及在华尔街蓬勃发展的其他诀窍。我们需要的，按照传奇银行家约翰·古特弗洛因德的名言，是在交易货币、股票和衍生品时能够“咬掉熊屁股”的人。房间里穿制服的军人或间谍，并不缺乏男性荷尔蒙，但在利用信用违约掉期[②]摧毁一个国家方面，他们所知道的，并不比一般的股票交易员对洲际导弹发射程序的了解更多。要使这个项目成功，我得说服国防部招募一些我的同侪，使演习更现实并更有价值。

在 10 月的会议上，我做了一个关于期货和金融衍生品的报告。解释如何使用这些杠杆化[③]工具操纵潜在的实体市场，包括那些战略大宗商品如石油、铀、铜和黄金等。我也解释了由参议员菲尔·格拉姆主导、克林顿总统于 2000 年签署的《商品期货现代化法案》，其中禁止衍生品监管的条文，如何打开了这些产品在数量和种类上指数级增长的大门，它们被用来掩护主要银行的资产负债表，使之几乎无法被监控。我搭建了借壳公司、主权财富基金和衍生品的杠杆如何联合起来发动金融珍珠港袭击的图景，对此美国将完全措手不及。演习前的研讨会开始达

---

① 逼空（Short Squeeze）是指对于那些空仓的投资者或机构，多方快速拉升，使其在低位没有建仓机会，从而迫使他们在高位建仓，减少其价格差异收入的操作方法。——译者

② 信用违约掉期（Credit Default Swap，CDS），即信用违约互换，是进行场外交易的最主要的信用风险缓释工具之一，它是一种信贷衍生工具。合约由两个法人签署，一个称为买方（信贷违约时受保护的一方），另一个称为卖方（保障买方于信贷违约时不受损失）。当买方在有抵押下借款予第三者（欠债人），而又担心欠债人违约不还款时，就可以向信贷违约掉期合约提供者买一份有关该欠债人的合约/保险。通常这份合约需定时供款，直至欠债人还款完成为止，否则合约失效。倘若欠债人违约不还款（或按其他合约指定情况，令人相信欠债人无力或无意按时还款），买方可以用抵押物向卖方索赔，换取应得欠款。卖方所赚取的是倘若欠债人依约还款时的合约金/保险费。——译者

③ 杠杆化（Leveraging），即负债运营，当资本市场向好时，可以用较少的本金获取高收益。但当资本市场开始走下坡路时，资产价格下跌，亏损会非常巨大，甚至超过资本，从而迅速导致破产倒闭。于是当市场下跌时，人们实施“去杠杆化”，就是减少使用金融杠杆，把原先通过各种方式（或工具）“借”到的钱还回去。——译者

到其目的；军事，情报外交专家和金融专家现在意见一致。金融战争的威胁越来越明显。

我们的第三次预备会议于11月中旬举行；这次有一些新面孔，包括来自情报部门的高级官员。我们不再考虑金融战争演习的可行性；演习现在肯定要进行，要专注的是演习设计。我提供了详细的金融战争情景，并提出一个观点，由于资本市场的复杂动力学，演习设计应当包括攻击者和防卫者都始料未及的不可预测结果。会议的结论是，国防部和APL的演习设计团队已从专家那里获得足够的数据来完成最终设计。剩下的只是选择参演者，设定日期和开始演习。

在行政部门交替中经历了一些不确定和拖延之后，奥巴马政府指示按原计划进行。正式邀请于2009年1月下旬发出。演习将延续两天，3月17日和18日，在APL战争分析实验室气势宏伟的作战室中进行，它曾被用于过去的多次战争模拟。

所有的军事演习都有一些共同元素。它们涉及两个或多个团队，亦称军团，习惯性地被指定为有关国家的名称或某种颜色。一个典型的演习可能涉及一个红色军团，通常是坏人，一个蓝色军团，好伙计，也有些演习有更多方参与。一个关键的军团是由演习总监和被指定为裁判的参演者组成的白色军团。白色军团决定某一个具体的演习行动是否被允许，也决定在每一轮比赛中谁赢谁输。一般由演习设计师对每个军团指定具体的目标或任务；其后参演者被期望采取合乎逻辑的行动来实现那些任务，而不是在无法解释的方向上漫无目标地动作。演习设计团队还将用政治科学家、军事战略家和其他分析师来描述影响所有演习者的初始条件，由他们决定起跑线。最后，还设计了度量国力的一些系统，以便确立在演习开始时每个军团的相对国力，其方式与战争开始时相仿，一些军团比其他军团更强大，或一些经济体具有较大的工业潜力。

一旦进入演习，参演者将促使每个军团采取行动，而白色军团评估每个军团行动的成功或失败，并对每个参加竞争的军团加分或减分。其他设计特点包括指定演习进行的天数和每一天的行动数量。这是一个重要的实际约束，因为对许多外部专家而言，他们很难离开其专业岗位一次超过两到三天。

我不是一个军事演习专家，但我是被指定的华尔街专家，所以我与演习设计师一起工作，把我所知道的世界与他们参数范围内的所有类别、时间表、规则和预算相匹配。我的主要目标之一是确保演习设计允许非常规情景。我知道，一次真实的金融攻击不会涉及任何一目了然的事情，例如在公开市场上抛售国库券，因为总统有近乎独裁的权力，可以冻结试图那样扰乱市场的任何账户。袭击几乎肯定涉及很难识别的借壳公司和难以跟踪的衍生品。最重要的是，金融攻击几乎肯定会涉及美元本身。破坏对美元的信心将会比实施任何特定的使美元贬值的手段有效得多。如果美元崩溃，所有以美元计价的市场都会跟着美元一起崩溃，而总统冻结账户的权力将毫无用处。我打算确保演习设计容纳一场真正的货币战争，而不仅仅是股票、债券和商品期货的战争。

拼图的最后一些碎片正在复位。团队决定会有美国军团、俄罗斯军团和中国军团。此外，还将有一个环太平洋军团，其中包括日本、韩国、越南及其他国家和地区。这并不是最理想的，因为，如果把韩国作为单独的实体，它可以根据问题类型采取非常不同的立场，但这样的妥协是必需的，以便不超出我们的预算范围，使演习能顺利开始。也将有一个灰色军团，代表世界其他地区（我不确定欧洲人会怎么感觉，他们没有得到他们自己的军团，而不得不与国际货币基金组织、对冲基金和开曼群岛共享一个平台）。最后，当然是无所不能的白色军团，指挥演习过程，并在演习结束时确定胜者。

演习将在两天内有三个行动。两个行动在第一天，第二天有一个额外行动再加上结束总结时间。每个军团有自己的设施可用，作为决定他们每个行动的“首都”，在战争室有全体会议，各军团独自采取行动，而他们的对手则对此回应。白色军团主持全体会议，奖励或减去每个军团“国家实力指数”的国力分数。在每个回合中，军团可以在指定地点进行双边首脑会议或与其他军团谈判。

最有趣的是，每个军团都有一套外卡，外卡允许的行动和回应，不包含在每一轮情景的开始套路中。虽然这是在紧凑预算下的第一次实施，且可能的结果在开始时尚不清楚，但首脑会议和外卡的结合足以提示，我们可以向五角大楼显示真实的非传统的金融战争将如何发生。

当完成回顾概述后，我再次指出，我们有非常多的军方、情报和智库参演者，但除了我以外没有任何华尔街人士。我知道，通过邀请上述参演者，我们将得到十分可预测的行动-回应功效。这些人精通宏观经济学和策略，但他们并不真正了解资本市场在战壕中的作用。我告诉他们我想招聘一些投资银行家和对冲基金人员加入。他们说，还有足敷两个参演者的预算，我可以自行招聘。

我招聘的第一个人员是史提夫·哈利韦尔，一位经验丰富的银行家和私募股权①投资人。史提夫短小精悍、生气勃勃，因其粗框眼镜和光头很容易被认出。他是“俄罗斯通”的典型，就读于卫斯理学院本科期间，便作为肯尼迪—赫鲁晓夫时代的早期交流生于 1963 年首次访问苏联。后来他就读于哥伦比亚大学研究院，在花旗银行有一段漫长的职业生涯，他在那里参与了花旗银行莫斯科分行的开张，而后在 1990 年代推出了美国第一批俄罗斯投资基金中的一个。史提夫知道无穷无尽的俄罗斯轶事，他以很强的幽默感告诉每个人生动的细节。他说俄语就像一个俄国人，并因他的银行和投资活动而在俄罗斯有一个庞大的网络。史提夫和我于 2008 年冬在莫斯科花了一周时间为我的一些对冲基金客户

① 私募股权（Private Equity，简称 PE），非上市股权，或者上市公司非公开交易股权。——译者

做市场调研。这次旅行，因为美丽的红场夜间降雪和我们与俄罗斯主人一起消耗的巨量伏特加和鱼子酱而令人难忘。我知道他将会在五角大楼的金融战争演习的俄罗斯军团中完美发挥。他也欣然同意加盟。

我还能招一个人。因为史提夫做的是私募股权基金，是一名长期投资人，我想要一个更接近市场日常动态的专家，他更了解什么是所谓的“技术指标”，即短期供应和需求失衡可能会推动股票价格远离其基本价值，并使所谓的理性投资人措手不及。我需要一个知道处理这种巨大订单个中所有诀窍的人，这种订单可以摆布市场，把不知情者碾压粉碎。我打电话给一位在金融战壕里超过三十年的朋友，他在华尔街以“O. D.”为人所知。

从共事于格林尼治资本公司（政府债券主要交易商）时算起，我认识比尔·奥唐奈已经有几十年了。比尔是我们那儿最聪明的销售员之一，除了埋头处理客户订单之外，他总是面带微笑。他从来没有心情不好的时候，也从不发脾气，这在交易大厅实属罕见。他一头清爽的灰白色卷发，一身学院风装束，外表俊朗，随和的举止使他成为最受欢迎的债券从业者之一，虽然该行业素以众多令人不快的A型人格[①]人士著称。他热爱这一行业并见证了一切，从1982年初牛市启动，到始于2002年的房地产泡沫。2009年我给他打电话时，他是银行业巨头瑞士联合银行位于康涅狄格州斯坦福的北美总部的利率战略负责人。

我曾为国家安全项目招聘过许多华尔街人士，与那些人一样，他立刻明白这是怎么一回事，并迫不及待地志愿参加。经与他的瑞士联合银行上司磋商后，几天后他给我打了一个电话。“我参加，”他说，“只要

① 美国学者弗里德曼（M. H. Friedman）等人研究心脏病时，把人的性格分为两类：A型和B型。A型人格者更具进取心、侵略性、自信心和成就感，并且容易紧张。他们愿意从事高强度的竞争活动，不断驱使自己在最短的时间里做最多的事情，并攻击阻碍自己努力的他人他事。B型人格者则较松散、与世无争，对任何事皆处之泰然。A型人格者得心脏病的概率远高于B型人格者。——译者

告诉我需要我在哪里。与将军和情报人员混在一起真是太棒了。我都等不及了。”搞定。

史提夫当然被分配到俄罗斯军团。O. D. 则被分配到灰色军团，代表对冲基金和瑞士联合银行，这又是一个合适的分配。我被分配到中国军团，与我一起的还有一位著名的哈佛学者，一位高智商的兰德公司分析师和另外两位其他领域的专家。

离金融战争演习只剩下几个星期了，是放一些陷阱——军方称为“调理战斗空间”——的时候了。我知道俄罗斯的国力在比赛开始时会明显弱于美国甚至中国。事实上，国力评估显示俄罗斯只有美国的三分之二，而中国在两者之间。就我而言，这只是意味着俄罗斯在演习中必须更加聪明更加努力地去做非常规的动作，以使美国大吃一惊。作为一个关心国内经济进程和抵御金融攻击能力的美国人，我希望美国在演习环境中遭遇某种震惊或挫折。这是在现实世界中遇到严重挫折之前，我们为美国尽职并且使国防部和情报界某些人睁开眼睛的最好方式。事实上，史提夫、O. D. 和我都不在美国军团，这使我们有可能提供某种震慑。事实上，我们以更少的国力开始，意味着我们必须更富创造性，更隐秘谨慎。

“1020 路标”是康涅狄格州达里恩一个受欢迎的小酒馆，靠近我的住所，也离史提夫在纽约州韦斯特切斯特县的家不远，它已成为附近斯坦福银行和瑞士联合银行投资银行家们的一个聚会场所。桃花心木酒吧，黄铜灯具，玻璃吊灯和白色桌布，带来一种古典法国的面貌和感觉。我建议史提夫在比赛前一周一起在那里吃晚饭，并作出使美国处于守势的计划。

在伴随着牡蛎、白葡萄酒和伏特加的祝你健康声中，我们稍事回忆在莫斯科的经历，然后开始谈正事。我递给史提夫一份我以前所写的模拟俄罗斯中央银行的新闻稿，它曾被用于一些文章和讲座。新闻稿说，俄罗斯正在将黄金运往瑞士，并在伦敦创办一家新银行。该银行将发行用瑞士金库中的黄金支持的一种新货币。最初俄罗斯将拥有所有的新货币，但每个人都可以自由地存入黄金并兑换新货币。其中还有其他技术特点使得计划可行，如贷款和结算能力。关键是从现在起，俄罗斯的石油或天然气出口必须用这种新货币结算。美元将不受欢迎。

“吉姆，我很为你担心，你已经开始像俄罗斯人一样思考了。”史提夫说。

“从你这里听到这句话，我受宠若惊。”我回答。

“你为什么要用到瑞士和伦敦?”

“没有人相信俄罗斯人不会偷黄金，”我说，“但是他们相信瑞士人和英国人不会。所以，如果你所做的一切都在他们的法律体系保护下，人们不会害怕存入黄金。”

“对。俄罗斯多年来一直在寻找摆脱美元体系的出路。他们一直试图利用我们的规则，但每次都被耍，”史提夫说，“这对他们是完美的。”

“你看这样行不行，”我向史提夫靠过身去说，“如果你让俄罗斯军团做这个动作，我会让中国军团跟着做。如果你不能，我会自己向中国军团提出这个想法。无论用哪种方式，我们都将在演习中做这件事，试图使美元贬值。这对美国是一种震慑，五角大楼付了钱并希望从中学到一些东西。我们不能让他们的钱打水漂。”

史提夫拿起模拟新闻稿，折好，塞在夹克口袋里以便带回家仔细研究。我们喝完了伏特加酒，然后离开，准备好对美元的偷袭。

现在，史提夫、O.D. 和我们中间的其他人已准备好发动战争。在那两天，演习将活灵活现，让许多人真正看到，市场是怎样运作的，金融防御力弱的国家又会是怎样的。

第二章　金融战争

“美国的主要短期安全关注是全球经济危机及其地缘政治[1]意义……事实上，政策……例如竞争性货币贬值的……风险会释放一波破坏性的保护主义。”

丹尼斯·C·布莱尔，美国国家情报总监

2009 年 2 月

第一天

那个下着雨的 3 月早晨，我们到达实验室参加军事演习，在停车场我注意到的第一件事是一排排高性能的摩托车——川崎、铃木等。我猜想工于武器设计的物理学家也有野性的一面。我们要去 26 楼专供我们使用的新场所。我们在附近泊车，然后走向正门。进入大楼，我们通过安全检查，取得标识，存放手机后上楼。在会议室和办公室开了几个月的会议后，我们首次被允许进入战争分析实验室的作战室。没有让人失望。在冷战时期长大，我经常根据经典电影《奇爱博士》和《故障安全》[2]来想象用于核战争的作战室。现在我们正在进入一个类似的地点，但不是用 B－52s 作战，而是用货币。

APL 的作战室十分庞大，有着可容大约 100 名参演者和观察者的电子战站台和观察哨。矩形房间的正面墙壁上有四块巨大的屏幕，两侧则安装着一排排较小的50英寸的等离子电视屏，以供偏远位置的额外参演者使用或显示额外的图像。座位是分层的，在底层最靠近屏幕墙处有一个可容12人的中央梯形台；梯形台两侧有四排长桌，每边两排，它们在稍高的层面上形成环绕中心的两个人字形。后面一个更高的夹层上，有一列列额外的观测站，横跨整个房间，与下方的主要桌台垂直。最后，在房间的后面，对着大屏幕，茶色玻璃窗后隐藏着一个有五个额外战斗站的隔间和一些站位。我后来发现这个隔间是为资深军事观察员准备的，他们想要观察演习，但又不想为其他参演者所知。

在正面屏幕的右侧有一个讲台和麦克风，在此每个军团的代表可以宣布他们的行动以及对其他军团行动的回应。每一个战斗站都配备了一台笔记本电脑和群聊软件，使每个参演者得以对演习的进展提供持续的文字评论，即使其他人同时讲述他们的行动和动机也不受影响。与作战室相邻的一个技术支持室，控制屏幕投影并监控支持现场评论的群聊软件。

从作战室经过走廊到达分隔的大型会议室，它们已被改造成参战国的“首都”。每个房间都在一面墙上配备了屏幕，以及单独的只能由团队成员共享的群聊软件，通过团队成员的笔记本电脑访问。其他房间预留用作首脑会议和双边谈判，以供诸军团在作战室外进行私人会晤时使用。所有设施——作战室、首都和峰会场所——都配备有工作站，供给作为进程主持人的实验室工作人员、分析师和中立观察员使用。虽然我们都是自主的参演者，但很难不产生这样的感觉：我们是APL更大使命

---

① 地缘政治是政治地理学说中的一种理论。它主要是根据地理要素和政治格局的地域形式，分析和预测世界或地区范围的战略形势和有关国家的政治行为。它把地理因素视为影响甚至决定国家政治行为的一个基本因素。又被称为“地理政治学”。——译者

② 《奇爱博士》（*Dr. Strangelove*），1964年美国政治讽刺黑色喜剧片。《故障安全》（*Fail-Safe*），1964年美国冷战惊悚片。两片都以美苏两国的相互核攻击为主题。——译者

中的实验小白鼠。

我们有机会在实验室提供的自助早餐厅里结识其他参演者。然后我们走进作战室，到达分配给我们的地方。白色军团的成员和裁判，坐在中央大梯形台旁边。五个参战团队：俄罗斯军团、美国军团、环太平洋军团、中国军团和灰色军团，一些五角大楼和情报部门的观察员，坐在环绕白色军团的人字形台旁边。

通过代号为海象（WALRUS）的战争分析实验室的安全网站，我们都已事先收到厚厚一包的多本简报。其中一本是演习概述，它提供了每个军团的相对"国力"及其详细理由。概述中还包括了指令："演习军团可从演习菜单选择行动或'创新'他们自己的行动。"我感兴趣的只是创新。

我们也收到了"基准情景"简报，其中描述了我们将在其中演习的2012年世界经济的不久未来和一本"操作"指导书，基本上是一本规则手册。我回忆起兄弟们和我在儿时玩"风险"游戏①时为规则争吵不休，常常不得不从游戏盒中把帕克兄弟规则手册找出来解决争端。现在我们有了一套军事演习的规则，但又大不相同。我想打破尽可能多的规则，以帮助五角大楼理解，资本市场在贪婪、放松管制和不怀好意的时代是如何真正运作的。华尔街曾经就像巅峰时期的狂野西部，但随着全球化以及因为大而不能倒而受政府支持，现在甚至更容易失控。

经过几小时的指令、定向和群聊软件的快速训练，我们分散到各自的"首都"筹划第一轮行动。行动大致涉及俄罗斯和日本的一个长期贸易协定，它将减少世界其他地区获得俄罗斯石油和天然气的份额。第一轮行动的主要想法是，俄罗斯会利用自然资源提高其外汇储备地位。当

① 风险（Risk）是帕克兄弟公司于1959年推出的回合制战略游戏，参加者为2到6人。标准版在六大洲四十二国的地图上进行，目标是占领每一块国土和消灭其他游戏者，成功与否通过掷骰子决定。——译者

然，实验室的情景，与我和史提夫秘密准备打出的外卡之间，没有经过任何协调，但彼此非常合拍。俄罗斯允许日本免于黄金货币交易，并通过邀请中国加入其让美元靠边站的计划以做安抚。我坐在模拟的中国首都，听来自哈佛和兰德的队友们讨论如何因日本偏离“华盛顿共识”的自由贸易范例而给予惩罚，但我的心在别处，其实是在等待电话铃响起。几分钟后，实验室观察员告诉我们，从俄罗斯传来一个要求举行首脑会议的通告。这是一条好消息；这意味着史提夫已经说服了他的队友们打黄金外卡。

在我的团队消化这个消息之前，我说：“嘿，伙计们。我的朋友史提夫·哈利韦尔在俄罗斯军团——我猜他是幕后策划者。让我代表我方参加峰会好吗?”

他们很快就同意了，我走到指定的一个峰会会议室，史提夫正在那里等候。实验室的一个主持人也在那里，所以我只好装傻，虽然我知道史提夫会建议什么。

“吉姆，我们预期美国将阻拦我们与日本的交易，坦率地说，我们厌倦了美国利用它在美元交易系统中的优势地位发号施令。有一个更好的办法。我们的货币中没有哪一种可以取代美元——大家都知道这一点。但黄金一直都是很好的货币。世界回到某种金本位只是一个时间问题。这里有一个巨大的先发优势。回归金本位的第一个国家将有任何人都想要的唯一的货币。这是我们的建议。”

史提夫递给我一份文件，那是经过重新加工的上周我在达里恩的小酒馆里递给他的模拟新闻稿。全都在这里了：基于黄金的新货币，负责发行的伦敦银行，通过存入黄金扩大新货币供应量的能力，英国和瑞士的法规，清算和结算手段以及一个真正的市场价格。俄罗斯要求今后以新货币支付其出口的自然资源。美元将被丢在一边。

“我们可以自己做，”史提夫继续说，“但如果中国或其他国家加入，结果会好得多。参加的人越多，美国要对抗就越难。你可以像我们对石油和天然气那样，对你的制造业产品执行同一支付标准。你能和我们合作吗?”

“好的，让我先回到中国，然后我会正式答复你，”我说，“我无权同意任何事；我只是过来获得消息。我们将讨论此事，我会给出答复。”

回到中国“首都”，我的队友们一直在努力确定如何回应所面临的状况。总的说来是什么也不做。俄罗斯和日本的自然资源交易，不仅影响交易双方也影响欧洲，可能会导致俄罗斯的天然气供应量减少。美国将不得不协调反应，因为它处于对日本施压的最佳地位。中国的姿态则是保持低调，让别人去解决问题。

之后我向队友们介绍史提夫的提案，打出了俄罗斯的外卡。

很难描述他们的反应。“不知所措”可能是最好的修辞。他们难以消化任何包含“黄金”这个词的经济情景。

“荒谬，”我的哈佛队友说，“这与我们的既定状况毫不相干，而且完全没有意义。黄金与贸易以及国际货币政策无关。这只是一个愚蠢的想法，浪费时间。”

兰德队友略显好奇，问了几个问题但显然不准备配合俄罗斯方面行动。我力劝队友们加入俄罗斯以使美国处于守势，但他们并未被说服。

“好吧，”我说，“我需要回复俄罗斯。我要求开一次首脑会议，以给出答复，好吗?”

“当然可以，去吧，”哈佛队友说，“我们会继续处理既定的状况。”

很快，我和史提夫回到首脑会议室。

“听着，史提夫，我没法说服伙伴们一起干。我会在下面几轮继续想办法，但目前你只能单独行动。如果你现在打退堂鼓，我不会埋怨；我真的觉得中国军团应该看到这个计划的好处，从而咱们可以一起干。”

“很好，”他说，“俄罗斯团队真的很喜欢这个主意。他们认为应该有人挺身而出，揭开美元系统的骗局。可惜你不能加入，但我们还是会继续干。让我们看看将会发生什么。”

当我回到中国军团时，我们的团队起草了一份在这轮演习中的行动声明。结论是，什么也不说，什么也不做。这是一次完美的学术解答，但五角大楼从中什么也学不到。现在是回到作战室和其他军团一起宣布行动的时候了。

在作战室举行了全体会议，美国国防部称之为“要点陈述”，所有团队和观察员一起开会。每个军团的一名代表登台，陈述军团的应对策略及其依据，回答其他军团的一些问题，然后把讲台交给下一个军团代表。实验室的工作人员协助每个军团制备幻灯片，其中带有地图、要点或插图，并投射到墙上的屏幕。群聊功能全方位进行，有二十条甚至更多的相关弹幕，其中只有少数是对他人的回应，所有这些都在每个参演者面前的屏幕上滚动着。就像没有用户头像和虚拟墙纸的推特。如果你觉得有的行动绝妙或可笑，或是想要提出一个问题，说就是了。每个参演者都可以如其所愿或多或少地参加其中。以数字形式滚动的意识流被全部存档，供五角大楼计划者之后评估。

鉴于团队的倾向以及我未能激发起对于金本位货币的兴趣，中国简报的简单枯燥是预料中的。我们顺从地接受了俄罗斯和日本的能源交易草案，但对加速中国在能源多元化的努力方面给出了一些评论。

下一个是俄罗斯。简报开始，先是谈了谈继续与中国建立合资输油管道的一些事项，随即转向以金本位的货币结算未来能源出口的公告。事后官方总结，称此举是“侵略性的”和“威胁性的”，但当时会场上的反应更像是电影《奇爱博士》的荒诞风格。当俄罗斯报告结束后，白色军团立即要求暂停并召开秘密会议。他们裁定，俄罗斯的货币行动是“非法的”，必须从演习记录中删除。我和史提夫，还有赞同这一想法的史提夫的队友们都觉得难以置信。

“你说‘非法的’是什么意思?”史提夫问道,“这是战争!怎么可能有什么是非法的!”

这正是我所害怕的。对演习者的选择标准不仅阻碍了创造性思维,甚至把我们可以采取的非常规行动裁定为出轨。我觉得必须要为史提夫发声,即使我们不在同一个军团。

“你知道,”我在中国军团的座位上发言,“这里没有《日内瓦公约》。俄罗斯军团的举动并非不着边际。直到1971年美国还是金本位的。房间里的很多人都记得这一点。俄罗斯是在挑衅,但他们总在挑衅。让我们继续看看,这出戏会怎么唱下去。”

白色军团似乎受了一点刺激。史提夫就像一个击球手,在一次难分胜负的比赛中被判一垒出局,而我则像教练,试图保护他的球员避免出局。数字聊天室爆发了相当于“干掉裁判!”的呼声。白色军团要求召开另一次秘密会议,以考虑他们的裁决。最后,白色军团的领导拿起了麦克风。在这一刻,我期望听到,“经过进一步的考虑……”但实际上,他以适当温和的官方语言证实了俄罗斯的行动是被允许的。白色军团澄清说,此举并不“非法”但“考虑欠周”。我知道,这是用一种礼貌的方式说俄罗斯做了一件蠢事,但这是好事。金本位货币已进入演习;接下来的两天,我们会看到它将如何演变。

其他军团的行动都以多边方式宣布。美国发表的声明,少不了支持自由贸易和考虑绿色能源替代品的需要。环太平洋军团宣布,日本将对任何在能源成本方面遇到短期困难的亚洲国家提供援助,并承诺寻找替代能源。代表国际货币基金组织的灰色军团宣布,将给予因俄日交易而受到损失的任何苏联国家以金融支持。没有哪个军团在现场就新的金本位货币发表看法。它就在那里,一个新生的800磅的大猩猩在作战室里,等待有人来注意它。

第一轮末,由白色军团给大家打分。美国略微失分,因为看起来日本偏离了美国轨道，而后者没有做出有效的反应。中国略微得分，因为它什么都没有做。俄罗斯受到严惩，因为白色军团认为它采取了一个富有敌意的行动，表示它缺乏与世界其余地区合作的诚意，而且当下并没有什么好处。在第一轮结束时，史提夫和我使得俄罗斯团队损失了一些国力。然而，将有更多的行动到来。

现在是第二轮。基本状况同我有关货币战争的想法和第一轮的状况无关。这一轮假想了朝鲜的经济崩溃和全球的反应，其意图是兼顾地缘政治和人道主义。这是一个貌似合理的情景设计，但对一场金融战争演习又是一个奇怪的选择。朝鲜与全球金融体系的关系，几乎微不足道。看起来，很难从黄金和货币的角度来审视朝鲜的状况。

在我们中国军团的“首都”，我听队友们认真地讨论美国是否会拒绝援助朝鲜，以使其情况恶化从而推动朝鲜半岛的统一。这是喜欢规避风险的一群队友，因此他们最终选择了一个方案，表明中国可能在将来的某个时刻，在非对抗的条件下支持统一，其中包括了人道主义援助。

在一个适当的交谈间歇，我对哈佛队友说：“看，重提金本位货币还不算太晚。我们可以宣布，支持俄罗斯的倡议，包括一些研究和可能在将来加入的愿望。”

这时，哈佛队友开始失去耐心。他认为，这个问题已经不需要再多考虑了。如果中国加入俄罗斯，它会将其美元储备转换为黄金以支持新的货币。另外，哈佛队友认为俄罗斯要价太高。“看，”他厉声说道，“整个事情是没有意义的。黄金不是货币制度的一部分，不论俄罗斯人做什么也不可能回到金本位。他们只能靠自己。你得用硬通货高价买入黄金；我宁可保留美元——它们更有价值。还是让我们回到朝鲜问题吧。”

作为一位著名的亚洲专家，哈佛队友显然更喜欢探究复杂的东亚双边问题，而不是他认为毫无意义的有关货币和黄金的讨论。但我从法学院开始就一直受到要在一个问题的正反两方面进行论辩的训练，所以很快就把他的论据打回，只是为了保持对这个想法的继续讨论。

“你认为我们的黄金买入价太高?”我问。

“是的，”他说，“高太多了。”

“那为什么不把黄金卖给俄罗斯呢?”

这不仅是律师也是交易员的本能。每个市场都有一个愿意买的招标方和一个愿意卖的报价方。市场交易的成功，就是买方和卖方之间价格契合的艺术。有人可能在开始时是一个买家，但如果真的价格太高了，他会立即成为一个卖家。这种极度冷静的淡定心态，正是我见过的最好的典型交易员所具有的。我试图诱使哈佛队友摊牌。如果价格太高不值得买进，那我们就卖出。我等着看他是否上钩。

“很好，”他说，“让我们把这一切全部抛掉，把黄金卖给俄罗斯换取美元和欧元，让我们的外汇储备更多元化。”

他说这些可能只是为了让我闭嘴，但这对我来说正中下怀。我们刚刚收紧了套在美元脖颈上的绞索。团队的其他成员很快同意，于是我立即召开峰会，向俄罗斯提出报价。这是史提夫和我的第三次会面，正如我所预料的那样，俄罗斯同意用其外汇储备中的货币购买中国所有的黄金，约 1 000 吨。这项交易对俄罗斯而言是理想的，因为它是一次对市场影响微弱的大购买。在通常的黄金交易中，就算是 10 吨左右的交易也必须以最大的保密程度来安排，以免市场价格暴涨，但现在俄罗斯实现了历史上最大的黄金交易，却完全没有对市场造成直接有害的影响。我很遗憾中国退出了黄金游戏，但很高兴地看到俄罗斯向前迈进了。

回到作战室，进行第三次全体会议。我们在房间里走动，每个军团的发言人依次上台报告对朝鲜的反应。正如预期的那样，美国和环太平洋各国也包括中国，承诺人道主义援助，进而中国又对朝鲜半岛潜在的统一发出调和呼吁。俄罗斯加入了人道主义援助，但同时采取更强硬的立场，封锁了与朝鲜之间的边境。然后，俄罗斯宣布它已获得中国所有的黄金，并将其注入原有的储备中以支持新的金本位货币。

白色军团明显感到不安。俄罗斯正在自行其是。对史提夫和我而言，俄罗斯自行其是了一千年，这是一种典型的俄国的行动方式。如此一来，800 磅的大猩猩无法再被忽略，裁决来得很快。第二轮的结果是，中国、美国和环太平洋各国的国力变化很小。因为朝鲜被孤立了，所以当它决定捣乱时没有人会得到或失去多少国力。然后，白色军团羞答答地宣告："看来俄罗斯已采取具体步骤，推出了取代国际贸易中美元地位的一种可靠替代物。其前景仍高度不确定，但我们决定对俄罗斯相关的货币行动给予额外加分。"史提夫和我从作战室的各自位置相互对视一眼。离翻盘还远，但值得为此会心一笑。

第一天的演习结束了。到目前为止，我们在战争中处于有利位置，真是漫长的一天。我们决定找一家当地的餐馆，吃点喝点，然后早早回到酒店及时获取新闻信息，为第二天做准备。这是一种在秘密地点工作的两难，你不知道外部世界正在发生什么。有些人可能处于情报分析或武器发展的中枢，但是，由于限制使用手机、消息应用程序和不可或缺的 21 世纪的互联网，他会是最后一个知道股市崩溃的人。作为市场参与者和新闻爱好者，我们对信息的渴望，犹如我们对食物的渴望。实验室的工作人员向我们推荐了附近一个不太花哨的地方，史提夫和 O. D. 用黑莓手机聊天打字，由我开车去往马里兰州的米德堡方向。我们没费多大劲就找到了这个地方，但是惊讶地发现停车场爆满，星期二下午五点半，餐馆外二楼的阳台上就已经人山人海了。

"啊，"O. D. 说，用显示他们奥唐奈[①]家庭祖籍的爱尔兰口音说道，

① 奥唐奈（O'Donnell）和下文中的桑顿（Thornton）都是典型的爱尔兰姓氏。——译者

“今天是圣帕特里克节[①]，这里可能从中午开始就挤满了人。”

在撼动世界金融体系核心的探索中，我们完全忘了圣帕特里克节。我有部分的爱尔兰血统；我母亲家姓桑顿。以此为由，O. D. 和我把史提夫封为名誉爱尔兰人。我们走上室外楼梯，穿过阳台上拥挤的人群，挤入同样拥挤的餐厅，找到一个可以欣赏马里兰州乡村美景的靠窗桌子。我们坐了下来，点了三品脱健力士黑啤（一种爱尔兰啤酒）和几道菜，然后开始我们自己的五角大楼式的“要点陈述”。

“你知道这次演习有什么问题吗?” O. D. 问道。

“什么问题?”我说。

“没有市场。我的意思是，白色军团可以告诉我们，我们得到还是失去了地盘，但没有一个价格体系来衡量我们所做事情的影响。”

O. D. 是正确的。交易员可以有自以为最好的交易理论，但在实际交易中赔钱，是告诉你出了问题的最自然可信的方法。优秀的交易员会从赔钱的买卖中脱身，止损并等待下一个好机会。机会最终总会出现。糟糕的交易员会瞎猜损失的理由，仿佛市场不了解他们有多么聪明，然后做更大规模的交易，加倍下注，最后损失更多，直到某个资深的风险经理迫使他们斩仓。无论采用什么策略，价格信号使交易员始终保持坦诚，并让他们得到理论所需的市场反馈。

不过，很难对我们没有得到的东西表示不快。这是国防部第一次做金融战争演习，而且是克服了一些内部阻力才使演习得以进行。我很高兴他们尽力了。至少他们在向前看，比一些非军事机构强得多。当我提醒其他政府官员有关金融战争的危险时，典型的反应类似于“哦，他们

---

① 圣帕特里克节（Saint Patrick’s Day），圣帕特里克（385—461）是教皇派往爱尔兰的传教士，卒于3月17日。他深受爱尔兰人爱戴，故爱尔兰人把这一天定为圣帕特里克节以示纪念。18世纪以后，随着大批爱尔兰移民进入美国，圣帕特里克节在美国也成为一个重要节日。人们在这一天戴着绿帽子、穿着绿衣服和佩戴三叶草举行游行和狂欢。——译者

永远不会这样做——这很费钱，他们是搬起石头砸自己的脚”。这样说就好像军事装备是不花钱的，航空母舰是免费的。这些官员不明白，金融战争的成本可能远远低于军备竞赛的成本，而且它对美国国力的破坏，很可能比军事对抗有效得多。五角大楼能走到这一步，值得称赞。在未来的演习中，我们有时间添加更多的细节。

我们又点了一轮健力士黑啤，吃完饭，回到马里兰州哥伦比亚市的住处。那真是漫长的一天，明天早晨七点半我们又将重新开始。约定明早在门厅见面后，我们分别回到各自的房间。

第二天

第二天早晨六点半，我醒了，因为昨晚的健力士黑啤还有点迷糊，但没有关系，两杯咖啡就能搞定。我很快就收拾好，并决定在存放笔记本电脑前上网看看新闻。没有时间浏览每天早晨的一大堆电子邮件，我决定只登录德拉吉报道，[1] 快速地扫一眼新闻提要。因为我没法看前一天的新闻，今天也是一样，所以看德拉吉报道是一种跟上世界步伐的速成法。

我点击了德拉吉报道的网站标签，等了几秒后看到页面出现，然后难以置信地盯着屏幕。德拉吉的典型风格是，一个巨大的头像占据了页面中心。今天的头像，是弗拉基米尔·普京。头像下的通栏标题显示，俄罗斯呼吁终结美元的统治地位，并正在寻找某种替代的储备货币，也许是以有形商品包括黄金为本位的货币。

这类新闻标题自去年起司空见惯，但在 2009 年 3 月，这还是一种

① 德拉吉报道是一个政治上保守的美国新闻聚合网站。由马特·德拉吉（Matt Drudge，1966— ）于 1996 年创立，该网站主要是美国和国际主流媒体关于政治、娱乐、时事，以及许多专栏作家的链接。德拉吉偶尔创作他自己的新故事。——译者

新的提法，许多人也是第一次听说。我们很容易嘲笑普京是一个沙文主义者或是一个爱出风头的家伙，但我知道替代美元的事早已在欧洲、中国和国际货币基金组织中历经讨论。这次是普京提前发难，表达了俄罗斯对美国把基于美元的霸权强加世界之上的不满——这正好是史提夫和我在上周伴着牡蛎和白葡萄酒讨论过的。即便是自己写的，对于我们的演习举动，也不会有比这篇报道更好的佐证了。

我把笔记本电脑塞进公文包，下楼跑到门厅，用我的黑莓手机显示了这条新闻。史蒂夫和 O. D. 正等着我。

“嘿，伙计们，你们今天早晨看过德拉吉报道吗？”我从远处喊叫，“你不会相信的。”

我把黑莓手机递给史提夫，他看了一眼后递给 O. D. 。

“真是令人难以置信，”史提夫说，“实验室的那些家伙会以为是我们策划了整个事件，就好像我们有内幕消息。让我们过去，告诉他们世界上发生了什么。”

我们来到实验室，尽快通过安检，跑上 26 号楼的楼梯到达作战室。

人们在喝咖啡，安静地谈论前一天的演习。我相当肯定，周围那些一本正经的军事和学术人士，每天早晨都有比读德拉吉报道更重要的事情，所以我们的独家新闻仍然处于保密状态。我走进与作战室相邻的技术支持室。技术支持室有巨大的屏幕来预览或检查作战室中可能发生的故障。我问视频技术员，能否把网页显示在大屏幕上，并给了他德拉吉报道的网址。几秒之内，我们的老朋友普京出现在屏幕上，比真人更大，向美国的美元霸权下了战书。随着控制面板上的几次点击，德拉吉的新闻标题出现在作战室，工作人员帮忙打印了新闻标题背后的故事，确保在每一个战斗岗位的规则手册和情景设置文件之中有一份复印件。

哈佛队友并不高兴。他认为史提夫和我是可笑的，现在他认为，普京同样如此。但是，大多数参演者友好地给予了我们鼓励，因为在这个大事件发生之前，我们推动了演习向它走近。

对普京的议论平息后，我们回到战争演习的第三轮——也是最后一轮。假想的情景是，中国台湾地区出现了一名支持台独的领导人，并反对台湾与大陆经济日益一体化的进程。目前在金本位货币方面无事可做。俄罗斯采取了进一步行动，中国拒绝跟进，而美国表现得无动于衷。尽管这显得很奇怪，因为在现实世界中，俄罗斯的任何转向金本位货币的举动，都会受到美国不知道多少倍的强烈反应。美国军团由学者、智库人员和军人组成，完全没有市场经验，所以我不得不认为，当对美元的攻击发生时，他们完全不明白这是怎么回事。像大多数曾与我交谈过的专家一样，他们假定美元将始终保持优势，对替代货币出现的情景没有丝毫考虑。

我们开始准备对手头问题的反应。中国重申其“一个中国”的政策，并警告其他国家不要支持台独的倡议。日本试图促进亚洲自由贸易区，欢迎中国大陆和台湾参加，以作为解决分歧的一种手段。美国则强调与台湾的军事合作，但同时表明这种合作将建立在台湾未来减少其对抗性立场的基础之上。只有俄罗斯继续打它的外卡牌，争取灰色军团的欧佩克（OPEC）成员加入其黄金计划，并向中国大陆表示，如果支持新货币，它会在此次争端中更倾向于中国大陆。我不得不把这件事交给史提夫和他的队友们；他们把手中的牌用到了极致，即使其他人并没有对此特别关注。

正当演习看似将虎头蛇尾地结束时，O. D. 打出了一张外卡。他代表灰色军团宣布，日本海上自卫队截获了大量以假乱真的百元伪造美钞，美国财政部官员称之为超级美钞。超级美钞由东亚某国的 39 局制造，其于 1974 年设立，专门从事洗钱、伪造、毒品走私等通常由犯罪集团进行的活动，以期为其政权筹集硬通货。O. D. 的举动对那些曾从事金融战的国家是一种历史回应，后者通常伪造敌方货币，并在其领土上大量散发，以期引起对敌方合法货币的不信任，促使其经济崩溃。在美国内战期间，北方合众国的同情者，费城文具店老板塞缪尔·厄本，印制了超过 1 500 万的南方联盟国假币，相当于其货币流通总量的大约 3%。这些假币由北军士兵带入南方，破坏了人们对于联盟国货币的信心。O. D. 对于超级美钞的揭露，就像是货币战争早期插曲的一次回响。

O. D. 同时宣称，瑞士联合银行也受骗吃进了大量超级美钞，看来假钞已像洪水一样在全世界泛滥。瑞士联合银行的损失和已被截获假钞的巨大数目，足以使海外持有的美元，主要是百元面值的纸币，备受怀疑。据报道，在世界货币市场的黑市上，美元的实际交易价格还要在其票面价值上打个折扣。与大得多的银行电子形式持有量相比，美元总量中的现金部分相对较少，这使得超级美钞的影响并非是灾难性的。尽管如此，这仍是对美元的一记重击，也是 O. D. 精彩的临别一脚。

最终，白色军团对俄罗斯在替代货币方面的坚持，尤其是对欧佩克的提议印象深刻，因而授予该国额外的国力加分。相对于第一天这是一个大反转，当时俄罗斯的举动受到了嘲笑。中国获得了更多的加分，多半是因为它什么也没做。这是如何赢得一场“零和博弈”① 的典型案例：保持低调，让别人去乱打瞎撞。美国失去的国力，部分是因为俄罗斯对美元的攻击，但同时也因为中国军团与日本军团的联盟，最终包括了东亚地区的大部分国家，从而将美国排出对贸易和资本流动的关键决策之外。最后，中国加分最多，俄罗斯和东亚略有加分，而美国则是最大的输家。

剩下的工作就是任务汇报。除了所有的准备工作之外，这真是十分

① 零和博弈（Zero-Sum Game），又称零和游戏，与非零和博弈相反，属于非合作博弈。指参与博弈的各方，在严格的竞争下，一方的收益必然意味着另一方的损失，博弈各方的收益和损失相加得到的总和永远为“零”，各方不存在合作的可能。——译者

迷人的两天。这场演习对于美国的国家安全是真正有用的，因为有那么多持有不同观点的专家聚集一堂，交流想法，为军方提供了解潜在威胁的新方法。当财政部和美联储构建假想情景时，通常想到的是泡沫经济破裂和市场崩溃，而不是由他国主导的金融战争。美联储前主席艾伦·格林斯潘总喜欢说，美联储并不擅长阻止经济泡沫，但其资源可以更好地用于消除泡沫破灭后的混乱。格林斯潘的观点只对一定程度的混乱有用。而对于真正的大混乱——内乱、食品骚乱、抢劫、难民和普遍的崩溃，美联储没有答案，社会将不可避免地转向军方寻求解决方案。因此，责任重大的军方亟须了解经济灾难的可能性。我们至少给予了五角大楼应对突然经济袭击的一些思维框架。我希望，他们不会用到它；而我的顾虑是，他们将需要它。

接下来的几周，这场金融战争演习仍在脑海里记忆犹新，我不禁被提醒，一场真正的货币战争已经爆发，正在全世界如火如荼地进行。2009 年 3 月，还没有多少人使用“货币战争”这个术语——它是后来才出现的——但所有迹象表明它其实早已到位。美联储的第一次量化宽松（QE），开始于 2008 年 11 月，隐含的目标是让美元在外汇交易市场上贬值。美联储的廉价美元政策正在取得其预期的效果。

在金融战争演习后两年多的时间里，股票和黄金增值了 85%以上。一些分析师最初为股市和黄金的正相关而困惑，直到他们意识到，同样的事情在 1933 年 4 月也发生过，当时罗斯福总统（FDR）在大萧条时期“以邻为壑”的货币战争中，使美元对英镑大幅贬值。股票和黄金价格在 1933 年和 2010 年的大幅度上涨，只是美元被动贬值的另一面。资产的价值并没有升高，只是需要花更多美元来购买，因为美元贬值了。

在战争室外的现实世界里，让美元贬值并不难。难的是预判下一步，当中国、俄罗斯和沙特阿拉伯这样的出口国，试图通过提高价格或规避美元纸币资产来保护自己的利益时，会发生什么。到那时，货币战争会真正白热化，但从2009年演习的角度而言，那还是未来的事情。

演习给予五角大楼教训是，即便美元完全崩溃，美国仍然有大量的黄金储备可以依靠。一个有趣的事实是：几乎所有的美国黄金储备都不在民间银行的金库里，而是在军事基地——肯塔基的诺克斯堡和纽约哈德孙河畔的西点军校。某种程度上，这说明了国家财富与国家安全之间的紧密联系。

1930年代的货币贬值很快导致了日本入侵亚洲和德国袭击欧洲。1970年代的货币贬值很快导致了现代历史上最严重的通货膨胀。美国正在进入一个金融危险期，类似于1930年代和1970年代。五角大楼的金融军事演习是某种未雨绸缪，在时间上提前，但也只是稍稍提前而已，仿佛是为后面更可怕的日子的某种准备——这更像是一个金融威胁新世界的开始，而不是结束。

第二部分

货 币 战 争

第三章　对黄金时代[1]的反思

“我们正处于国际货币战争中。”[2]

吉多·曼特加，巴西财政部长

2010年9月27日

“我不喜欢这种说法……货币战争。”[3]

多米尼克·施特劳斯-卡恩，国际货币基金组织主席

2010年11月18日

货币战争，就是相对于其他国家的货币，一个国家将其货币竞争性贬值，它是国际经济中最具破坏性且最令人恐惧的后果之一。它使大萧条的幽灵再现，当时各国以邻为壑的货币贬值以及强行增加的关税使得世界贸易崩溃。它也使人想起1970年代，当时石油的美元价格增至四倍，因为美国政府通过美元与黄金脱钩而使美元贬值。最后，它使人回忆起1992年的英镑危机[4]、1994年墨西哥的比索危机[5]、1998年俄罗斯的卢布危机[6]和其他破坏性事件。无论长期还是短期，它们和其他货币危机都与滞胀、通胀、紧缩、金融恐慌和其他痛苦的经济后果相联系。货币战争，从未带来过任何正面的东西。

因此，当巴西的财政部长吉多·曼特加于2010年9月末直截了当地宣布新的货币战争已经开始时，全球的金融精英为之震惊和不安。当

然，导致吉多声明的事件和压力，对精英们并非新鲜。在汇率政策以及作为其延伸的利率和金融政策上的国际紧张局势，即使在2007年末的萧条之前，也一直在累积之中。中国曾被其主要贸易伙伴多次指责，人为操纵人民币处于低汇率水平，并在此过程中积累了超额储备的美国国债。然而，2008年的恐慌引起了新一轮的汇率纠纷。突然，经济大饼不是扩大而是缩小了，之前对增大馅饼中的份额尚感满意的国家，现在也开始为些许残羹剩饭而争斗。

尽管全球金融压力明显于2010年出现，整个精英圈仍然对货币战争讳莫如深。国际货币专家使用“再平衡”和“调整”之类的替代语来描述他们重整汇率的努力，以实现有些人认为是希望的目标。但使用委婉的言辞并没有消减系统中的紧张气氛。

---

① “黄金时代”出自古希腊神话，指人类历史中的第一个时代，后泛指和平、和谐、稳定和繁荣的最初阶段。——译者

② Jonathan Wheatly, “Brazil in ‘Currency War’ Alert,” *Financial Times*, September 27, 2010.

③ Interview with Dominique Strauss-Kahn by *Stern* magazine, November 18, 2010, www.imf.org/external/np/vc/2010/111810.htm.

④ 1992年，索罗斯旗下基金经理认为英国政府称英镑不会贬值的许诺是嘴硬心虚，并投放了20亿美元做空英镑。索罗斯听后说了一句话，后来成为华尔街的金句：“如果你相信自己是正确的，为什么只投入这么少。”他把做空资金追加为原先的五倍。尽管英国央行购入了约30亿英镑以求力挽狂澜，但未能阻挡英镑雪崩般的跌势。索罗斯这一“赶尽杀绝”的做法，迫使英国政府宣告这场货币保卫战以失败告终，并同时宣布英镑将退出欧洲汇率体系，自由浮动，一夜之间索罗斯净赚10亿美元，因此声名显赫。——译者

⑤ 墨西哥比索危机，亦称“龙舌兰危机”（The Mexican tequila crisis），1994年12月因墨西哥政府突然把墨西哥比索贬值13%—15%而引起，比索随后开放自由浮动，几天内再贬值15%，四个月后贬值达50%，并引起墨西哥1995年52%的超级通货膨胀。克林顿总统救助方案未获国会批准，最后用汇率稳定基金救市成功。龙舌兰是墨西哥酒名，在此只是象征性的应用。——译者

⑥ 1998年8月17日，俄罗斯政府将卢布大幅贬值，违约国内发行的国债，并宣布暂停向外国债权人支付欠款。下降的生产力水平、为了避免舆论困境而产生虚胖的外汇汇率和长期持续的财政赤字，都是危机发生的原因。当亚洲金融危机在1997年开始展现时，俄国最宝贵的两种资本来源（能源和金属）价格暴跌。因为两大资本来源迅速走弱，原本就脆弱的俄国经济立刻陷入一片混乱，人均GDP下滑和失业率飙升，国际投资者开始清算和抛售俄国资产。——译者

每一次货币战争的核心都是一个悖论。货币战争是在国际上进行的，但它又是由国内困境所驱使的。货币战争开始于内部增长不足。走这条路的国家通常会发现，自己陷入了高失业率、低增长或负增长、银行业疲软以及公共财政恶化之中。在这些条件下，很难通过纯粹的内部手段来实现增长，于是，通过货币贬值促进出口成为制造增长引擎的最后手段。要明白为什么，需要回顾一下国内生产总值（GDP）增长的四个基本元素。这些元素是消费（C），投资（I），政府开支（G）和由出口（X）减去进口（M）构成的净出口。国内生产总值由以下方程表示：

$$GDP = C + I + G + (X - M)$$

处于困境的经济中，消费（C）因为失业、债务负担和两者的叠加，或是停滞不前或是倒退。对企业厂房和设备以及住房的投资（I）与消费（C）是相互独立衡量的，但它们毕竟密切相关。一个企业不会投资扩大其生产，除非它预期消费者当下或在不久的将来会购买它的产品。因此，当消费滞后时，企业投资也趋于滞后。政府支出（G），即使在消费和投资疲软时，也可以独立增加。事实上，这正是凯恩斯型经济学的建议，为了保持经济增长，在个人和企业无所作为时更需要这样做。问题是，政府在经济衰退中必须依靠税收或借贷才能增加开支，然而当税收负担很重或是民众自己需要勒紧裤腰带的时候，选民往往不愿意支持这种措施。尽管有些经济学家推荐，但在民主国家，经济困难时期增加政府支出会受到严重的政治限制。

在个人和企业不扩张而政府支出受到限制的经济体中，发展经济的唯一途径是增加净出口（X－M），而对此最快最容易的方法就是本国货币的贬值。举一个例子。假设一辆德国汽车以欧元计价为€ 30 000。进一步假设，€ 1 ＝ $ 1.40。这意味着德国汽车的美元价格是 $ 42 000（即€ 30 000× $ 1.40 /€ 1 ＝ $ 42 000）。下一步，假设 1 欧元汇率跌至＄1.10。那么同样€30 000汽车的美元价格将只有＄33 000（即€30 000×＄1.10/€1 = ＄33 000）。从＄42 000下降到＄33 000价格，意味着这辆汽车对美国客户更有吸引力，因而将售出更多。对于德国制造商，每辆汽车€30 000的收入是不变的。通过欧元贬值，德国汽车公司可以在美国卖出更多的汽车，而每辆车的欧元价值不变。因此，这将增加德国的国内生产总值并创造更多的就业机会，以满足美国对于新车的需求。

想一想这种动力学不仅适用于德国，也适用于法国、意大利、比利时和其他使用欧元的国家。想一想其影响不仅涉及汽车，而且波及法国葡萄酒、意大利时装和比利时巧克力。想一想其影响不仅涉及有形商品也涉及无形商品，比如电脑软件和咨询服务。最后，想一想这种影响不仅涉及运往国外的商品，也涉及出游和旅行。欧元的美元价值从＄1.40下降到＄1.10，使得巴黎价格为€100的正餐从＄140下降到＄110，这对于美国游客而言更能消费得起。想一想欧元的美元价值的这种下降规模的影响，并应用于所有有形和无形的贸易商品和服务，以及遍布整个欧洲大陆的旅游业，就不难看到贬值可以成为增长的强大引擎，创造就业机会和增加盈利能力。在困难的经济环境下，货币贬值的诱惑几乎是无法抗拒的。

然而，问题和意想不到的后果差不多随即出现。首先，几乎没有什么商品可以从头到尾都在一个国家里完成。在今天的全球化世界中，某种产品在到达巴西的消费者之前，可能会涉及美国的技术、意大利的设计、澳大利亚的原材料、中国的组装和基于瑞士的全球分销系统。这条供应和创新链的每个部分都将根据它对整体的贡献，赚取着利润总额的一部分。关键是对全球业务的汇率影响不仅涉及最终销售地的货币，也涉及所有中间投入和供应链环节中的货币。将其货币贬值的某个国家，也许可以使得产品在最终销售的国家看起来更加便宜，但同时很可能因为使用本国的廉价货币来购买各种进口原材料而伤害到自己。如果一个制造业大国既有大量的对外出口销售，又从国外大量采购原材料和组件，那么相对于劳动力成本、低税收和良好的基础设施这类要素，其货币对于净出口而言几乎是无关紧要的。

较高的投入成本并不是对货币贬值唯一的不利因素。更大的问题可能是竞争国家以牙还牙的货币贬值。考虑之前的案例，当欧元从 $ 1.40 贬值为 $ 1.10，€ 30 000 的德国汽车的美元价格从 $ 42 000 下降为 $ 33 000 时，德国制造商对于€ 1将保持在 $ 1.10 的汇率会有多少自信？美国为了保护国内的汽车制造业，也可以让美元对欧元贬值，推动欧元从 $ 1.10 的汇率反弹至较高水平，甚至到 $ 1.40。美国可以降低利率，从而降低美元对国际投资者的吸引力，或是印更多的钞票以使美元贬值。最后，美国可以通过抛售美元并购买欧元来直接干预货币市场，操纵欧元回到其所需的汇率水平。简而言之，虽然欧元的贬值可能会带来一些直接和短期的利益，但如果强大的竞争对手如美国同样实行贬值，这种策略造成的优势将会被迅速逆转。

有时这类竞争性贬值是没有结果的，每一方都会获得一些暂时的好处，但没有谁能保持永久的优势。在这种情况下，可能需要采用更直截了当的手段来帮助本土的制造商。这种手段就是保护主义，以关税、贸易禁运和其他阻碍自由贸易的形式出现。仍以汽车为例，美国可以直接对每辆进口的德国汽车征收 $ 9 000 的关税。这会使汽车的美元价格从 $ 33 000 回升到 $ 42 000。尽管此时欧元仍维持在 $ 1.10 的汇率低位。实际上，美国可以通过征收大致相当于这一汇率优势的美元价值的关税，来抵消德国因欧元贬值而得到的好处，从而消除欧元在美国市场的优势。从美国汽车工人的角度来看，这可能是最好的结果，因为它在保护美国产业的同时，又使汽车工人能享受一个可以负担得起的欧洲假期。

保护主义不止于征收关税，也可以包括更严厉的贸易制裁，甚至是禁运。最近有一个值得注意的案例，是中国和日本之间一场相当于货币战争前哨战的较量。目前，中国掌握着几乎所有的稀土供应，稀土是难以开采的稀有金属，对电子产品制造、混合动力汽车以及其他高科技和绿色技术应用十分关键。虽然稀土主要产自中国，但大量用于日本制造的电子产品和汽车中。2010 年 7 月，中国宣布减少稀土出口 72%，对日本和其他国家依赖稀土供应的制造业造成了冲击。

2010 年 9 月 7 日，一艘中国拖网渔船与一艘日本巡逻艇在东海一个偏远的岛屿群区域相撞。中方船长被日本巡逻艇拘留，中国对此强烈抗议，要求日方释放船长并正式道歉。但释放和道歉并未立即实现，于是，中国暂停了向日本的稀土出口。2010 年 9 月 14 日，在国际货币市场上，日元突然贬值。日元兑换人民币的汇率在三天内下跌约 3%。日元的持续贬值，可能会损害中国相对于其他生产商（如印度尼西亚和越南）对日本出口的竞争力。

中国用禁运实施攻击，而日本则用货币贬值回击。局势在接下来的几周内稳定下来，中方船长获释，日本出具了正式的道歉书，日元增值，稀土恢复出口。没有出现更糟糕的结果，双方都汲取了教训，并且为下一次可能的冲突暗暗做着准备。

未来的货币战争总会面对意外后果法则。假设一种欧洲货币贬值，成功达到其预期目标，使欧洲商品在世界上变得更便宜，出口成为经济增长的重要贡献。这对欧洲有好处，但随着时间的推移，其他国家的制造业因为失去市场而受到损害，导致工厂倒闭、裁员、破产和衰退。更大范围的经济衰退也可能导致欧洲的销售额下降，不是因为汇率，而是因为外国工人不再买得起欧洲的出口商品，即使其价格更便宜。这类货币战争的全球抑制效应需要更长时间的演化才会出现，但可能是最有害的。

所以，将货币贬值作为增加出口的手段并不简单。它迟早会导致更高的投入成本、竞争货币贬值、关税、禁运和全球性衰退。鉴于这些不利的出乎意料的后果，人们不禁要问，为什么有人会发动货币战争。毕竟战争对双方都是破坏性的，并且没有一方能最后获胜。

与任何政策上的挑战一样，历史中饱含着教训。20 世纪有两次重大的货币战争。第一次货币战争是 1921 年～1936 年，几乎跨越第一次世界大战和第二次世界大战间的整个时期，包括与之密切相关的大萧条。第二次货币战争是 1967 年～1987 年，最终结束于两份全球性协议——1985 年的“广场协议”和 1987 年的“罗浮宫协议”，没有陷入军事冲突。

因为其前因条件，货币战争同大多数战争类似。第一次货币战争的三个重要前因是：1870 年～1914 年的古典金本位，1907 年～1913 年的美联储创建，以及 1914 年～1919 年的第一次世界大战和《凡尔赛和约》。对这三个时期的简要回顾有助于人们理解随后的经济冲突。

古典金本位——1870 年～1914 年

至少从公元前 6 世纪，吕底亚国王克罗伊斯在如今土耳其国土的统治时期开始，黄金就成为国际货币。1717 年，英国发行了与黄金挂钩的兑换率固定的纸币，并以不同的形式持续到 1931 年，期间因为战争有若干暂停。这些货币制度都可以称为是“金本位”的；不过，这个术语没有单一的定义。金本位可以包括一切，从使用真正的金币到使用与不同数量与黄金挂钩的纸币。在历史上，与纸币挂钩的黄金数额占比从 20%到 100%不等，在罕见情况下，官方拥有黄金的价值甚至大于货币的供应量。

1870 年～1914 年的古典金本位在黄金作为货币的历史上具备独特

的地位。这是一个几乎没有通货膨胀的时期——事实上，良性的通货紧缩盛行于因技术创新结果而更发达的经济体中，其时生产力增长和生活水平提高，但失业率并不增加。它可以被看成全球化的第一阶段，与始于 1989 年底冷战结束后的全球化的第二阶段有许多共同之处。

全球化的第一阶段以通讯和交通技术的进步为特征，这使得纽约的银行家可以通过电话与伦敦的合作伙伴联系，而两个金融中心之间的旅行时间最短缩至七天。这类进步当时可能并未普及，但确实促进了全球性的商业和银行业。在阿根廷发行、伦敦担保及纽约出售的债券，在相互关联的资产和债务间建立了一个紧密的网络，它是今天的银行家所熟悉的类型。而支撑这一国际性增长和商业的，正是黄金。

古典金本位不像其 20 世纪的继承者那样是在国际会议上制定的，[①] 也不是由一个多国组织自上而下强加的。它更像是一个成员国自愿加入的俱乐部。一旦进入该俱乐部，成员的行为便须遵循明确的游戏规则，虽然没有什么书面的规则手册存在。并非每一个主要国家都加入，但是很多国家参加了，在那些加入的国家中，资本账户是开放的，自由市场势力盛行，政府干预力度极小且货币之间的汇率稳定。

远早于 1870 年，一些国家就采用了金本位，包括 1717 年的英国和 1818 年的荷兰，但正是在 1870 年之后，许多国家蜂拥而入，使得该黄金俱乐部形成了独特的风格。新成员包括 1871 年加入的德国和日本，1876 年的法国，1879 年的奥地利，1881 年的阿根廷，1893 年的俄罗斯和 1898 年的印度。而美国自 1832 年铸造价值约 20 美元的 1 金衡制盎司[②]金币以来，就一直在采用事实上的“金本位”，直到 1900 年通过《金本位法案》，这使美国成为最后一个加入古典金本位体系的主要

① 这一对古典金本位的详细讨论取材于 Giulio M. Gallarotti，*The Anatomy of an International Monetary Regime: The Classical Gold Standard*，*1880 – 1914*，New York：Oxford University Press，1995。

② 1 金衡制盎司（Troy Ounce） = 31.103 476 8 克。——译者

国家。

经济学家们几乎异口同声地指出这一时期的经济十分成功。古典金本位时期的重要理论家和经济史学家朱利奥·M·加拉罗蒂，在《国际货币制度剖析》中作了如下归纳：

> 在最终于19世纪的后三十年被吸引到金本位（即黄金俱乐部）的这一组国家中，异常的资本流动（即热钱流动）并不常见，汇率的竞争性操纵十分罕见，国际贸易呈现创纪录的增长，几乎没有收支平衡问题，资本的流动性很高（其他生产要素和人的流动性也很高），很少有采用金本位的国家暂停兑换黄金（那些曾经暂停的国家中最重要的后来也恢复了），汇率保持在各自的黄金点位（即非常稳定），国家之间少有政策冲突，投机趋于稳定（即投资行为倾向于使货币回归平衡），调节迅速，流动性充分，官方和私人对国际货币体系的信心保持在高位，各国都经历了（可预测的）长期稳定在低通胀水平的物价，工业生产和收入增长的长期有利趋势，以及仍然相当低的失业率。①

加拉罗蒂的正面评价，得到美国圣路易斯联邦储备银行研究的印证，后者的结论是，“与托管信用货币的后续时期相比，古典金本位下美国和英国的经济表现极佳”。② 1870年～1914年是一个黄金时期，期间在这个工业化和商品生产的世界中，非通胀增长与财富和生产力彼此耦合，相生相长。

古典金本位的很大一部分吸引力来自它的简单。虽然中央银行有某

---

① Gallarotti, *The Anatomy of an International Monetary Regime: The Classical Gold Standard, 1880 - 1914*, New York: Oxford University Press, 1995.

② Michael David Bordo, “The Classical Gold Standard: Some Lessons for Today,” Federal Reserve Bank of St. Louis, May 1981.

些功能，但并不是必需的；实际上在整个古典金本位时期，美国根本没有中央银行。加入俱乐部的国家只要宣布其纸币的价值为一定数量的黄金，然后随时准备以该价格购买或出售黄金，并从另一个成员国换取任意数量的货币。在接近目标价格处买卖黄金以保持该价格的过程，是今天众所周知的一种开放市场操作。它可以由中央银行执行，但并非一定，也可以由政府直接执行，或是通过银行或经销商等金融代理间接执行。每个授权经销商都可以获得一定量的黄金供应并得到保证，在发生社会恐慌时可以获得更多的黄金。虽然政府介入，但其操作是透明的，主要是为了稳定而不是操纵。

该系统在国际金融中的好处是，当两种货币都用标准的黄金重量标定时，它们也就能彼此标定。这类标定不需要如国际货币基金组织或二十国集团这样的专门机构。在古典金本位时期，全世界都能享受币值稳定和价格稳定的好处，无须多边监管和中央银行计划。

古典金本位的另一个好处是它的自平衡性，不只是针对日常开放市场的操作，对于更大的事件，例如黄金开采生产的波动，亦是如此。如果黄金供应比生产率增长更快，诸如 1886 年～1896 年间在南非、澳大利亚和（加拿大）育空地区引人注目的金矿发现，黄金的价格水平会暂时提升。然而，这又将导致黄金生产的成本增加，最终降低黄金产量并重新确立价格稳定的长期趋势。反之，如果生产力因技术改进而提高，黄金的价格水平暂时下降，就意味着金钱的购买力上升。这将导致更多的黄金首饰被出售和更多的黄金被开采，最终导致黄金的供应量增加，价格恢复稳定。在这两种情况下，黄金暂时的供需不协调会导致人们行为的变化，使价格的长期稳定性得以保持。

在国际贸易中，供需因素以同样的方式平衡。贸易条件改善的国家——出口价格与进口价格比增加——会形成贸易顺差。一个国家的顺差对应于贸易条件不好的其他国家的逆差。逆差国家与顺差国家之间用黄金结算。这导致逆差国家的货币供应减少而顺差国家的货币供应增加。货币供应增加的顺差国家将经历通货膨胀，而货币供应减少的逆差国家则经历通货紧缩。贸易伙伴的通胀和通缩将很快逆转贸易的初始条件。原顺差国家的出口产品将变得较为昂贵，而原逆差国家的出口产品则不那么昂贵。最终顺差国家陷入贸易逆差，而逆差国家将转为顺差。于是黄金重新回流到原先失去它的国家。经济学家称之为价格—货币—流通机制（也称为价格—黄金—流通机制）。

这种再平衡是自然发生的，无须中央银行干预。它是由套利者在一个国家买进“便宜”的黄金，并在另一个国家卖出“昂贵”的黄金而实现的，其中包括了对汇率、货币的时间价值、运输成本和精炼成本等考量。这种行为遵循的游戏规则，其基础是对共同利益、常识和套利利润的惯习与实践。

并非所有的债权都必须立即用黄金结算。大多数国际贸易可以用短期贸易汇票和信用证融资，它们是自偿性的，当买方收到进口货物时会自动转换为现金而无须任何黄金的交换。黄金储备是整个系统的依靠或基础，但不是唯一的交换媒介。然而这是一种有效的依靠，因为它避免了货币对冲①，并使商人对交易的最终价值有更大的把握。

古典金本位集中体现于 1914 年～1918 年第一次世界大战前的繁荣时期。随后是 1920 年代饱受诟病的金本位，在很多人的心目中，它是回到美好的战前时代的努力。然而，1920 年代使用战前黄金价格的努力，注定被堆积如山的债务，以及把金本位变为可怕的通货紧缩的政策失误所摧毁。从 1914 年以后，就没有在国际金融中见过纯粹的金本位了。

① 货币对冲（Currency Hedging），又称外汇套期保值，利用不同货币的利率差进行保值，使得本国公司在与海外公司进行贸易往来时，降低其汇率风险。本国公司可以通过提前换汇的方式锁定外币的价值，帮助公司将未来交易时的支出和支付价格在当时就确定下来。——译者

美联储的创建——1907 年～1913 年

货币战争的第二个前因是 1913 年美国联邦储备系统的建立。该系统有它自身的原因，对此我们必须回顾更早的 1907 年的市场恐慌。恐慌始于包括最大的尼克伯克信托银行在内的几家纽约银行尝试垄断铜市场的失败。[①] 尼克伯克的参与一经曝光，典型的挤兑行为就开始了。如果爆料发生在平静的市场环境下，可能不会引发如此恐慌的反应，但市场已经因为 1906 年旧金山地震造成的巨大损失而动荡不安。

尼克伯克信托银行的失败只是更普遍的信心丧失的开始，它导致了又一次股市崩溃，甚至是进一步的银行挤兑，最后是全面的流动性危机和对整个金融体系稳定的威胁。当时仰仗了 J·P·摩根组织的主要银行家们的集体行动——一种私人金融救市形式，危险才被消除。这是美国金融史上最著名的戏剧性场景之一，摩根召集了一些银行家到他在曼哈顿默里山附近的住宅开会，不许他们离开，直到敲定一个旨在安抚市场的救市计划，并且规定了每一位做出具体的财务承诺。计划起了作用，虽然大规模的金融损失和混乱已经持续了一阵子。

1907 年的市场恐慌的直接结果是，参与救市的银行家们一致认为，美国需要一个中央银行——一家有能力发行新的基金以拯救私人银行系统的政府银行。银行家们希望政府发起一个组织，可以借给他们无限量的现金来应对种类繁多的抵押品。银行家们意识到，J·P·摩根不会永远在那里提供领导，而一些未来的恐慌要求的解决方案，甚至会超越伟大的摩根本人的资源和天赋。在下一次恐慌到来之前，必须有中央银行这样一种最后资源来充当私人银行的无限借贷人。

---

① 这一关于 1907 年市场恐慌的说明取材自 Robert F. Bruner and Sean D. Carr，*The Panic of 1907: Lessons Learned from the Market's Perfect Storm*，Hoboken：Wiley，2007。

美国对中央银行的反感有着悠久的历史。1913 年前，在美国历史上，曾经有两次类似于中央银行的举措。在亚历山大·汉密尔顿的敦促下，国会于 1791 年授权了第一家美国国家银行，但其执照于 1811 年詹姆斯·麦迪逊总统任内过期，延长执照的提案差一票未获通过。五年后，麦迪逊通过国会颁发了第二家美国国家银行的执照。第二个执照的有效期为二十年，需要在 1836 年更新。

当第二家国家银行到期续约时，又遭到了来自国会和白宫的反对。安德鲁·杰克逊总统的反对依据，部分出于他 1832 年竞选总统时提出的纲领。当时有一场存在很大分歧的全国性辩论，其中包括杰克逊把所有的国债存款从第二家美国国家银行中取出，存入一些有州执照的银行中。其后延长执照的提案在国会通过，但杰克逊予以否决，执照未能更新。

人们对两个国家银行在政治上的反对，基于对财政集权的普遍不信任，以及认为发行国家纸币会助推因宽松的银行信贷而造成资产泡沫的观念。从 1836 年到 1913 年，几乎八十年空前繁荣的、创新的和强劲的经济增长期中，美国一直没有中央银行。

现在，在 1906 年旧金山地震和 1907 年金融恐慌的废墟上，美国开始了齐心协力创建一个新的中央银行的努力。[①] 鉴于公众对中央银行普遍的不信任，以 J·P·摩根、小约翰·D·洛克菲勒和华尔街库恩洛布公司的雅各布·H·希夫等代表为首的银行发起人，知道需要进行教育以取得民众的支持。他们的政治赞助对象，时任参议院财政委员会主席的共和党参议员纳尔逊·W·奥尔德里奇，在 1908 年起头立法，创立了国家货币委员会。之后数年中，国家货币委员会是众多研究、赞助、讲演以及与著名经济和政治学会联系的平台，所有这些都是为了向民众

① 这一关于联邦储备系统的说明取材自 Murray N. Rothbard，*The Case Against the Fed*，Auburn，Alabama：Ludwig von Mises Institute，1994。

灌输促进强大中央银行的想法。

1909年9月，威廉·H·塔夫脱总统公开呼吁全国考虑支持中央银行。同月，《华尔街日报》在"关于中央银行"的主题下发表了一系列支持中央银行的社论。次年夏天，公众和政治基础已经奠定，制订一个新银行的具体计划的时机到来了。接下来发生的，是金融史上最离奇的插曲之一。参议员奥尔德里奇是为央行立法的主要发起人，但该法案需要按照纽约银行家们期望的方式来起草。银行家们尚未走出1907年恐慌的阴影，仍在寻找下一次恐慌来临时能给予他们担保的最后借贷方。这就需要一个由银行家组成的委员会来为中央银行起草计划。

1910年11月，奥尔德里奇召集了一次会议，与会者包括他自己、华尔街的一些银行家和新近任命的助理财政部长艾布拉姆·派亚特·安德鲁。银行家中包括了库恩洛布公司的保罗·沃伯格、洛克菲勒旗下的纽约国家城市银行的弗兰克·A·范德利普、摩根旗下的纽约第一国家银行的查尔斯·D·诺顿和J·P·摩根本人及其最资深最强力的搭档亨利·P·戴维森。安德鲁是一位哈佛的经济学家，他将作为这个小心平衡的摩根和洛克菲勒利益集团的技术顾问。

奥尔德里奇指示他的代表们在夜幕的掩护下，到新泽西州霍博肯一个荒凉的铁路支线见面，那里有一列私人列车等着他们。代表们被通知必须单独前往，不惜一切代价躲开记者。一旦上了列车，他们彼此只能呼名而不能道姓，这样当他们离开后，搬运工人将无法确定他们的身份来透露给朋友或记者；安全起见，有些人甚至采用了化名。列车行进两天后，他们抵达大西洋海边佐治亚州的不伦瑞克，大约在萨凡纳和佛罗里达州杰克逊维尔之间。从那里他们去到杰基尔岛，入住J·P·摩根部分拥有的杰基尔岛私人俱乐部。代表们在那里工作了一个多星期，敲定了奥尔德里奇议案，它将成为美国联邦储备系统的蓝图。

之后花了三年时间，《联邦储备法》得以通过。这是基于杰基尔岛计划的奥尔德里奇议案的正式名称。《联邦储备法》最终在国会以绝大多数票于1913年12月23日通过，并于1914年11月正式生效。

1913年的《联邦储备法》包含了许多由奥尔德里奇和沃伯格设计的特点，用来克服美国对中央银行异议的传统。这个新的实体不再被叫作中央银行，而是称为联邦储备系统。它不是一个单一的实体，而是联邦储备委员会指导下的区域储备银行的集合，委员会成员并非由银行家选择，而是由总统指定并需参议院认可。

总的来看，它似乎分散了权力并处于民选官员的控制之下。然而，其内部的实际机制，更多地符合杰基尔岛会议的真实意图。通过公开市场运作的实际货币政策，将由纽约联邦储备银行主导，因为纽约是与美联储有业务关系的主要银行和交易商的所在地。纽约联邦储备银行由董事会及其主席管理，他们不是由政治家而是由持股人选择的，股东则以纽约的大银行为主。结果是这么一个“美联储内的美联储”，它由纽约的一些银行操控，以服从它们的目标，包括救市时需要的宽松信贷。

这些特点中的某一些随后在1930年代的立法中有所改变，权力集中到联邦储备委员会所在的华盛顿特区。近年来，董事会不再由银行家而是由经济学家和律师主导，具有讽刺意味的是，后者甚至比银行家更乐于信贷宽松和救市。但至少在整个1920年代，纽约联储在其第一任主席本杰明·斯特朗的强势领导下，主导了美联储“系统”。斯特朗从1914年开始管理该机构，直到1928年去世。斯特朗是摩根的搭档亨利·戴维森的亲信，也是J·P·摩根本人的亲信。因此，摩根对美国新的中央银行的影响圈得以完成。

历史自有其回响。杰基尔岛会议几十年后，弗兰克·范德利普的国家城市银行和查尔斯·诺顿的第一国民银行合并为纽约第一国家城市银行，之后简称为花旗银行。2008年，在美联储历史上最大规模的银行救市计划中，花旗银行是受益者。由范德利普和诺顿及其同仁们于

1910年在杰基尔岛奠定的基础，被证明足够坚实并能在几乎百年后，完全按照他们的预想挽救各自的银行。

第一次世界大战和《凡尔赛和约》——1914年～1919年

第一次货币战争的最后一个前因是以下一系列事件：第一次世界大战、巴黎和会及《凡尔赛和约》。

第一次世界大战不是以一方投降而是以停战协议结束的。对任何停战协议，人们的期望是，停止敌对行为，允许双方协商一份和平条约，但在某些情况下，谈判可能破裂，战争恢复。持久和平的谈判是1919年巴黎和会的主题。英国和法国都意识到各自的战争账单。他们把巴黎和会视为对战败的德国和奥地利强征这些费用的机会。

然而，巴黎谈判的成功与否尚无法预测。[①] 虽然德国陆军和海军于1918年11月被彻底击败，但截至1919年春季还没有签订一份和平条约，不过看起来协约国越来越不愿意或无法持续战争。因此赔偿谈判确实只能是一场谈判。就赔偿而言，协约国在1918年11月和1919年3月间已丧失了对话语权的专断。对于协约国的任何计划，现在必须说服德国同意。

德国战争赔偿的金额和性质，是巴黎和会最棘手的问题。一方面，德国将被要求割让领土和部分工业实力。另一方面，德国割让的东西越多，它可能支付的赔款就越少。法国看中德国的黄金储备，在1915年总额超过876吨，是世界第四黄金大国，仅居于美国、俄罗斯和法国之后。

虽然赔款往往被认为只是德国可以支付给协约国多少，但实际情况

① 这一关于第一次世界大战结束后赔偿谈判的说明取材自 Margaret MacMillan，*Paris 1919: Six Months that Changed the World*，New York：Random House，2001。

相当复杂，因为无论是战胜国还是战败国都负债累累。正如玛格丽特·麦克米伦在《巴黎 1919》中所写的，俄国欠了英国和法国大笔债务，但在俄国革命后却违约取消了。其他的债务国，如意大利，则无偿还能力。另外，英国欠美国 47 亿美元，法国欠美国 40 亿美元并另外欠英国 30 亿美元。几乎没有一个债务国有能力偿还。信用和贸易的整个机制都被冻结了。①

这不仅仅是德国赔偿协约国的问题，而是涉及协约国之间复杂的债务网。需要采取措施来获得信贷，使商业和贸易重新开启。最好的方法是，拥有最强财政实力的美国，在已有的贷款和担保之上提供新的贷款和担保。这种新的流动性，结合自由贸易区，有可能助推为处理债务负担所需要的经济增长。也有很多人推荐另一条路，就是免除所有债务，重新开始。虽然很难让法国免除德国的债务，但如果美国免除债务，对法国将是一种解脱：此举对法国的效应将是正面的，因为美国作为债权人的可靠度更甚于德国作为债务人的可靠度。事实上，以上都没有发生。取而代之的是，由英国和法国领导的强者，压倒了主要以德国为代表的弱者，被迫以现金、实物和黄金支付惩罚性的赔款。

对赔款的计算和同意支付赔款的综合机制成为一个几乎不可能完成的任务。法国、比利时和英国想要得到对实际战争破坏的基本赔偿，而美国更倾向于考虑德国的支付能力。然而德国的统计数据极其糟糕，无法对其支付能力做出可靠的计算。对破坏程度的评估也不可能在短期内做出。许多地区几乎无法造访，遑论对所需重建费用的估量。

就赔偿应当限于实际破坏（对法国和比利时有利），或应当包括财政成本，如养老金和士兵的工资（对英国有利），在协约国内部的争议和他们与德国代表之间的争议一样激烈。最终，《凡尔赛和约》上没有

---

① MacMillan, *Paris 1919: Six Months that Changed the World*, New York: Random House, 2001.

规定精确的赔款数量，原因是技术上不可能计算出这样一个数字，政治上也不可能对此取得共识。任何在英国和法国国内轻松获批的赔偿数字，很可能对德国人过高而无法得到他们的同意，反之亦然。美国对赔偿金额要适度并符合实际的告诫在很大程度上被忽视了。国内的政治需求压倒了国际经济发展的需要。专家小组被授权继续研究赔偿金额问题，并要求在未来几年内得出具体的结论，使之成为实际赔偿的依据。这无疑赢得了时间，但搁置赔偿这个疑难问题，只会使它在 1920 年代与金本位和国际货币体系重启的努力纠缠不清。在未来的十五年，赔偿成为挂在国际金融体系脖子上的沉重枷锁。

结　论

1921 年底，第一次现代货币战争的条件成熟了。古典金本位曾作为智力的磁石和货币的北极星，为 1920 年代需要什么样的制度来重启国际资本流动和世界贸易提供了框架。第一次世界大战和《凡尔赛和约》引入了一个新的元素——在金本位时期不占主导地位的大规模的环环相扣及无法偿还的主权国家债务，构成了规范资本流动的一个不可逾越的障碍。联邦储备系统的建立特别是纽约联邦储备银行的作用，预示着美国在国际货币系统中作为一支主导力量而非只是一个参与者。美联储通过自身的印钞能力使系统重新流动的潜力开始全面显现。在 1920 年代早期，对战前古典金本位的怀旧情结，因为未偿还赔款以及美联储权力的不确定性引起的紧张情绪，都为建立一种新的国际货币体系和进行第一次货币战争准备了条件。

第四章　第一次货币战争（1921 年～1936 年）

“很难在美国找到一个地方，那里的人们不知道操纵政府的是隐秘的私人目的和利益。”

伍德罗·威尔逊，美国总统

1921 年，第一次货币战争在第一次世界大战的阴影下以引人注目的方式开始，直到 1936 年以模棱两可的后果结束。这场战争在五大洲多次爆发，并且在 21 世纪引发了巨大的回响。1921 年，德国以一次恶性的通货膨胀首先开始，这次通胀最初是设计用来提高产品竞争力的，之后则荒谬地延续良久，最终摧毁了在战争赔款重负下的德国经济。法国随后于 1925 年行动，在回归金本位之前将法郎贬值，于是相对于未经货币贬值就回归金本位的英国和美国而言，在出口方面获得了优势。1931 年英国脱离金本位，重新获得了 1925 年被法国夺去的优势，1931 年德国则因赫伯特·胡佛总统暂缓战争赔款偿付的举措而振兴。这一举措在 1932 年洛桑会议后成为永久性的。1933 年希特勒崛起后，德国越来越一意孤行，退出了世界贸易，除了与奥地利和东欧还有联系外，变成了一个更自给自足的经济体。1933 年，美国加入货币战争，使美元相对于黄金贬值，恢复了 1931 年部分丢失于英国的出口价格优势。最终轮到法国和英国再次将货币贬值。1936 年，法国脱离金本位，成为从大萧条的最坏影响中脱身的最后一个主要国家，而英镑再次贬值，恢复了它因1933年罗斯福总统主导的美元贬值而失去的一些优势。

在一轮又一轮的贬值和违约中，世界的主要经济体竞相逐底，造成了大规模的贸易中断、生产停滞和财富缩水。国际货币体系在此期间的混乱和自毁性质，使得第一次货币战争也为今天敲响了警钟，因为当今的世界，再次面临无法偿还债务的重大挑战。

第一次货币战争开始于1921年德国的魏玛共和国时期，当时德国的中央银行——德国国家银行，通过大量印钞和超级通胀，摧毁了德国马克的价值。在国家银行主管鲁道夫·冯·哈芬斯坦因博士——由律师转行的普鲁士银行家——的主持下，主要由于银行为政府的预算赤字和支出买单，产生了恶性通货膨胀。这是在主要发达经济体中从未见过的最具破坏性的大规模货币贬值。从那时起，一个传说流传至今，说德国通过摧毁自己的货币以摆脱英国和法国在《凡尔赛和约》中索取的沉重的战争赔款。事实上，这些赔款与“黄金”挂钩，约定为固定数量的黄金或等值的非德国货币，而后的协议则基于德国出口额的某个百分比，与纸币价值无关。那些与黄金和出口相关的标准是无法掺水的。然而，德国央行确实看到了通过货币贬值以增加德国出口的机会，因为这既能使德国商品在国外更便宜——货币贬值的一个典型理由——又可以鼓励旅游和外商投资。这些方法可以增加赔款所需的外汇，但并不直接减少赔偿金额。

1921年末，通货膨胀慢慢开始时，并未立即被视为威胁。[①] 德国人注意到物价上涨，但并没有觉得货币要崩溃了。德国银行的负债几乎与资产相等，因此在很大程度上得到了对冲。许多企业拥有土地、厂房、

① 关于1921年～1923年间魏玛超级通货膨胀及其对德国人民影响的描述取材于 Adam Fergusson，*When Money Dies: The Nightmare of Deficit Spending，Devaluation，and Hyperinflation in Weimar Germany*，New York：Public Affairs，2010。

设备和存货等硬资产，从而当货币崩溃时保住了名义价值，因此也得到对冲。有些公司持有债务，但债务价值渐渐自动蒸发，从而它们因免除了债务而变得更加富裕。许多德国的大公司——当今全球企业巨头的前辈们，在德国境外拥有业务，他们赚取硬通货并且进一步独立于母公司，避免了马克崩溃的最坏影响。

资本外逃是对货币崩溃的传统回应。那些能把马克兑换成瑞士法郎、黄金或其他价值储存手段的人，把他们的储蓄转移到了国外。即使是德国的中产阶级也没有立即因为货币的贬值而警觉，因为贬值部分由股市的增益所补偿。许多人还没有意识到，这些增益即将被毫无价值的马克完全抵消。最后，那些加入工会的劳动者和政府工作人员开始时也得到了保护，因为政府根据通货膨胀相应地增加工资。

当然，不是每个人都有政府工作、工会、股票投资、硬资产或对外业务来提供保护。最悲惨的是那些不再有机会涨工资的中产阶级退休人员，以及把资金存在银行而不是投资于股票的储蓄者，在经济上这些德国人完全被摧毁了。许多人被迫出卖家具以筹措几个马克来购买食品。钢琴特别受欢迎，它本身就成为一种货币形式。一些积蓄严重缩水的老年夫妇，手拉着手走进厨房，将脑袋伸进烤炉，打开煤气，悲惨地结束了自己的生命。财产犯罪猖獗，骚乱和抢劫在后期成为家常便饭。

1922 年，当国家银行放弃对局面的控制，疯狂印制钞票以满足工会和政府工作人员的需求之后，通货膨胀变成了恶性通货膨胀。美元变得非常值钱，以至于美国游客都花不掉 1 美元，因为商家一时凑不齐几百万马克来找零。用餐者被要求提前支付餐费，因为仅仅在一顿饭的时间内，餐饮费用就会大幅度上调。对纸币的需求量巨大，国家银行动用了众多民营印刷厂，并调动特种物流团队运送纸张和油墨，以便维持印刷厂的运行。到 1923 年，钞票只印刷单面，以便节约墨水。

随着经济乱象盛行，1923 年法国和比利时入侵德国的鲁尔工业区，以保护他们在战争赔款中的利益。入侵者得以通过攫取制造品和煤炭，获得某种形式的实物支付。鲁尔的德国工人则用怠工、罢工和破坏来回应。德国国家银行通过印刷纸币来增加工资和失业救济金，以鼓励工人们的抵抗行动。

最终，1923 年 11 月德国试图通过创建一种替代货币——地租马克，来阻止恶性通货膨胀。地租马克最初以抵押贷款和相应的固定资产征税能力为依托，与纸币马克同时流通。地租马克的发行和流通由新任命的货币专员亚尔马·沙赫特——一位经验丰富的私人银行家——精心管理，他很快就将取代冯·哈芬斯坦因成为德国国家银行的行长。引进地租马克后不久，纸币马克最终崩溃，那时 1 地租马克大约等值于 10 000 亿纸币马克。地租马克是临时的补救措施，它不久就被直接与黄金挂钩的一种新的帝国马克所代替。1924 年，历经恶性通货膨胀的纸币马克，被直接丢进了垃圾桶、抽水马桶和下水道。

经济史学家通常将 1921 年～1924 年魏玛共和国的恶性通货膨胀与 1931 年～1936 年世界各地以邻为壑的竞争性货币贬值区别看待，这种观点实际上忽略了两次世界大战间货币竞争性贬值的连续性。魏玛的恶性通货膨胀实际上实现了许多重要的政治目标，这一事实在整个 1920 年代和 1930 年代都有反应。恶性通货膨胀将德国人民团结起来，反对“外国投机者”，并迫使法国在鲁尔区出手，从而让德国有借口重整军备。恶性通货膨胀也引发了英国和美国的一些同情，减轻了《凡尔赛和约》严厉的赔偿索求。虽然马克的崩溃并不直接与赔款支付的价值相关，但德国至少可以辩称，其经济因为恶性通货膨胀而崩溃，从而有理由要求对赔偿有某种形式的减免。货币崩溃也使掌控硬资产的德国工业家的地位，相对于那些只依靠金融资产的人士的地位有所加强。这些工业家因恶性通货膨胀而更有力量，因为他们有能力在国外囤积硬通货，并且在国内以低价收购失败的企业。

最后，恶性通货膨胀表明，国家确实可以用纸币来玩火，当条件看来有利时，它可以简单地诉诸金本位或其他一些有形资产如土地而恢复秩序——正如德国所做的那样。不是说德国在1922年的恶性通货膨胀是一个慎思密虑的计划，只是说恶性通货膨胀可以用来作为一种政策上的杠杆。恶性通货膨胀可以产生预料中的赢家和输家，促成某种行为，从而在政治上重新安排债权人与债务人、劳动力与资本之间的关系，只要保有黄金，以便在必要时清除垃圾。

当然，恶性通货膨胀的代价十分惨重。人们对政府机构的信心完全丧失，日常生活也被活生生地摧毁了。然而，这一插曲表明，掌握了自然资源、劳动力、硬资产和可用于保存财富的黄金的一个大国，几乎能够从恶性通货膨胀中全身而退。从1924年到1929年，紧接着恶性通货膨胀之后，德国工业生产的增长率已高于包括美国在内的其他主要经济体。此前，有许多国家在战时脱离了金本位，值得一提的是，英国在拿破仑战争之中和之后，暂停了黄金兑换。而现在，德国在和平时期（虽然是在《凡尔赛和约》下的艰难和平时期）就脱离了金本位。德国国家银行表明，在现代经济中，不与黄金挂钩的纸质货币，可以为了追求纯粹的政治目标而贬值，并且可以因此而达到这些目标。这一经验，也为其他的主要工业国家所汲取。

正是在魏玛恶性通货膨胀失控之时，1922年春季，主要工业国家派出代表在意大利热那亚召开会议，这是自第一次世界大战前以来，他们第一次考虑回归金本位。[1] 在1914年前，大多数主要经济体实际上采用金本位，其纸币与黄金的关系是固定的，纸币和金币平行流通，相互间可以自由兑换。然而，随着第一次世界大战的到来，印刷纸币应付战

① 关于两次世界大战之间以邻为壑的货币贬值和试图减轻其效应的国际金融会议的描述，取材于 Liaquat Ahamed，*Lords of Finance: The Bankers Who Broke the World*，New York：Penguin Press，2009。

争支出的需要成为当务之急，金本位大多被搁置一旁。现在到了 1922 年，《凡尔赛和约》签订且战争赔款确定（虽然其基础并不健全），世界再次想到了金本位这一货币支柱。

然而，自古典金本位全盛时期以来，情况发生了重要的变化。1913 年美国建立了一个新的中央银行——联邦储备系统，它拥有前所未有的调整利率和货币供应量的权力。黄金与美元间的相互作用在 1920 年还是一个实验对象。各国都习惯了 1914 年～1918 年的战争年代按照各自需要随意发行纸币的便利，而民众在金币退出流通后，也同样习惯了接受纸币。各主要国家代表在热那亚会议时所持的观点是，在更灵活的基础上引入黄金，并且由他们自己的中央银行更严格地加以控制。

在热那亚会议上出现了新的金汇兑本位，它在许多重要方面不同于之前的古典金本位。与会各国一致同意，央行的外汇储备不仅是黄金，还可以是其他货币；金汇兑本位中的“汇兑”部分，即意味着某些外汇结余出于储备目的可以被视为黄金。这就把金本位的要求转移给那些持有大量黄金的国家，比如美国。美国将负责维持黄金的价格，为每盎司 20.67 美元，其他国家则可以持有美元以作为黄金的替代物。根据这一新标准，国际账户仍将以黄金结算，但一个国家可以积累大量外汇，再把这些结余兑换为金条。

此外，金币和金条不再像战前那样可以自由流通。有些国家仍然提供将纸币兑换成黄金的可能，但通常只对应大额兑换，例如在当时 400 盎司的金条可以兑换 8 268 美元，而今天其价值超过 110 000 美元。这意味着只有中央银行、商业银行和富人们才会使用金条，其他人只会使用纸币，但政府承诺保证纸币的黄金当量价值。纸币仍然像“黄金一样好用”，但黄金本身将消失在中央银行的金库之中。英国在 1925 年的《金本位法案》中作了上述安排，旨在促进新的金汇兑本位。

尽管回到经过修正的金本位，货币战争仍在继续，并取得了进一步的动力。1923年，法国法郎崩溃了，虽然没有像几年前的马克那么惨。1920年代中期，这种崩溃以令人难忘的方式，为在巴黎居住的美国侨民，铺平了黄金时代的大道，例如斯科特和泽尔达·菲茨杰拉德以及欧内斯特·海明威，他们通过《多伦多星报》每天报道法国法郎崩溃的影响。美国人可以通过把家里的美元兑换成新近贬值的法郎，在巴黎尽情享受舒适的生活。

金汇兑本位的严重缺陷，几乎在它一开始被采用时就出现了。最明显的是其不稳定性，由贸易顺差国的大量外汇储备引发，伴随着赤字国家对黄金的意外需求。此外，德国这个潜在的欧洲最大经济体，缺乏足够的黄金来支持其货币供应，而为了促进对其经济增长所必需的国际贸易，货币供应必须足够充分。1924年，以美国银行家和后来的美国副总统查尔斯·道威斯为首，设计了道威斯计划以弥补这一不足。道威斯计划为国际货币委员会推动和提倡，该委员会系为处理《凡尔赛和约》的赔款问题而设立。道威斯计划减少了德国的部分赔款，并向德国提供新的贷款，以便能获得支持其经济所需的黄金和硬通货。1922年的热那亚会议，1923年的地租马克和1924年的道威斯计划，最终稳定了德国财政，使得德国的工业和农业基础以非通货膨胀的方式增长。

1925年～1931年间采取的固定汇率系统，意味着货币战争暂时将在黄金账户和利率方面进行，而不是在汇率方面。金汇兑本位在这一段时期的平稳运行取决于所谓的“游戏规则”。那些期待大量黄金流入以改善货币状况的国家，部分地通过降低利率，使其经济扩张，而那些黄金外流的国家，则收紧其货币并提高利率，使其经济收缩。经济收缩最终将导致价格和工资降低而使其商品更加便宜，从而在国际上更具有竞争力，而经济扩张则正好相反。在到达某一点后，黄金的流动会发生逆转，之前的黄金流出国将吸引黄金流入，因为它的商品便宜而有贸易顺差，之前扩张的经济体则开始出现贸易赤字和黄金外流。

金汇兑本位是一个自平衡系统，但有一个关键的缺点。在纯粹的金本位中，黄金供应是货币的基础，它发挥了使经济扩张和收缩的作用，而在金汇兑本位下，货币储备也同样发挥作用。这意味着当中央银行制定利率和其他货币政策时，可以把货币储备作为调节过程的一部分。正是这些政策驱动的调节，而不是黄金运作本身，使该系统最终分崩离析。

纸币的一个特点是，它既是持有者的资产，又是其发行银行的责任。而另一方面，黄金只是一种资产，除开 1920 年代的罕见情况，那时它是一个银行转到另一个银行的贷款。因此，黄金的调节交易通常是一种零和博弈。如果黄金从英国转移到法国，英国的货币供应量就会减少，而法国的货币供应量则会按照黄金的数量而增加。

只要法国愿意在贸易中接受英镑，并且把英镑重新存入英格兰银行以帮助维持英镑的货币供应，这个系统就可以很好地运作。然而，如果法兰西银行突然收回这些存款，并向英格兰银行要求以黄金结算，英国的货币供应将大幅度收缩。与古典金本位制度典型的逐步平稳调整不同的是，新的系统更容易经历剧烈和不稳定的波动，并可能很快转向恐慌。

金汇兑本位下的赤字国家会发现自己就像一个房客，房东一年都没有来收租，然后突然出现，要求立即付清前十二个月拖欠的租金。有一些房客未雨绸缪，存了钱，但更多的人无法抗拒宽松的信贷诱惑，从而最终发现自己资金短缺，面临着被房东驱逐的厄运。当贸易伙伴赎回其外汇时，如果这个国家黄金短缺，就可能处于类似的尴尬境地。金汇兑本位的本意是把黄金和纸币系统的最好一面结合起来，但实际上，结合的却是其中最坏的东西，特别是因意外赎回黄金而导致的内在不稳定。

到 1927 年，法国稳步积累了黄金和外汇，而英国则是大量流出。按照游戏规则，现在该轮到英国提高利率和收缩经济，随着时间推移，这会使其经济更有竞争力。但英格兰银行行长蒙塔古·诺尔曼拒绝提高利率，部分原因是他预期，这将引起政治上的强烈反弹，同时他认为，黄金和外汇流入法国是由于对法郎估值过低。法国出于自身的利益拒绝法郎升值，但又表示他们可能会在将来这样做，这就造成了进一步的不确定性，并鼓励了对英镑和法郎的投机活动。

另一方面，1927 年降息后，美国于 1928 年开始了一系列的利率提高政策，显示其经济的高度紧缩。① 考虑到美国在黄金储备上的主导地位和黄金的持续流入，这些加息政策与按照游戏规则应该做的事情正好相反。但正如国内政治的考量使英国在 1927 年拒绝提高其利率一样，次年美联储也在应该降息时决定加息，究其原因，也是出于对国内因素的考虑，特别是对美国股市资产泡沫的恐惧。简而言之，金汇兑本位的参与者将国内因素的考量置于游戏规则之上，从而破坏了金汇兑本位本身的平稳运作。

金汇兑本位还有另一个缺陷，远比英国、美国、法国和德国央行之间缺乏协调更加严重。缺陷涉及黄金对美元的价格被固定以锁定新的本位。第一次世界大战期间，各国印制了大量纸币以偿还战争债务，但黄金供应量却很少增加。此外，现有的黄金，越来越多地流向美国，留在欧洲的就相对减少了。对于战后纸币-黄金的价格比与战前的黄金价格，两者如何兼顾，在 1919 年之后成为主要难题。为了回到战前的金价，一种选择是以战前的金价为目标，减少纸币的供应量。这将导致高度通货紧缩，使物价总水平急剧下降。另一种选择是重估金价，使之上扬，以便在纸币供应扩张的情况下支撑起新的金价。提高金价则意味着永久性的货币贬值。于是，选择将在通货紧缩和货币贬值之间进行。

---

① 关于美国在大萧条前若干年内的货币政策和美联储货币政策限制过度的结论，见 Milton Friedman and Anna Jacobson Schwartz, *A Monetary History of the United States, 1867–1960*, Princeton: Princeton University Press, 1963。

如果物价由于创新、升级或其他的效率提高而随着时间下降，这可以被视为“好”的通货紧缩。现代的消费者对此都很熟悉，每个人都经历过电脑或宽屏电视的价格逐年下降的情形。但若物价因为货币紧缩、信贷约束、去杠杆化、企业倒闭、破产和大规模失业而下降，那就是另外一回事了。这被视为“坏”的通货紧缩。这种坏的通货紧缩，正是使最重要的那些货币回归到它们战前同黄金间的价格比所需要的。

在美国做选择的情势并不严峻，尽管美国在第一次世界大战期间扩大了货币供应量，但它有贸易顺差，结果是大大增加了其黄金储备量。因此，纸币与黄金的比价与战前的比价相比，并没有像英国和法国那样离谱。

到1923年，法国和德国都面临战时的通货膨胀问题，并将其货币贬值。三大欧洲强国，只有英国采取了必要步骤，紧缩纸币的供应，恢复到战前的金本位水平。这是在当时的财政大臣温斯顿·丘吉尔的坚持下实现的。丘吉尔认为，回归战前的黄金比价既是一种荣耀，也是对英国财政状况是否健康的检验。但这对英国的国内经济是毁灭性的，物价水平大规模下降，超过50%，大量的企业倒闭，数以百万计的人失业。丘吉尔后来写道，回归战前黄金比价的政策是他一生中最大的错误之一。1930年代，当大规模通货紧缩和失业横行美国之时，英国在前一个十年早已经历过了。

1920年代是美国的繁荣期，法国和德国的经济也都在这十年的中期强劲增长。只有英国落后。如果英国的失业率和通缩率在1928年下降，整个世界可能会取得持续的全球性经济增长，这将是第一次世界大战之前以来从未发生过的情形。但全球金融状况很快变得更糟，糟糕到万众瞩目。

经济学家通常认为，经济大萧条开始于1929年10月28日的黑色星期一，当天，道琼斯工业平均指数一天内下降了12.8%。不过，德国在一年前已陷入衰退，而英国仍未从1920年～1921年的萧条中完全恢复过来。黑色星期一，醒目标志着美国资产泡沫的破裂，而全世界亦因通货紧缩的影响而苦苦挣扎着。

1929年美国股市崩溃后的几年里，在失业、生产下降、企业倒闭和老百姓受苦等方面都是灾难性的。然而从全球金融体系的视角来看，最危险的阶段出现在1931年的春季和夏季。随着维也纳信贷机构银行发布亏损公告，那一年的金融恐慌始于5月，相当于对银行的全球性挤兑，该银行的资本实际上被彻底掏空了。在随后的几周内，银行业恐慌笼罩欧洲，奥地利、德国、波兰、捷克斯洛伐克和南斯拉夫相继宣布银行歇业，德国暂停支付外债并强行实施资本管制。这些行动相当于脱离了新的金汇兑本位，因为外国债权人不能再把他们对德国银行的债权兑换为黄金，但德国官方仍然宣称，维持德国马克相对于黄金的固定价值。

恐慌很快蔓延到了英国，1931年7月，大规模的黄金外流开始。英国大银行以短期债券对非现金资产做了杠杆化投资，完全就是2008年摧毁雷曼兄弟式的投资方式。当债务到期时，外国债权人将其英镑债权换成黄金，很快黄金就流出英国，去向美国、法国或其他一些尚未充分感受到危机影响的黄金储备国。随着黄金外流愈加严重，挤兑压力成为摧毁伦敦各大银行的威胁时，英国于1931年9月21日脱离了金本位。英镑兑美元的汇率几乎应声下跌，几个月内下跌了30%。许多其他国家，包括日本、斯堪的纳维亚各国和英联邦成员国，也脱离了金本位并获得短期的贬值收益。而这使得法国法郎和其他继续沿用金汇兑本位的黄金集团国家（包括比利时、卢森堡、荷兰和意大利）的货币处于劣势。

欧洲的银行恐慌在英国脱离金本位之后消退；随后焦点转向美国。美国的经济自1929年以来一直在收缩，1931年英镑和其他货币相对美元贬值，将全球通货紧缩和萧条的负担更直接地加在美国身上。事实上，1932 年是美国大萧条中最糟糕的一年。失业率达到 20%，投资、生产和物价水平从紧缩开始时算起，均下降了两位数。

1932 年 11 月，罗斯福取代赫伯特·胡佛，当选为美国总统。胡佛总统的整个任期，都耗费在股市泡沫、崩溃和随后的大萧条之中。罗斯福要到 1933 年 3 月才能宣誓就任总统，然而，在选举与就职间的四个月中，形势急剧恶化，美国银行大批倒闭或被挤兑。数以百万计的美国人从银行里提取现金，藏在抽屉里或床垫下，其他人则因为行动不够及时而失去了毕生的积蓄。[①] 当罗斯福上任时，美国人对这么多机构都丧失了信心，剩下的那一点微小希望，似乎都落在了罗斯福身上。

1933 年 3 月 6 日，在就职两天后，罗斯福使用紧急权力宣布银行歇业，以使得美国所有的银行停止营业。最初的歇业命令截止于 3 月 9 日，但之后无限期延长。罗斯福向公众宣告，银行将在歇业期间接受核查，只有财务健康的银行才能恢复营业。歇业期截止于 3 月 13 日，一些银行重新开业了，另一些则保持停业状态。整个行动更多地是为了重建公众的信心，而不是真的开始清理整顿银行，因为政府并未在八天歇业期间内真的去核查每家银行的账本。

《紧急银行法》于 1933 年 3 月 9 日通过，就重建对银行的信心而言，它比对银行进行核查的意义要大得多。该法案规定，美联储对银行提供贷款的数量，相等于该银行持有的政府证券面值的 100%，以及支票或其他流动性短期票据面值的 90 %。美联储也可以为任何一家联邦储备系统成员的银行提供无担保贷款。事实上，这意味着银行可以获得它们为了应对挤兑需要的所有现金。这还不是存款保险（这将在当年晚些时候出现），但功能相当，因为现在储户们不用担心银行真的会耗尽

---

① 关于富兰克林·D·罗斯福政府及其对银行系统和黄金采取的行动，见 Allan H. Meltzer，*A History of the Federal Reserve*，*Volume 1：1913－1951*，Chicago：University of Chicago Press，2003。

现金。

有趣的是，罗斯福在3月份用于关闭银行的法定权限，来源于第一次世界大战期间颁布的1917年《对敌贸易法》，该法案授予总统全面的紧急经济权力以保护国家利益。如果法院对总统根据1917年的战时法令宣布银行歇业的权力表示任何质疑，那么，1933年的《紧急银行法》即在事后批准了之前的银行歇业命令，给了总统明确的而不只是隐含的权力来关闭银行。

当银行于1933年3月13日重新开业时，许多储户排队等候，不是为了取钱，而是为了将藏在咖啡罐里和床垫下的钱重新存入银行。虽然银行的资产负债表鲜有改变，但歇业期间的整顿景象和美联储新的紧急放贷权力，使公众恢复了对银行的信心。解决了这个问题之后，罗斯福总统现在面临着一个比银行挤兑更毁灭性的问题。这就是通货紧缩，现在它从世界各地通过汇率通道进入美国。第一次货币战争已经抵达白宫的大门口。

当英国和其他国家于1931年脱离金本位时，他们的出口成本比其他竞争对手有所降低。这意味着竞争对手必须找到降低成本的方法，以保持其在世界市场上的竞争力。为了削减成本，有时会采取降薪或裁员的方式，但这使得失业问题更加严重。实际上，通过脱离黄金而使货币贬值的国家，已经把通货紧缩输出到全世界，加剧了全球的通货紧缩趋势。

很明显，通货膨胀是通货紧缩的解药，但问题是如何在消费减少、债务加重、失业率攀升、货币囤积和消费进一步下行的恶性循环中实现通货膨胀。通货膨胀和货币贬值就其经济效果而言，实质上是一回事：两者都能降低国内的成本结构，使进口商品更贵，使出口商品对于其他国家更加便宜，从而有助于创造国内的就业机会。1931年，英国、英联邦国家和日本走了这条路并取得了一些成功。如果也这样选择，美元只要相对于英镑和其他货币贬值就行，但这又可能引发其他货币相对于美元的进一步贬值而没有净收益。针锋相对地继续纸币战争，似乎并不能提供一个永久性的解决方案。因此，罗斯福总统没有选择美元对其他货币贬值，而是选择对终极货币（黄金）贬值。

但黄金在美国是一个特别的问题。除了联邦储备银行官方持有，黄金也以金币的形式在私人流通中作为不可兑换的货币存在，或是作为金币和金条被存放在保险箱和其他安全处所。这些黄金完全可以被视为货币，但它是囤积不用、不进入流通领域的货币。美元对黄金贬值的最简单方法是，提高黄金的美元价格，罗斯福可以用他的紧急经济权力这样做。罗斯福总统可以宣布，现在每盎司黄金可兑换 25 美元或 30 美元，而不是之前的标准价格，每盎司 20.67 美元。问题是以这种方式提高黄金价格，将很大程度上使私人的黄金囤积者得益，却不会释放囤积的黄金或使之回到循环中。事实上，更多人可能因为预期金价会进一步上涨，把纸币兑换成金条，但那些被囤积的黄金可能出于同样的理由，维持不动。罗斯福需要确保，黄金升值的好处将归于政府而不是囤积者，而且除了纸币，公民手中没有任何其他形式的货币。如果可以从私人手中收没黄金，并且使得公民预期手中的纸币将进一步贬值，他们就可能倾向于花钱而不是继续持有贬值中的资产。

为了使美元对黄金贬值以及使人们重新开始消费，该计划一个不可分割的组成部分，是禁止私人囤积或持有黄金。在这种背景下，罗斯福总统于 1933 年 4 月 5 日发布了 6102 号行政令，这是美国历史上最不寻常的行政命令之一。由富兰克林·德拉诺·罗斯福签名的这份文件的生硬语言本身就说明了这一点：

> 我，富兰克林·D·罗斯福……宣布［a］国家紧急状态依然继续存在和……特此禁止个人、合伙体、协会和公司……在……美

国境内囤积金币、金条和黄金证券。因此，任何人都必须在 1933 年 5 月 1 日之前，到联邦储备银行……或到任何联邦储备系统的成员银行，交出他们现在拥有的所有金币、金块和黄金证券……故意违反本行政命令的任何条款者……将被处于 10 000 美元以内的罚款或……被处于十年以内的监禁。[①]

美国人民被勒令，把黄金交给政府，并以每盎司 20.67 美元的兑换率换取纸币。只有对牙医、珠宝商和其他“合法地和习惯性地”在其工艺中使用黄金的人士给予一些小小的破例。美国公民被允许以黄金和稀有硬币的形式，保留价值 100 美元的黄金，按 1933 年的价格约为 5 盎司。对那些继续囤积黄金而违反总统行政命令的人，1933 年的罚款是 10 000 美元，在今天相当于 165 000 多美元，是一笔特别大的法定罚款。

罗斯福随后又发布了一系列额外命令，包括 1933 年 4 月 20 日的 6111 号行政令：除财政部长批准外，禁止出口黄金。1933 年 8 月 29 日的 6261 号行政命，则下令美国的金矿主以规定的价格将其黄金产品出售给美国财政部，事实上将金矿国有化了。

在这一系列快速行动中，罗斯福总统巧妙地收没私人黄金、禁止黄金出口并控制了黄金开采业。结果是，罗斯福大大增加了美国官方囤积的黄金。据估计，1933 年美国公民将 500 吨黄金上交给国库。1937 年建于诺克斯堡的仓库，就是用来存放从美国公民那里收没的黄金。财政部的地下室，已经没有足够的存放空间了。

虽然总统收没黄金的法律效应依然存在，但现如今，很难想象这样的情景会再次发生。之所以难以想象，不是类似的危机不可能出现，而是政治上的反弹。在一个电台脱口秀、社交媒体和直言不讳的有线电视

① Executive Order 6102, April 5, 1933, www.presidency.ucsb.edu/ws/index.php?pid=14611&st=&st1=#axzz1LXd02JEK.

主持人无时无地不在，并且美国公民对政府的信任大大降低的时代，反弹一定会出现。在以上因素中，丧失信任是最重要的。罗斯福总统也有他的电台脱口秀对手，其中最有名的是查理斯·库格林神父[①]，他在1930年代的听众估计比今天的拉什·林博[②]还要多。虽然没有推特或脸书，当时也并不缺乏社交媒体，包括了报纸尤其是在家庭、教会、社会俱乐部和民族纽带等紧密网络中的口口相传。对罗斯福总统收没黄金的强烈谴责其实很容易出现，但却没有出现。人们陷于绝望之中，他们相信，罗斯福在做正确的事情来解决经济问题，如果禁止黄金囤积看起来是必要的，人们愿意服从命令，上交他们的金币、金条和黄金证券。

今天的电子社交媒体，对公众的情绪有极强的放大效应，但无论如何，还是情绪说了算。进入21世纪初期，美国民众对于领导人能力和经济政策的信任已经逐步消失。不难想象，未来的美元崩溃将迫使政府收没黄金。但很难想象，美国公民会像他们在1933年那样，乐于合作，俯首听命。

罗斯福收没了黄金，但没有回答以下问题：在国际贸易与结算中，美元相对于黄金的新价格是多少。以每盎司20.67美元的官方价格收没了美国人的黄金，1933年10月，罗斯福总统开始在公开市场上买入更多的黄金，推动黄金价格缓慢上涨，从而导致美元相对于黄金贬值。据

① 查理斯·库格林（Charles Coughlin）神父（1891—1979），有争议的加拿大-美国罗马天主教神父，居住和任职在底特律附近，最早用无线电广播吸引广大民众的政治领导者之一。1930年代，他的每周广播的听众多达3 000万人。开始时支持罗斯福的新政，到1934年转为强烈批评，谴责罗斯福对银行家太宽容。1930年代后期支持希特勒、墨索里尼和裕仁天皇的一些政策。他的广播节目在1939年第二次世界大战爆发后被取消——译者

② 拉什·林博（Rush Limbaugh，1951—　），美国无线电广播脱口秀主持人和保守的政治评论员，目前居住在佛罗里达州棕榈海滩，通过NBC新闻广播台，在每个工作日东海岸时间正午播出他的三小时脱口秀。每周听他的广播至少五分钟的人数估计约1 300万，居美国脱口秀收听率之首。他也参加许多其他媒体活动，获得多个奖项并出版两本畅销书。他的2015年收入近8 000万美元，是全世界第11名收入最高的名人。——译者

经济和历史学家艾伦·梅尔泽描述，罗斯福总统有时候会穿着睡衣躺在床上，选择买入黄金的价格，有一次他指示财政部加价 21 美分，因为正好是他的幸运数字 7 的三倍。要不是描述的正是对美国人民的偷盗行为，这个故事原本还是挺幽默的；黄金增值的好处，现在都归于财政部，而不是以前拥有它的公民们。在接下来的三个月里，罗斯福总统逐渐推动金价到每盎司 35 美元，然后决定稳定价格。从开始到结束，美元对黄金贬值了大约 70%。

作为补充，国会于 1934 年通过了《黄金储备法案》，批准了新的每盎司黄金 35 美元的价格，并废除了商务合同中的所谓黄金条款。黄金条款是一种协议，旨在保护合同双方免受通货膨胀或通货紧缩导致的风险。典型的条款是，如果黄金的美元价格发生变化，合同中的任何美元付款将被相应调整，以使新的美元欠款等值于以同样黄金重量计算的旧的美元欠款。罗斯福总统对黄金条款的攻击备受争议，1935 年诺尔曼对巴尔的摩和俄亥俄铁路公司案在最高法院审理，最终以非常接近的 5∶4 裁决废除了黄金条款的合法性，多数派意见由首席法官查理斯·埃文斯·休斯执笔。直到 1977 年，国会才再次允许在合同中使用黄金条款。

最后，1934 年的《黄金储备法案》还建立了一个财政部汇率稳定基金，基金由被收没黄金的收益资助，财政部可以酌情用于干预货币市场交易及其他的公开市场业务。汇率稳定基金有时被称为财政部的小金库，因为它无须经由国会拨款，便可作为预算的一部分。该基金的著名应用案例，是财政部长罗伯特·鲁宾于 1994 年 12 月比索崩溃后，用它来稳定墨西哥的货币市场。汇率稳定基金很少使用，1934 年至 1994 年间，甚至在华盛顿的决策圈内部也鲜为人知。1934 年国会议员对《黄金储备法案》投票时，根本不可能想到会在六十年后帮到墨西哥救市。

1931 年英国脱离金本位以及 1933 年美元相对于黄金贬值，达到了预期的效果。英国和美国的经济都呈现出货币贬值的直接好处：物价停止下跌、货币供应增加、信贷开始扩张、工业生产增长和失业率下降。大萧条远未结束，这些进步迹象仍处在相当低的萧条水平上，企业和个人的负担依然巨大。但那些相对于黄金和其他货币贬值的国家，至少熬过了一个转折点。

现在，黄金集团国家，即得益于1920年代第一次货币贬值浪潮的国家，开始吸收因美国和英国而偏转的通货紧缩。这最终导致1936年的三方协议，始于《凡尔赛和约》的似乎没完没了的另一个国际货币会议和谅解。三方协议是英国、美国和法国（代表它本身和黄金集团）之间达成的非正式协议。财政部长亨利·摩根索于1936年9月25日发布的美国官方公报上称，其目标是“促进保障和平以及有助于恢复国际经济关系秩序的那些有利条件”。协议的核心是，允许法国的货币略有贬值。就法国的货币贬值，美国说：“美国政府……宣布其意图在于继续使用适当的可用资源，以避免……任何因建议调整而引起的对国际汇兑基础的扰乱。”这是一个来自美国的“不实施报复”的承诺——货币战争现在趋向结束的另一个标识。

协议三方承诺，在新同意的对黄金比价的水平上，因此也是在彼此之间，维持货币价值，除非有促进国内增长的需要。针对内部增长的例外是高度政治性的，这进一步佐证了，尽管货币战争在国际舞台上上演，但更可能是受国内政治因素的驱使。对此，摩根索的声明中写道：“美国政府当然必须在其国际货币关系的政策中充分考虑内部繁荣的要求。”英国和法国的官方协议，是由三个公报组成的一个系列，而不是单一的条约文件，但包含的内容则基本相似。这种“内部繁荣”的话语并不是无缘无故的，因为三个国家仍在与大萧条的影响作斗争。如果通货紧缩或高失业率回归，从而需要进一步的通货膨胀来缓解，例如通过汇率机制或黄金贬值，那么可以预料，各方很容易就此撕毁协议。最后，三方协议的实际效用有限，因为国内增长总是优先于国际考虑，但无论如何，它确实是货币战争正在终结的一个标识。

瑞士、荷兰和比利时也在法国的带动下支持该协议。这样就结束了竞争性的货币贬值周期，该周期于 1920 年代始于德国、法国和黄金集团的其余国家，1931 年在英国进一步持续，最终于 1933 年在美国达到顶峰，现在转了一圈后，于 1936 年又回到黄金集团国家。临时性的货币贬值灵丹妙药，从一个国家传到另一个国家，就像一个水罐在一队口渴的士兵手中传递。较持久的补救措施是，货币对黄金贬值，以鼓励商品价格上涨并摆脱现在已被所有国家分享过的通货紧缩。

三方协议中，法国的货币贬值以及对汇率稳定的新承诺的正面效果，是贸易各国之间的黄金流通恢复了。黄金出口暂停和央行囤积黄金的时代开始解冻。在三方协议后不到三周时间内，美国财政部在一个单独的公告中称："财政部部长陈述……美国将出售黄金用于直接出口，或指拨款项于他国的汇兑平衡和稳定基金的账户，如果该基金也同意出售黄金给美国。"美国愿意解除对那些采取同样政策的国家的黄金出口禁令。国际交易中，新的黄金价格为每盎司 35 美元，此价格一直维持到 1971 年。

最后一轮货币贬值、承诺保持新的金价并恢复黄金销售的组合行动，有可能开创一个基于黄金的货币稳定的新时代。但这一努力来得太晚又太不给力。凡尔赛赔款和魏玛的恶性通货膨胀所造成的经济破坏，使得社团主义和种族主义的纳粹党得以在德国崛起，并于 1933 年初掌握了权力。在日本，一个奉行 20 世纪版武士道精神的军人集团控制了政府，并且在整个东亚地区发动了一系列入侵和征服的军事行动。1942 年，世界的大部分地区处于同盟国和轴心国之间生死搏斗的战争状态。货币贬值以及对第一次世界大战遗留的战争赔偿的斗争被遗忘了。下一次，重新审视国际货币问题的时间是 1944 年，而那时的世界早已大不相同。

最后，1925 年的金汇兑本位，以及 1928 年到 1931 年美国货币政策的缺陷，都使得全球货币体系不胜负担。相对于那些没有贬值的国家，货币贬值的国家如法国和德国，获得了贸易优势。有些国家，例如曾试图返回战前金本位的英国，遭受了大规模失业和通货紧缩，而另一些国家，例如有大量黄金流入的美国，则没有尽到其国际责任，在应该放松信贷的一段时间里，却相反在事实上收紧了信贷条件。

至于这些失衡和误导政策对大萧条起了什么样的作用，对此人们一直争论不休。可以肯定的是，金汇兑本位的失败，导致今天的许多经济学家普遍对在国际金融中使用黄金心存疑团。但至少我们有理由发问，问题究竟是黄金本身还是黄金价格。后者起源于对战前货币与黄金挂钩的怀念，伴随着估值过低的货币和误导性的利率政策，正是这些，注定了整个系统的厄运。更纯粹的金本位，而不是金汇兑本位，更实际的价格，相当于 1925 年的每盎司黄金 50 美元，也许能够被证明更少通货紧缩也更加持久。当然，我们永远不会知道答案。1936 年以后出现的，不是货币战争的延续，而是真正的战争，历史上最血腥的战争。

第五章　第二次货币战争（1967年～1987年）

“美元是我们的货币，但它是你们的问题。”

美国财政部长约翰·康纳利对外国财政部长的讲话

1971年

“我对里拉毫无兴趣。”

美国总统理查德·M·尼克松

1972年

随着第二次世界大战临近结束，由美国和英国领导的主要同盟国的经济体，开始筹划一个新的世界货币体系，旨在避免当年在凡尔赛和会和两次大战期间所犯的错误。1944年7月，这一计划在美国新罕布什尔州的布雷顿森林举行的会议中最终成形。其结果是一整套规则、规范和机构，塑造了之后三十年的国际货币体系。

布雷顿森林体系从1944年到1973年，期间虽然穿插了几次经济衰退，但总体上是一个货币稳定、低通货膨胀、低失业率、高增长率和实际收入增长的时期。这一时期几乎在所有方面，都正好与1921年～1936年的第一次货币战争时期相反。根据布雷顿森林会议的决议，在国际货币体系中美元与黄金挂钩，贸易伙伴可以用每盎司35美元的价格自由兑换黄金，其他货币则通过与美元的固定汇率间接与黄金挂钩。当出现贸易赤字时，国际货币基金组织会为相关国家提供短期贷款。各国对本国货币的贬值必须得到国际货币基金组织的认可，一般只给予持续贸易赤字伴随高通胀的情况。虽然布雷顿森林体系看起来具有宏大的国际协议形式，但其实几乎是由美国一手操纵通过的。当时美国的军事和经济实力，相对于世界其他部分遥遥领先，但这种领先状态并未能长久保持，直到1991年苏联解体后才再度出现。

尽管布雷顿森林体系一直维持到1970年代，但货币战争的种子在1960年代中后期就已经播下。第二次货币战争可以说是从1967年开始的，前因是1964年林登·B·约翰逊在总统选举中大获全胜和他的“大炮加黄油”政策。大炮是指越南战争，而黄油是指名为Great Society的社会复兴计划，包括向贫困开战。

虽然美国自1950年以来一直在越南保持其军事存在，但首次大规模部署作战部队是在1965年，其军备成本升级。1964年，民主党在选举中的一边倒胜利产生了一个新的国会，并于1965年1月召开，约翰逊当月的国情咨文标志着全方位的社会复兴计划的非正式启动。

1965年前期，在越南的军备升级和庞大的社会投入，标志着对美国战后成功的经济政策的真正背离。不过，其代价在几年后才会明显。美国曾为国内的经济实力和国外的政治亲善打下了厚实的基础，然而这一基础现在正慢慢耗尽。

最初，美国似乎有能力同时提供大炮和黄油。1963年约翰·F·肯尼迪总统遇刺后不久，约翰逊总统签署的肯尼迪减税计划刺激了经济增长。国内生产总值在减税后的第一年增长超过5%，在肯尼迪-约翰逊时期，每年的平均增长超过了4.8%。但也是从一开始，在双重预算和贸易赤字的情况下，约翰逊的政策造成了通货膨胀的加速。

逐年增量的通货膨胀，从1965年可承受的1.9%增加到1966年更具威胁性的3.5%，几乎翻了一番。[①] 通货膨胀在其后二十年间失控。直到1986年，通货膨胀才回到稍高于1%的水平。在不可思议的1977年到1981年的五年间，累计通货膨胀率超过50%，美元的价值减少了一半。

在这一时期，如同德国魏玛的同侪在1921年那样，美国人犯了相同的错误。他们最初感觉到物价上涨；但实质上，是货币在崩溃。物价上涨是症状，而不是病因，病因是货币正在崩溃。第二次货币战争的曲线，其实就是美元通胀和美元下跌的曲线。

尽管美国的政策和通胀是第二次货币战争的核心，但第一枪并非是在美国而是在英国打响的。1964年以来，英镑危机就一直在酝酿之中，并于1967年激化，造成布雷顿森林体系成立以来的第一次重要货币的贬值。虽然在布雷顿森林体系中，英镑不如美元那样重要，但它仍然是重要的储备和贸易货币。1945年，英镑在全球储备——全部中央银行持币的总和——中占有的百分比高于美元。这个比值逐年下降，到1965年，全球储备中只有26%是英镑。英国自1960年代初期以来，国际收支状况一直在恶化，并于1964年底出现了巨大的赤字。[②]

英镑的不稳定不仅是因为短期贸易失衡，也是因为英国以外的英镑储备与英国境内可用于赎回这些外部余额的美元和黄金储备间的全球性不平衡。1960年代中期，英镑的外部占款是内部储备的大约四倍多。这是一种非常不稳定的状态，如果英镑持有者试图把大量英镑兑换成美元或黄金，就很容易出现银行挤兑。为了支持英镑并使英镑能承受失

① 关于美国通货膨胀（居民消费价格指数，CPI）的所有统计资料，均取自美国劳工部劳工统计资料，http://data.bls.gov。

② Richard Roberts，“Sterling and the End of Bretton Woods，” XIV International Economic History Congress，University of Helsinki，Finland，2006.

衡，人们开发了多种手段，包括国际信贷额度，与纽约联储的互换额度，[①] 英国的紧缩方案和盈余货币市场干预。但问题依然存在。

1964 年到 1966 年间，发生了三次轻微的英镑危机，最终得以安然度过。然而发生在 1967 年中期的第四次英镑危机，对英镑的比价是致命的。有众多因素促成了危机在这一时间发生，包括 1967 年阿拉伯各国和以色列六天战争期间苏伊士运河的关闭，以及为了加入欧洲经济共同体，英国可能被要求对其货币贬值的预期。如同早先在美国发生过的那样，英国的通货膨胀正在上升。在英国，通货膨胀因其打击失业率上升的需要被认为是合理的，但它对货币价值的影响是毁灭性的。在抵御持续卖出英镑压力的努力失败后，1967 年 11 月 18 日英镑正式对美元贬值 14. 3%，从 1 英镑兑换 2. 80 美元下跌为 2. 40 美元。

布雷顿森林体系的第一个重大裂缝，在成功维持固定汇率和物价稳定二十年后出现了。如果英镑可以贬值，那么其他国家的货币也可以。美国官员曾努力阻止英镑贬值，担心美元将成为下一个受到压力的货币。他们的担心很快就会发生。美国经历着同样使英镑混乱的贸易赤字和通货膨胀，但有一个关键性的区别。在布雷顿森林体系下，美元的价值与其他货币没有联系，只与黄金挂钩。因此，美元的贬值意味着黄金的美元价格向上重估。如果你预期美元会贬值，那么购买黄金便是合乎逻辑的选择。因此，投机者们把注意力转向了伦敦的黄金市场。

自 1961 年以来，美国和其他主要经济大国经营着伦敦的共同黄金储备，基本上这是一个价格固定的公开市场，参与者在其中把黄金和美元储备资源结合起来，维持黄金的市场价格为布雷顿森林比价，即每盎司 35 美元。共同黄金储备的成员国是美国、英国、德国、法国、意大

① 互换额度（Swap Line），中央银行之间的临时货币互换安排，即它们同意提供本国货币与另一中央银行按当前汇率交换。银行只把互换额度用于隔夜和短期借贷。大多数互换额度是双边的，即只涉及两个国家的银行。——译者

利、比利时、荷兰和瑞士，美国提供50%的资源，余下部分由其他七个成员国分担。该储备部分是为了应对爆发于1960年的恐慌性抢购黄金，当时金价被暂时抬高到每盎司40美元。共同黄金储备既是买方又是卖方；它逢低买进，逢高卖出，以维持每盎司35美元的价格。但是直到1965年，共同黄金储备几乎一直是卖方。

布雷顿森林体系的终结

对与黄金挂钩的美元为主导的布雷顿森林体系的公开攻击，早在1967年英镑贬值之前就开始了。1965年2月，法国总统戴高乐在一次煽动性的演讲中宣称，美元作为国际货币体系中主导货币的地位已经终结。他呼吁回到古典金本位，称之为“无可争辩的货币基础，不带有任何特定国家的标志。[①] 事实上，不能设想除黄金以外，怎么可能还有其他标准”。法国采取行动以支持这个讲话。1965年1月，法国将其1.5亿的美元储备兑换成黄金，并宣布计划很快兑换另外的1.5亿。西班牙紧随其后，将其6 000万美元储备兑换成黄金。如果采用2011年6月的黄金价格，而不是1965年每盎司35美元的价格来计算，法国的赎回价值约128亿美元，西班牙的约26亿美元，这在当时标志着对美国黄金储备的实质性消耗。戴高乐甚至派出海军，到美国将黄金运回法国。

当这些美元被换成黄金时，美国企业正在用大为高估的美元收购欧洲公司并扩大其在欧洲的运作，这被戴高乐称为“掠夺”。戴高乐认为，如果美国不得不使用黄金而不是纸币，这种掠夺行为就将被迫停止。然而，正如1930年代一样，1960年代后期人们对纯粹的金本位有着强烈的抵触心理。纯粹的金本位需要美元和其他货币对黄金贬值，而黄金的

① “Money：De Gaulle v. the Dollar,” *Time*，February 12，1965.

美元价格飙升的最大受益者，是主要的黄金生产国，包括实施种族隔离政策的南非和实行社会主义的苏联。这些地缘政治的考量，平息了人们对于新版古典金本位的热情。

尽管有来自法国的严厉批评，美国在共同黄金储备里还有一个坚定的盟友——德国。这至关重要，因为德国有持续的贸易顺差，并且通过两条渠道积累黄金以支持英镑操作，一是通过国际货币基金组织，二是在共同黄金储备中偶尔作为买家。如果德国突然要求将其美元储备兑换为黄金，必将导致比英镑危机糟糕得多的美元危机。不过，德国秘密向美国保证，不会抛售美元换取黄金，正如德意志联邦银行（德国中央银行）主席卡尔·布莱辛致美国联邦储备委员会董事会主席威廉姆·麦克切斯尼·马丁的信中所述。这封写于1967年3月30日的"布莱辛信件"[①] 说道：

> 亲爱的马丁先生，
>
> 偶尔会有一些担心……美国在德国驻军的支出［可能］导致美国损失黄金……
>
> 您当然深知，德意志联邦银行在过去几年里从来没有把任何……美元……兑换成黄金……
>
> 您可以放心，联邦银行今后仍会继续这项政策，并对促进国际货币合作充分发挥作用。

这份来自德国的秘密保证使美国非常欣慰。作为回报，面对驻扎在柏林近旁丛林中以及整个东欧的苏联部队和坦克，美国将继续承担保卫德国的费用。

---

① Letter of Karl Blessing to William McChesney Martin, March 30, 1967, Lyndon Baines Johnson Library and Museum, Austin, Texas, www. lbjlibrary. org.

然而，德国并不是唯一拥有可以兑换黄金的美元的国家，1967 年英镑贬值后，美国不得不以人为的低价立即抛售 800 多吨黄金，以维持美元–金本位价。1967 年 6 月，在退出北大西洋公约组织一年后，法国也退出了共同黄金储备。其他成员继续运作，但这是一个注定要失败的努力：海外的美元持有者兑换黄金已成为流行病。到 1968 年 3 月，共同黄金储备的黄金流出速度为每小时 30 吨。

伦敦的黄金市场于 1968 年 3 月 15 日暂时关闭，以阻止黄金外流，之后继续关闭了两周，与 1933 年美国银行的歇业相似。市场关闭几天后，美国国会废除了用黄金储备支持美元的要求；此举释放了美国的黄金供应量，可以按需要以每盎司 35 美元的价格出售。但一切都无济于事。到 1968 年 3 月底，伦敦的共同黄金储备已经崩溃。此后，黄金在一个双轨系统中流动，分别按伦敦的市场价格以及布雷顿森林体系的国际支付价格——每盎司 35 美元。由此产生的“黄金窗口”，即是指各国可以用每盎司 35 美元的价格用美元赎回黄金，并且在公开市场上以 40 美元或更高的价格出售。

双轨系统将投机压力导向了公开市场，因为每盎司 35 美元的价格只适用于中央银行。然而，美国的盟友们达成了一项新的非正式协议，同意不得利用便宜的官方价格从黄金窗口得到好处。共同黄金储备的结束、双轨制以及由美国和英国采取的一些短期紧缩措施，在 1968 年后期和 1969 年帮助稳定了国际货币体系，然而布雷顿森林体系的终结却赫然在目。

1968 年 11 月 29 日，伦敦的共同黄金储备崩溃后不久，《时代周刊》报道说：“世界贸易量的增长要比全球黄金供应量的增加快得多。”类似这样的说法，是对黄金作用的重大误解。① 说没有足够的黄金来支持世

① “The Monetary System: What’s Wrong and What Might Be Done,” *Time*, November 29, 1968.

界贸易是错误的，因为数量从来都不是问题，只有价格才是问题。如果黄金在每盎司 35 美元价格下不够用，同样数量的黄金很容易以每盎司 100 美元或更高的价格支持世界贸易。其实《时代周刊》真正想说的是，黄金价格被人为地压低至每盎司 35 美元，在这一点上，它是对的。如果黄金价格太低，问题就不是黄金短缺，而是与黄金有关的纸币过剩。这种过剩的货币反映了美国、英国和法国的通货膨胀上升。

1969 年，国际货币基金组织开始着手处理"黄金荒"，它建立了一种新形式的国际储备资产，特别提款权（SDR）。特别提款权是由国际货币基金组织凭空构想的，没有有形实体支持，在成员国中按照它们的国际货币基金组织配额分配。它立刻有了一个绰号，叫做"纸黄金"，因为它代表了一种资产，可以用与黄金或储备货币相同的方式，抵消支付赤字。

特别提款权的创立在当时是一件令人费解的新鲜事。特别提款权在 1970 年～1972 年间发行了几次，1981 年又发行了一次，用以应对石油价格冲击和全球通胀。此后，特别提款权的发行停止了近乎三十年。2009 年，在始于 2007 年的全球深度衰退中，发行了另一次数额大得多的特别提款权以分发给各成员国。1970 年代特别提款权的原始发行，反映了纸币供应与黄金之间的失衡是何等糟糕，以及当每盎司 35 美元的金本位价格早已不可行之后，美国和其他国家仍然不愿放弃而引起的绝望无助。

在 1967 年～1971 年间，国际货币事务中最明显的标识就是混乱和不确定。1967 年英镑的贬值曾引起了某种程度的冲击，尽管各央行多年前对英镑的不稳定性已了如指掌。接下来的几年，是一连串的贬值、升值、通胀、特别提款权、共同黄金储备的崩溃、互惠外汇信贷、国际货币基金组织贷款、双轨制黄金价格和其他的临时解决方案。与此同时，世界主要经济体正经历着内部压力，其形式为学生运动、劳工抗议、反战抗议、“性解放”、“布拉格之春”，“文化大革命”和反主流文化的持续上升。所有这些堆积在以电脑无处不在为标识的快速技术变革、对热核战争的恐惧和对人类登陆月球的朴素敬畏之上。整个世界好像一下就处于自1938年以来未曾见过的摇摆不定的基础之上。

然而透过这一切，有一件事似乎是不变的。美元的价值继续维持在每盎司黄金35美元，并且美国似乎准备捍卫这一价值，尽管美元的供应量大幅度增加，并且可兑换范围仅限于少数几家外国央行，还要遵守一个不得在兑换上过度施加压力的君子约定。突然，这最后的支柱也崩断了。

1971年8月15日，星期日，美国总统理查德·尼克松占用当时美国最热门的电视节目——《伯南扎的牛仔》[①]——的播放时间，现场直播其宣布所谓新经济政策的演讲，包括即时的工资和价格控制，10%的进口附加税和关闭黄金窗口。从那时起，外国央行不能再用美元兑换黄金；而其他黄金持有人的兑换特权，多年前就已经被取消了。尼克松用美国的国家形象包装其政策，甚至说：“我有决心使美元一定不会再成为国际投机者手中的人质。”[②] 当然，是美国的赤字和货币宽松，而不是投机者们，使美元落到这个地步的。但是，与罗斯福一样，尼克松不会在事实面前却步。现在，1944年布雷顿森林体系的最后痕迹——金本位和1922年热那亚会议的金汇兑本位彻底消失了。

尼克松的新经济政策立时深受欢迎。媒体对其大加褒赞。演讲后的第一个交易日，道琼斯工业平均指数的上涨创造了新的历史纪录。该公

---

① 《伯南扎的牛仔》（*Bonanza*），NBC播出，美国第一部彩色西部连续剧，从1959年播至1973年，总共400多集。本剧讲的是美国西部拓荒时期，卡特赖特一家（父亲及三个儿子）在内华达州太浩湖畔的庞德罗萨经营牧场、建立新生活的故事。——译者

② Richard M. Nixon, “Address to the Nation Outlining a New Economic Policy: ‘The Challenge of Peace,’ ” August 15, 1971, www.presidency.ucsb.edu/ws/index.php?pid=3115#axzz1LXd02JEK.

告自此以后被称为“尼克松冲击”。尼克松的新经济政策由美国秘密构思、单方面宣布，之前未与国际货币基金组织或布雷顿森林体系其他主要参与国协商。政策本身对美国的贸易伙伴不应该是一种冲击——新经济政策宣布的美元对黄金的贬值其实早就发生了，对美元的压力在演讲的前几周已经加速。迟至 1971 年 7 月下旬，瑞士还用美元赎回了 40 多吨黄金。法国用美元赎回的黄金使其成为黄金大国，仅次于美国和德国，至今依然如此。

对于欧洲人和日本人而言，新经济政策最令人震惊的不是美元贬值，而是对所有进口到美国的商品的 10%附加税。脱离金本位本身并没有立即改变货币的相对比值——英镑、法郎和日元都有各自对美元的基准价，而德国马克和加拿大元在尼克松讲话之时是浮动的。尼克松真正想要的，是美元立即对所有主要货币贬值，最好是继续浮动下跌，使美元在外汇市场继续贬值。然而，那将需要时间通过谈判来实现，尼克松不想等待。10%的附加税如同美元 10%的贬值，有着相同的直接经济影响。附加税犹如抵在美国贸易伙伴额头上的枪。尼克松承诺，一旦实现他所希望的货币贬值，将取消附加税，而谈判货币贬值的任务就委托给了锋芒毕露的财政部长、来自得克萨斯州的约翰·康纳利。

对于 1971 年尼克松的精心布局，国际社会的反应很快到来。8 月底，日本宣布日元对美元汇率自由浮动。让人吃惊的是，日元立即对美元上涨了 7%，加上 10%的附加税，相当于日本出口到美国的商品价格增加了 17%。这对美国汽车业和钢铁业是利好消息。瑞士则实行“负利率”，对瑞士法郎的银行存款收费，以阻止资本流入并帮助支持美元。

9 月下旬，关贸总协定（GATT）理事会开会讨论，美国的进口附加税是否违反了自由贸易规则。附加税完全没有道理，美国代表、副国务卿纳撒尼尔·塞缪尔斯对此没有费力辩护，他只是说，当美国的国际收支平衡改善后，附加税将被取消。按照关贸总协定的规则，贸易国的报复措施很可能会被判定是合理的。然而，美国的贸易伙伴没有兴趣打一场贸易战。1930 年代的记忆历历在目，而且美国作为超级大国与苏联间的制衡，及其作为日本和西欧军事保护伞的作用太过重要，不值得后者去冒重大贸易对抗的风险。日本与西欧不得不接受美元贬值；问题只在于接受的程度和条款。

在所谓的十国集团（G10）主持下，9 月末在伦敦举行了一次国际会议。这十个是当时世界上最富有的国家，重要的是其中包括了瑞士，尽管它那时并不是国际货币基金组织的成员。会议上，康纳利上演了符合其得州风格的一幕。他对代表们说，美国要求，在其贸易平衡中立即有 130 亿美元的增益，即从 50 亿美元的赤字转为 80 亿美元的盈余，对此没有商量的余地。然后，他拒绝参与具体的讨论；他告诉与会代表，制订计划是他们的任务，他的任务是核查这个计划，并让代表们知道他们是否做对了。十国集团的其他九个成员国在内部抱怨康纳利的傲慢，并考虑能安排什么样的计划，以使美国实现贸易顺差。

两周后，10 月初，主要国家再次在国际货币基金组织的华盛顿年会上相遇。自伦敦会议以来少有进展，但尼克松 10%附加税的影响开始显现。据加拿大贸易部长让·吕克-佩潘估计，附加税将在第一年令加拿大国内失去九万个就业机会。在外汇市场上，美元出现了一定贬值，更多国家开始使其货币对美元浮动兑换，各种货币对美元立即增值 3%～9%。但是尼克松和康纳利要求美元总贬值 12%～15%，并且需要某种保证，以使这一水平保持而不被市场扭转。毫不意外，国际货币基金组织专司研究的雇员开始考察各种技术解决方案。方案包括，要求正式贬值之前，货币可以在更宽的交易“带”内浮动，扩大特别提款权的应用范围以及建立世界中央银行。康纳利对这些争论不感兴趣。他只想要对当前的问题有一个立即的回应，并使用附加税这一直截了当的武器，需要用多久就可以用多久。然而，在国际货币基金组织的会议上，他略微软化了立场，表示如果美国的贸易平衡已经朝着正确方向前进的话，即使最终目标尚未达到，也可以先取消附加税。

还有另一个问题，欧洲人对此十分关注，美国似乎也愿意灵活处理。虽然美国已经宣布不再用黄金赎回美元，但它并没有正式改变美元-黄金比价；即使在不可兑换的状态下，美国仍然认为1美元的价值等于1/35盎司黄金。因此，提高黄金价格与美元贬值一样，都意味着其他货币升值。这对欧洲人有着象征意义上的重要性，因为这将被视为美国在货币战争中的失败，尽管美国对此并不在意。德国和法国也会受益，因为他们有大量的黄金储备，而黄金的美元价格上扬意味着其黄金储备的美元价值增加了。

尼克松和康纳利似乎真的无所谓；因为黄金窗口已经关闭，黄金价格看起来无关紧要，用任何方法贬值都只是为了达到目标的一种手段。当国际货币基金组织的会议结束时，看起来以下情况的某种组合，可能形成与尼克松目标相一致的汇率调整的持久基础。这些情况是：大多数货币在外汇市场上对美元持续升值，减少美国贸易赤字的要求在时间上更具有弹性，以及美国提高黄金的美元价格的明确意愿。

12月初，在罗马富丽堂皇的柯西尼宫举行的又一次十国集团会议上，美国摊牌了。这一次，康纳利打算做笔交易。他提出，外国货币增值11%，同时美元对黄金贬值10%。两者结合意味着外国出口到美国的商品的美元价格，将有效地提高过20%。作为交换，美国将取消10%的附加税。

欧洲人和日本人都惊呆了：12%～15%也许是可以接受的，但一下子提高20%实在无法承受。此外，十国集团的成员国们开始相互算计。当所有国家一致行动时，对美元增值20%是一回事，但如果，英国只增值15%，而德国增值了20%，那么相对于英国和美国，德国都将处于不利。法国则想要限制美元对黄金贬值的规模，以更多推动德国增值，同时自己避免完全增值 20%。如此种种。

现在，谈判几乎马不停蹄地进行。罗马会议几天后，尼克松总统在亚速尔群岛与法国总统乔治·让·蓬皮杜单独会面，蓬皮杜坚持黄金的美元价格上涨，以作为一揽子交易的一部分。尼克松在睡眠不足的情况下进行了谈判，因为他在当地熬了大半夜观看华盛顿红人队的橄榄球比赛。最后，尼克松同意了法国的要求，蓬皮杜像英雄般凯旋，因为他在美元与黄金的微妙问题上轻松地打败了美国人。不过，尼克松也没有空着手离开，因为蓬皮杜同意，推动大幅降低欧洲共同市场对美国进口商品所课的高额关税。

在柯西尼宫和亚速尔群岛达成的初步协议，两周后在一次十国集团会议上得到了批准，该会议在毗邻华盛顿国家广场的史密森学会的红色城堡举行，故名为《史密森协定》。美元对黄金贬值约 9%，主要货币对美元升值 3%～8%，总的调整量因货币不同而介于 11%和 17%之间。重要的例外是英国和法国，它们不升值，但因黄金比价仍相对于美元增值约 9%。日本的调整最大，达 17%，甚至比德国还多。但这两个国家从康纳利那里得到的同情最少，因为他们的经济增长每年超过 5%。协定签署者同意，在不超过上下 2.25%的交易带中保持以上新的汇率比，即 4.5%的总范围。美国同意取消歧视性的 10%的进口附加税；因为它已达到了目的。协定中没有回归金汇兑本位的条款，虽然在技术上美元并未脱离黄金。正如一位作者所说："除了拒绝以每盎司 35 美元的价格出售黄金外，财政部还简单明确地拒绝……以每盎司 38 美元出售。"

《史密森协定》像四个月前的"尼克松冲击"一样，在美国大受欢迎。它使得股票显著上涨，因为投资者们预期，受益于出口增加、进口减少或两者兼具，美国的钢铁、汽车、飞机、电影等产业将有较高的美元利润。总统助理彼得·G·彼得森估计，美元贬值将在未来两年中至少创造五十万个新的就业机会。

不幸的是，这些乐观的预期很快就被粉碎了。不到两年后，美国发现自己陷入第二次世界大战以来最糟糕的经济衰退中：GDP低迷、失业率居高不下、石油危机、股市崩溃，通货膨胀失控。这一教训表明，一个国家是不能靠货币贬值走上繁荣之路的。正如大萧条时期的先辈们，在1971年后期，尼克松、康纳利、彼得森和股市也无法例外。看起来，这真是一个很容易被人遗忘的教训。

正如1920年代和1930年代的国际货币会议，《史密森协定》的好处也被历史证明是短命的。1972年6月23日英镑再次贬值，这一次是以浮动的形式，不再保持史密森比价。英镑立即下跌6%，到1972年底下降了10%。英镑贬值对意大利里拉的蔓延效应也引起了很多注意。尼克松办公室的主任向他汇报了这一新的欧洲货币危机。尼克松有欠道德的反应被记录在磁带上："我不在乎。我们不能做任何事……我一点也不在乎里拉。"

1972年6月29日，德国试图通过资本管制，制止抢购马克的恐慌。7月3日，瑞士法郎和加元也加入了浮动汇率。使英镑贬值的原因，转而击溃了美元，投资者转向相对安全的德国马克和瑞士法郎。1972年6月，约翰·康纳利辞去财政部部长职务，新部长乔治·P·舒尔茨几乎一上任，就必须着手处理这一扩大中的美元危机。在财政部保罗·沃克尔和美联储主席阿瑟·伯恩斯的帮助下，舒尔茨得以启动货币互换，即美联储和欧洲诸央行间的短期货币借贷举措，并开始干预市场，以消除美元恐慌。那时，所有为了保持某种程度的布雷顿森林体系而创造的举措，例如"浮动汇率带""有管理浮动汇率制""爬行汇率制"等，均一一宣告失败。没有留下什么有用的东西，只是把所有的主要货币推向了浮动汇率制。最后在1973年，国际货币基金组织宣告布雷顿森林体系死亡，正式结束了黄金在国际金融中的作用，允许所有主要货币间的汇率在政府或市场希望的任何水平上浮动。一个货币时代结束了，另一个现在开始。但是，货币战争远未结束。

浮动汇率的时代开始于1973年，加上美元与黄金之间脱钩，暂时结束了自1920年代以来国际货币领域的贬值闹剧。中央银行和财政部不再需要为了打破比价或脱离金本位而大伤脑筋。现在，货币市场每天视情况向上或向下浮动。政府有时会干预市场，以消除他们认为过度或无序的状况，但通常这只能产生有限的和暂时的影响。

美元的王者归来

作为对逐渐消亡的布雷顿森林体系的反应，主要西欧国家经历了货币收敛的三十年颠簸，终于欧盟成立，并且在1999年推出了欧元。当欧洲跌跌撞撞地向货币稳定迈进时，世界货币体系之前的两大支柱，美元和黄金，还远不是稳定的。尽管因美元贬值而对增长和高度就业抱有很高的期望，美国在1973年～1981年间却经历了三次经济衰退。1977年到1981年，美元的购买力减少了50%。石油价格在1973年～1975年经济衰退期间涨了四倍，1979年又翻了一番。黄金的年平均价格从1971年的每盎司40.80美元增加到1980年的每盎司612.56美元，包括1980年1月短期峰值达到每盎司850美元。

在许多人眼里，这是一个疯狂的世界。一个新名词，“滞胀”，被用来形容美国前所未有的高通胀和增长停滞之和。1973年到1981年的经济噩梦，恰恰是美元贬值企图达到的出口导向的反面。对此，货币贬值的支持者错到无以复加！

随着对美元的信任接近崩溃，迫切需要新的领导和新的政策。1979年8月保罗·沃克尔被吉米·卡特总统任命为美联储主席，1980年11月罗纳德·里根当选为美国总统，则代表美国获得了这两者。

沃克尔于1969年～1974年间任财政部副部长，并在1971年～1973年间密切参与了美元浮动且与黄金脱钩的决定。现在他品尝到这些决定的苦果，但经验使他有充分的能力可以运用利率杠杆、开放市场操作和货币互换额度来逆转美元危机，正如他和阿瑟·伯恩斯在1972年英镑危机期间做过的那样。

对于通货膨胀，沃克尔用的是强力裹紧的止血带。1981年6月他将联邦基金的利率提高到20%的高点，这种休克疗法确实起了作用。部分出于沃克尔的行动，年通胀率从1980年的12.5%下跌至1986年的1.1%。黄金紧随其后，从1980年每盎司612.56美元的平均价格下跌为1985年的每盎司317.26美元。通货膨胀已被击败，黄金也被制服。美元王者归来。

虽然沃克尔的举动堪称英雄行为，但他并不是通胀下降和美元走强的唯一的原因。当时的信贷环境是罗纳德·里根的低税收和放松管制的政策。1981年1月这位新总统就职时，美国人对于经济的信心已经被尼克松-卡特时代的衰退、通货膨胀和石油冲击扫荡一空。尽管美联储独立于白宫，但沃克尔和里根构建的强势美元以及低税率政策被证明是美国经济的强心剂，共同开创了美国历史上最强劲的增长时期之一。沃克尔的硬通货政策与里根的减税政策相结合，帮助美国的国内生产总值在1983年～1985年三年间，实现累计实际增长16.6%。美国经济此后再未有过这样高的三年累计增长率。强势的美元完全没有伤害增长，当与其他支持增长的政策结合时，反而鼓励了这种增长。然而，在结束于1982年的三次衰退之后的几年里，失业率仍然很高。对德国和日本的贸易赤字随着美元走强而增加，因为强势的美元使美国人转而购买德国的汽车、日本的电子产品和其他进口商品。

1985年初，寻求出口保护的美国产业和寻求工作的美国民众的结合，导致了工会和各工业州的政客要求美元贬值以促进出口并抑制进口。这一政策在 1973 年惨遭失败的事实，并没有阻止那些要求美元疲软的脚步。快速补救的诱惑力，对处于下降衰退的产业和具有结构缺陷的失业人群而言，在政治上是不可抗拒的。因此，在另一位来自得克萨斯州的财政部长杰姆斯·A·贝克——约翰·康纳利当之无愧的继承者——的指导下，美国再次向世界提出美元贬值的需求。

这次贬值的方法有所不同。因为不再有任何固定汇率或黄金兑换比率可以被打破。各种货币本来就是自由兑换，而汇率由外汇交易市场决定，外汇交易市场则主要由大型国际银行及其企业客户构成。1980 年代初期，美元强势的部分原因是，由于美国强劲的经济增长，外国投资者需要美元以便在美国投资。强势美元在美国是一种信任投票，而不是一个需要解决的问题。然而，国内政治决定了美元的另一种命运，这是货币战争一个重复出现的主题。因为市场推动美元走高，所以需要政府大规模干预外汇市场以使美元贬值。这种类型的大规模干预，需要与之相关的主要国家政府的同意和协调。

西欧和日本对美元贬值没有兴趣；然而，对“尼克松冲击”仍然记忆犹新，没有人能肯定贝克不会像康纳利在 1971 年那样，诉诸进口附加税。另外，就像在 1970 年代一样，西欧和日本仍然仰赖美国对抗社会主义阵营，以为他们的国防和国家安全提供保证。总的说来，与美国谈判总是比再次面对美元贬值而措手不及要更好些。

1985 年 9 月的“广场协议”是对推动美元贬值的多边努力的总结。西德、日本、法国和英国的财政部部长在纽约市广场大酒店会见了美国财政部部长，制订一个美元贬值计划，主要相对于日元和马克。各国的中央银行承诺投入 100 亿美元用于该计划，在几年里确实执行得不错。1985 年到 1988 年，美元对法郎下跌 40%以上，对日元下跌 50%以上，对马克下跌 20%以上。

就实施贬值而言，“广场协议”是成功的，但经济结果却令人失望。

1986年，美国失业率仍然高居7%，而经济增长在1987年大幅放缓，只有3.2%。又一次，快速补救被证明是空想；又一次，需要付出通胀的高昂代价，通货膨胀的出现滞后于“广场协议”，在1990年高达6.1%。贬值和货币战争，从来没有产生过人们预期的增长或就业机会，但它们却能实打实地制造通货膨胀。

各方认为，“广场协议”过于成功，从而需要最后的调整以对美元从1985年高点开始的迅速下跌踩刹车。由“广场协议”各方加上加拿大和意大利组成的七国集团，于1987年初在巴黎罗浮宫会面并签署了“罗浮宫协议”，意图将美元稳定在新的较低水平上。“罗浮宫协议”标志着第二次货币战争的结束，七国集团的财长们一致认为，他们受够了二十年的动荡不安。

到1987年，黄金从国际金融中消失，美元贬值，日元和马克升值，英镑不稳，欧元即将出现，而中国在国际舞台上尚未占据自己的位置。在国际货币事务中暂时出现了相对的和平，但这种和平，实质上只是鉴于美国经济的不断增长和美联储稳定的货币政策，使人们相信美元可以作为价值储备。和平的这些条件，主要盛行于1990年代直到21世纪初，期间经历了两次轻度的衰退。真正发生的货币危机，不是美元危机，而是1992年的英镑危机，1994年的墨西哥比索危机和1997年～1998年的亚洲-俄罗斯金融危机。这些危机都没有威胁到美元。事实上，当这些危机出现时，美元通常是一个避风港。看起来，要么是增长停止，要么是竞争经济体的力量崛起或是两者叠加，才会威胁到美元的霸权。当这些因素最终于2010年聚集时，其后果无异于国际货币系统的一场海啸。

第六章　第三次货币战争（2010年～　）

“其目的……不是打压美元。这不应当被看成是货币战争中的某种桥段。”①

美联储副主席珍妮特·耶伦对量化宽松的评论

2010年1月6日

“量化宽松政策也可以通过汇率起作用……美联储可以采取更激进的量化宽松政策……进一步削弱……美元。”②

经济顾问委员会前主席克里斯蒂娜·D·罗默对量化宽松的评论

2011年2月27日

由世界三大经济体，美国、欧盟和中国发行的三大超级货币，美元、欧元和人民币，代表了新一轮货币战争（第三次货币战争）中的超级大国。第三次货币战争始于2010年，起因是2007年的经济萧条，其维度和后果人们才刚刚开始关注。

没有人否认其他主要货币在全球金融体系中的重要性，比如日元、英镑、瑞士法郎，金砖四国发行的巴西雷亚尔、俄罗斯卢布、印度卢比和南非兰特。这些货币的重要性取决于发行国的经济体量及其涉及的贸易和金融交易量的规模。按照这一标准，澳元、新西兰元、加元、新加坡元、挪威克朗、韩元和阿联酋迪拉姆，都占有一席之地。但美国、欧盟和中国的国内生产总值总和，差不多占了全球国内生产总值的60%，这就构成了一个核心，而其他的经济体和货币在某种程度上都处于核心外围。

每一场战争都有它的主战场，它的曲折离奇和鲜血淋漓的冲突。第二次世界大战是历史上最重大最昂贵的军事对决。美国把第二次世界大战划分为欧洲和太平洋两大战区，日本由其帝国扩张预期驱使，从缅甸发端，直到偷袭珍珠港。而英国人，看起来则是同时在世界各地开战。

货币战争也是如此。其主战场是跨太平洋的美元-人民币战场，跨大西洋的美元-欧元战场和欧亚大陆的欧元-人民币战场。战事是真实的，但战地划分是隐喻性的。事实上在主要的金融领域，货币战争在全球范围内所有的金融中心同时展开，由银行家、交易员、政治家和自动化系统全天候进行，经济和民众的命运则随之瞬息万变、安危未定。

如今，货币战争的参与者不再局限于发行货币的国家和中央银行，也扩展到多边和全球性机构，如国际货币基金组织、世界银行、国际清算银行和联合国，以及私人实体如对冲基金、跨国企业和超级富豪的私人家庭办公室。无论是作为投机者、套期保值者或操纵者，这些私人机构对货币命运的影响与货币发行国一样大。要明白为什么战场不仅仅局限于个别国家和地区而是全球性的，只需要回顾一个众所周知的故事：1992年乔治·索罗斯的基金在一场货币豪赌中“击败了英国银行”。今天则有着更多的对冲基金，万亿美元量级的杠杆，远远超过二十年前索罗斯所能想象的。

在太平洋、大西洋和欧亚大陆战场的第三次货币战争已经打响，战事波及了巴西、俄罗斯、中东和整个亚洲。第三次货币战争不是为雷亚

---

① *Wall Street Journal*, “Fed's Yellen Defends Bond-Purchase Plan,” November 16, 2010, http://online.wsj.com/article/SB10001424052748703670004575617000774399856.html.

② Christina D. Romer, “The Debate That's Muting the Fed's Response,” *New York Times*, February 26, 2011, www.nytimes.com/2011/02/27/business/27view.html.

尔或卢布的命运而战；它将为欧元、美元和人民币的相对价值而战，这将影响其发行国和它们贸易伙伴的命运。

现在，还不到一百年，世界再一次进入货币战争。它会像第一次货币战争那样以悲剧结束，还是像第二次货币战争那样软着陆，这有待观察。考虑到1980年代以来各国经济的增长、钞票印制和金融衍生品的杠杆效应，比较清楚的是，这场货币战争将是全球性的，其规模比以往任何时候都要大。第三次货币战争将由政府和私人参与。这种规模、地域和参与者的扩张，会指数级地增加崩溃的风险。今天的风险，不仅是一种货币相对于另一种货币的贬值或金价上涨。今天的风险，是金融系统本身的崩溃——对纸币丧失信心以及对硬资产的大规模争夺。鉴于这些灾难性失败的风险，第三次货币战争有可能是最后一场货币战争，或是套用伍德罗·威尔逊的一句话，是终结所有货币战争的战争。

太平洋战场

中国和美国之间，人民币和美元之间的战争，是今天全球金融的核心，并构成了货币战争的主战场。这场战争的演变，始于中国经济从四分之一世纪的隔绝、动荡中脱身，转向自由市场的那一时刻。

中国的现代经济奇迹，发端于1975年1月周恩来总理宣布的农业、工业、国防和科技的四个现代化计划，1976年1月，因周恩来逝世，该计划的实施工作被迫延迟。随后，毛泽东于同年9月逝世。一个月后，“四人帮”被正式逮捕。

1978年12月在全国党代表大会上，华国锋继承了周恩来的远见卓识，将工作重点转移到社会主义现代建设上来。在这方面，华国锋得到了刚刚平反并即将起主导作用的邓小平的帮助。真正的变化始于次年。

在经过了一段时间旨在提高农场和工厂决策自主性的实验和试点后，1979 年，中国作出了里程碑式的决定，打造四个经济特区以提供优惠条件、简化审批和税收方面的好处，从而吸引外商特别是在制造、装配和纺织业进行投资。这是 1984 年启动的更庞大的经济开发区计划的前奏，后者涉及中国东部大多数沿海大城市。虽然中国在 1980 年代中期的经济增长就百分比而言十分迅速，但由于其基数低，无论是货币还是它与美国和西德等主要国家间的双边贸易关系，都未引起多少注意。

今天的货币战争的标志，是指责中国人为地低估了人民币币值。然而，迟至 1983 年年底，人民币还是被大大高估的，汇率为 2.8 元人民币兑换 1 美元。[①] 当时的出口，只是中国国内生产总值中相对很小的一部分，领导层更注重用廉价的进口来发展基础设施。随着出口份额的增长，在十年里中国进行了六次贬值，到 1993 年，降低至 5.32 元人民币兑换 1 美元的水平。然后，在 1994 年 1 月 1 日，中国宣布改革外汇兑换系统，并将人民币大幅度贬值为 8.7 元人民币兑换 1 美元。这一冲击导致美国财政部将中国贴上了“人为操纵”货币的标签，依据是 1988 年的《贸易法案》，该法案要求财政部揪出利用汇率在国际贸易中获得不公平优势的国家。这也是美国财政部最后一次给中国贴上“人为操纵”的标签，自此之后，它只是明里暗里威胁着要这么做。作为回应，人民币估值有过一系列小幅回调，1997 年，人民币兑换美元的汇率为 8.28 元，直到 2004 年实际上一直维持不变。

1980 年代末，中国出现了严重的通货膨胀，这引发了民众的不满和党内部分保守派的反弹，后者反对邓小平的经济改革和开放计划。种

① 关于人民币和美元之间汇率的一个讨论，见 Xiaohe Zhang，“The Economic Impact of the Chinese Yuan Revolution，” paper prepared for the 18th Annual Conference of the Association for Chinese Economic Studies，Australia，July 13，2006。

种原因，最后促成了 1989 年的政治动乱。之后，中国经济放缓，一部分原因是为了抑制通货膨胀，另一部分原因是海外对于 1989 年动乱的反应。然而，这次经济放缓被证明是短暂的。

1990 年代，中国打破了“铁饭碗”，该政策以增长缓慢和效率低下为代价，满足了中国人民的基本生活需求。类似于市场经济的事物开始出现，这意味着中国的劳工有机会提高他们的生活水平，但如果就业不成功，他们的生活也会失去保障。这一新的社会契约的关键，是为新的求职者稳定创造千百万个就业机会，而快速创造大规模就业机会的最可靠的方法，就是成为出口大国。货币挂钩是达到这一目标的手段。对中国政府而言，人民币与美元挂钩也是应对 1989 年动乱后时期的一份经济保障。

1992 年，反对改革的保守派再次活跃起来。作为回应，邓小平启动了著名的新年南方之旅，对包括上海在内的一些主要工业城市进行了访问，这对持续的经济发展是一种正面支持，并且在政治上瓦解了反对派。1992 年的南方谈话标志着中国经济起飞的第二阶段，从 1992 年到 2000 年，实际国内生产总值翻了一番。然而，1990 年代的飞速经济增长对美中经济关系的影响，由于美国对 1989 年动乱的政治性反应而被削弱，其中包括经济制裁和美国企业在中国直接投资的总体降温。一系列的疏忽和失误，包括 1999 年北约轰炸中国在贝尔格莱德的大使馆，2001 年 4 月中美南海撞机事件，加剧了局势的恶化，使两国的经济关系一直处于紧张状态。

最终，2001 年基地组织的“9・11”袭击，以及中国对于美国领导的全球反恐战争的坚定支持，打破了这一僵局并帮助美中关系回归正常。尽管从 1976 年开始，中国经济在约二十五年的时间里取得了重大进步，但直到 2002 年，美中双边贸易和投资的相互依赖才开始高速发展。

2002年，也是美联储主席艾伦·格林斯潘开始实验持续超低利率的一年。格林斯潘在2000年夏季的科技泡沫破裂后开始削减利率。2000年7月到2002年7月，美国联邦基金利率下降了超过4.75%，这可以看作是一种常规的周期性宽松，旨在帮助经济走出困境。[①] 接下来是两年多额外的非常规期，期间联邦基金有效利率从未上升超过1.8%，2003年12月更低至1%以下。迟至2004年10月下旬，联邦基金有效利率为1.76%，几乎与2002年7月时完全一样。

这种低利率政策最初的缘由是回应2000年的科技泡沫破灭，2001年的经济衰退，“9·11”恐怖袭击和格林斯潘对于通货紧缩恐惧的挑战。然而主要是出于对通货紧缩的恐惧，导致格林斯潘保持低利率的实际时间，远比针对经济温和衰退通常需要的时间更长。现在，中国部分地借助其稳定的廉价劳动力供应，将通货紧缩出口到了全世界。格林斯潘的低利率政策，部分是为了抵消中国的通货紧缩对于美国的影响，但它为十年后的全面货币战争播下了种子。

格林斯潘的低利率政策不仅是对潜在通货紧缩的政策反应，也是给华尔街注射的某种兴奋剂。设定美国联邦基金目标利率的联邦公开市场委员会，就像是华尔街交易瘾君子们的一个毒品实验室。低利率意味着不同类型的可疑交易或风险交易都开始被看成是有吸引力的，因为表面上看，资质不足的借款人很容易负担融资成本。低利率也引发了机构投资者对收益率的追求，他们需要获得比无风险的政府证券或高评级债券所能提供的更高收益。由于格林斯潘的低利率政策，次级房贷市场和商业房地产市场在贷款发放、处理流程、证券化和作为基础的资产价格方面爆炸性地扩张。2002年～2007年间，房地产的巨大泡沫正在孕育中。

---

① 美国利率统计数字取自 Board of Governors of the Federal Reserve System，Statistics and Historic Data，www.federalreserve.gov/econresdata/releases/statisticsdata.htm。

2002年9月，正当低利率政策开始实行时，格林斯潘收获了一位盟友，新任美国联邦储备委员会委员的本·伯南克。伯南克对通货紧缩有着根深蒂固的恐惧，同格林斯潘相比有过之而无不及。恰好在宣誓就任美联储委员会委员的两个月后，伯南克用他在华盛顿特区全国经济学家俱乐部的讲演，快速提交了与通货紧缩战斗的投名状。他发表了题为“通货紧缩，确保其不会在此发生”的讲演，受到了广泛注意，因为他引用了米尔顿·弗里德曼的观点：必要时可以用直升机洒下刚刚印好的货币以防止通货紧缩。伯南克还因此获得了一个绰号——“直升机‘本’”。①

伯南克2002年的演讲为2008年的救市和2009年的量化宽松政策绘制了蓝图。关于美联储将如何通过印钞来弥补政府赤字，是通过减税还是通过增加消费，伯南克说得直截了当：②

> 普遍的减税……配合开放市场采购的安排……几乎肯定是对消费的有效刺激。……货币资助的减税基本上等同于米尔顿·弗里德曼著名的“直升机洒钱”……
>
> 当然……政府可以……甚至攫取现有的实物或金融资产。如果……美联储以后用新印制的货币购买相同数量的国债，这一整套运作，在经济上相当于在公开市场直接作用于私人资产。

伯南克解释了财政部如何通过发行国债来购买私人股票，以及美联

① “Deflation：Making Sure ‘It’ Doesn’t Happen Here，” remarks by Ben S. Bernanke，National Economists Club，November 21，2002，www. federalreserve. gov/boarddocs/speeches/2002/20021121/default. htm.

② 上引伯南克的讲演。

储如何通过印钞来偿还债务。这实际上就是美国财政部接管 AIG①、通用汽车②和花旗银行③，以及保释高盛④时所发生的事情。伯南克在许多年前就讲出来了。

伯南克加入委员会，使得格林斯潘在其反通缩征途中，有了一个完美的知己和继承者。格林斯潘-伯南克对通货紧缩的恐惧，在 2002 年～2011 年间是一种常态。在他们看来，通货紧缩是敌人，而中国，由于其低工资和低成本，是通货紧缩的重要来源。

尽管经历了经济奇迹，直到 2004 年后期中国仍有对外贸易赤字。这在发展中经济体的早期阶段并不罕见，因为要实现出口，就需要进口基础设施组件、工业设备、原材料和技术来推动。中国在与美国的双边贸易中确实有顺差；然而这并非是最初引起关注的原因。1997 年，美国对中国的贸易赤字低于 500 亿美元。此后赤字稳步增长，并在 2003

---

① AIG（American International Group，美国国际集团），1919 年创建于上海，是一家以美国为基地的国际性跨国保险及金融服务机构集团，总部设于纽约市的美国国际大厦。根据 2008 年度《福布斯》杂志的全球 2000 大跨国企业名单，AIG 在全世界排名第 18 大，自 2004 年 4 月 8 日起是道琼斯工业平均指数的成分股，直到因为金融海啸而于 2008 年 9 月 22 日被除名。——译者

② 通用汽车公司（GM），成立于 1908 年，是美国三大汽车公司之首，旗下品牌包括雪佛兰、别克、GMC、凯迪拉克、宝骏、霍顿、欧宝、沃克斯豪尔以及五菱等并提供服务。2014 年，其诸品牌全系列车型畅销于全球一百二十多个国家和地区，包括电动车、微车、重型全尺寸卡车、紧凑型车及敞篷车。2009 年破产重组，一年半以后重返华尔街。在中国有两个独资工厂和十一个合资工厂，在中国的销售量已五年居世界首位。——译者

③ 花旗银行（Citibank，N. A.，中文名“花旗”源于上海市民对该行的习惯性称呼）是花旗集团旗下的一家零售银行，其主要前身是 1812 年 6 月 16 日成立的“纽约城市银行”（City Bank of New York），经过近两个世纪的发展和并购，已经成为美国最大的银行之一，也是一间在全球近一百五十个国家及地区设有分支机构的国际大银行，总部位于纽约市。花旗银行在中国十三个城市有支行，有超过四十家分行。——译者

④ 高盛集团（Goldman Sachs），成立于 1869 年，是一家国际领先的投资银行和证券公司，向全球提供广泛的投资、咨询和金融服务，拥有大量的多行业客户，包括私人公司、金融企业、政府机构以及个人。在香港设有分部，在上海和北京有办事处，并分别在二十三个国家和地区设有四十一个办事处。高盛集团同时拥有丰富的地区市场知识和国际运作能力。——译者

年～2006年三年间，爆炸性地从1 240亿美元增加到2 340亿美元。开始于2003年的这个时期，标志着对中美双边贸易和美元-人民币汇率所起作用关注的加强。2006年，纽约州参议员查理斯·E·舒默称，美国的贸易逆差是“美国经济动脉的慢出血”，并认为中国是一个主因。[①]

中国内部的通缩，通过货币汇率输出到美国，最终在美国成为有威胁的通货紧缩。这始于中国决定人民币与美元汇率挂钩的政策。人民币在国际货币市场上并不能自由交易，与美元、欧元、英镑、日元和其他可兑换货币不同。人民币的使用及其是否可用于交易结算受中国人民银行的严格控制。

中国的出口商向国外出口货物赚取的美元或欧元，必须交给中国人民银行，以银行规定的汇率换取人民币。当出口商需要美元或欧元购买外国材料或其他进口商品时，可以按实际数额向中国人民银行申请换汇，其余的则继续由银行保管。

吸收盈余美元的过程，尤其在2002年后，产生了一些意想不到的后果。第一个问题是，中国人民银行并非只是收下盈余的美元，而是用新印制的人民币来购买它们。这意味着当美联储印制的美元最终在中国购买商品时，中国人民银行必须印制相应的人民币来吸纳盈余。实际上，中国将其货币政策外包给了美联储，因而当美联储加大印钞时，中国人民银行也必须印更多的钞票，以维持汇率挂钩。

第二个问题是，如何处理这些盈余的美元。中国人民银行需要将其外汇储备做一定的投资，以赚取合理的收益。央行的投资政策传统上是极其保守的，中国人民银行也不例外，它偏爱美国财政部发行的高流动性的政府债券。结果是，随着与美国的贸易顺差继续增长，中国购买了大量的美国国债。2011年初，据路透社估计，中国的外汇储备总额约

---

① Press release from the office of United States Senator Charles E. Schumer, February 19, 2006, http://schumer.senate.gov/new_website/record.cfm?id=259425.

为 2.85 万亿美元，其中约 0.95 万亿美元被用于购买美国政府的各种债券。于是美国和中国被锁定在一个万亿美元级别的金融巨网之中，其本质是一个货币火药桶，一旦货币战争失控，将被任何一方所引爆。

美国竭尽全力敦促中国推动人民币升值，以减少日益增长的美中贸易赤字，并减缓中国人民银行以美元计价的大量资产的积累。但这些要求收效甚微。从 2004 年到 2005 年，人民币仍维持在约 8.28 元兑换 1 美元，与 1997 以来的水平大致相仿。突然，在 2005 年 7 月下旬的两天内，人民币从 8.28 元兑换 1 美元升值为 8.11 元兑换 1 美元，增加了近 3%。始于这一突然的升值，人民币开启了此后三年中逐步升值的漫长过程，最终在 2008 年 7 月中期达到约 6.82 元兑换 1 美元的水平。

接着中国人民银行再次踩刹车，使得人民币在之后两年中稳定在约 6.83 元兑换 1 美元的水平。2010 年 6 月，第二轮升值开始，直到 2011 年 8 月，人民币缓慢但稳步地升高至 6.40 元兑换 1 美元的水平。人民币币值的上升很难说平稳，且从来不乏争执。2004 年～2011 年间，中国和美国有关汇率的口头上和政治上的争执，主导着美中经济关系，尽管还有其他一系列重要的双边问题，包括伊朗和朝鲜问题。

设想一下，美国对中国的双边贸易赤字和中国大量购买美国政府债券所造成的不平衡，在布雷顿森林体系下会怎样演化。在布雷顿森林体系下，中国会以同样的方式开始购买美国债券，基于分散风险和流动性管理的考量，中国总有意愿持有一定数量的美国国债。但在某个时间点上，如布雷顿森林体系所允许的，中国可以要求将其持有的部分国债用美国的黄金储备来赎回。一笔相对较小的赎回，例如 1 000 亿美元的国债，在 2008 年初当金价为每盎司 1 000 美元时，相当于 1 亿盎司的黄金，约合 2 840 吨。这相当于美国官方黄金储备量的 35%。事实上，如果中国要求全额赎回其美国国债，美国的黄金储备将消耗殆尽。于是，美国将没有黄金储备，而中国则自豪地拥有超过 9 000 吨黄金。请设想以下情景：中国的海军舰艇抵达纽约港，一支全副武装的美军车队从西点军校沿着帕利塞兹州际公路向南移动与舰艇汇合，黄金被装运上船并最终到达在上海新建的金库。毫无疑问，这样的场景会令美国人民震惊，然而，这一假想的冲击证明了一个更重要的观点。事实上，在旧的游戏规则下美国的贸易赤字已经大到足以抹去其全部黄金储备的地步。不过，金本位的目的不是要耗尽各国的黄金储备，而是要迫使它们远在黄金耗尽前将其金融财政状况管理得井井有条。由于没有金本位及其相关的实时调整，美国人民似乎并不知道，美国政府的财政状况究竟恶化到了何种地步。

虽然上述例子看起来有点极端，但一直到四十年前，大部分世界货币体系就是这样运作的。1950 年，美国的官方黄金储备超过了 20 000 吨。[①] 由于持续的巨额贸易赤字（当时是与欧洲和日本而不是中国），当美国的黄金储备下降到 9 000 吨左右时，尼克松于 1971 年关闭了黄金窗口。在 1950 年～1971 年这二十年间，有 11 000 吨黄金流失，大部分去了几个出口大国。同期，德国的黄金储备从 0 吨上升到超过 3 600 吨。意大利的黄金储备从 227 吨上升到超过了 2 500 吨。法国从 588 吨上升到 3 100 吨。另一个新兴的黄金大国荷兰，从 280 吨上升到将近 1 700 吨。并非所有的这些黄金储备都来自美国。另一个黄金大国英国，其黄金储备从 1950 年的 2 500 吨下降到 1971 年的 690 吨。但一般说来，美国的黄金储备从美国转移到其贸易合作伙伴，是布雷顿森林体系下自动再平衡的一部分。

中国崛起为新兴的出口大国，不是在 20 世纪五六十年代的黄金时代，而主要发生在 21 世纪早期，其债权一般用票据或电子等价物结算。这意味着，中国并未因其成功的出口而获得海外的黄金储备。这也意味

---

① 官方黄金持有量的所有统计数字取自 World Gold Council，Investment Statistics，Changes in World Official Gold Reserves，www. gold. org。

着，中国没有有效的手段来核验美国的印钞、借款和保持超前支出的能力。这种借贷消费的热潮是由格林斯潘和伯南克的超低利率政策鼓动起来的。没有金本位或其他对货币的约束，中美双方正在逼近第三次货币战争，在这规模空前的纸面债权中，既没有指南针，也没有地图用来指引方向。

美国对中国提出的主要指控，是中国操纵汇率以使其出口商品保持对外国买家的低价，该指控在媒体中一再被反复讨论，但是自 1994 年以来，却从未由白宫正式提出过。中国的出口本身不是目的，而是用以达到目的的一种手段。中国的真正目的是世界各国的政治家们都熟悉的——就业机会。中国沿海地区的装配工厂和交通枢纽，是来自中国中部和西南部农业地区人流的接收端，数以百万计年轻的劳动力来这里寻找稳定的工作，其工资水平只有美国同类工作工资的十分之一。

这些新进的工人住在拥挤的宿舍里，每周工作七十小时，乘坐公共交通，吃面条和米饭，几乎没有什么消费或休闲。他们得以结存的少量储蓄都被寄回农村老家，以抚养年迈的父母或帮助其他没有被社会保障系统惠及的亲属。不过，从中国农村的角度来看，这种生活就是 21 世纪的中国梦，堪与更为昂贵的 20 世纪的美国梦（房子、汽车、好学校和一份稳定的工作）相映照。当然，那些身在城市的农村移民，只需看看周围中国新贵们的奔驰、凯迪拉克和高层豪华公寓，就会知道世界上有着远比职工宿舍和城市公交更好的东西。

没有人比中国政府更清楚，如果没有这些就业机会将会发生什么。研究中国历史，就是研究周期性的崩溃。特别是 1839 年～1979 年的一百四十年间，几乎是持续的动荡。始于鸦片战争（1839 年～1860 年），历经太平天国（1850 年～1864 年）、义和团运动（1899 年～1901 年）、1912 年的清王朝覆灭、1920 年代的军阀割据时期、1930 年代初期的国共内战、日本的入侵和第二次世界大战（1931 年～1945 年）、1949 年共产党执政、“大跃进”（1958 年～1961 年）、“文化大革命”（1966 年～1976 年），最后是毛泽东的逝世和 1976 年“四人帮”的覆灭。

当然，美国也关心创造就业机会。从美国国内生产总值和工业总产值的统计数字来看，2001 年的经济衰退是温和的，但失业人数大幅飙升，从 2000 年底的 560 万人增加到 2001 年底的 820 多万人。尽管 2002 年科技行业复苏，失业人数却持续增长并在 2002 年底达到 860 多万人。从那时起，失业率的下降非常慢，到 2005 年底仍有 720 多万失业者。2007 年经济衰退开始时，美国仍处在失业率高峰，总失业人数在 2009 年 10 月暴涨至 1 560 多万人。如果包括那些打短工但仍寻求更长工作时间的，和那些还没有正式失业但渴望有一份工作的人在内，2009 年底美国失业和就业不足的总人数超过了 2 500 万。这 2500 万中的每一个人都有一副面孔、一个名字和一个家庭。在我们这个注重统计的时代，经济学家倾向于用百分比来表示这种现象，例如 2002 年末的失业率为 6. 0%，2009 年为 9. 9%，但指出实际人数超过 2 500 万，更能使人们明白就业问题的深度。美国急需创造就业机会。

有一段时间，这种悲剧被格林斯潘和伯南克的货币宽松政策以及由此引发的信用卡支出、房价上涨、股价上涨和对所有人的大额无首付贷款的快感掩盖了。虽然在 2004 年和 2005 年有一些关于中国操纵汇率和美国丧失就业机会的抱怨，但在借钱容易、繁荣高度可见但最终不可持续的岁月里，这些抱怨声被淹没了。当 2007 年狂欢突然停止并于 2008 年陷入恐慌时，美国把矛头指向了中国的决策者。

现在，以叫得最响的参议员查尔斯·舒默为首的美国政治家们，公开攻击人民币-美元汇率的挂钩，并指责中国使美国失去了就业机会。2008 年，一个美国两党的参议员小组，包括舒默本人，写了一封信给小布什执掌的白宫，指出“被低估的（中国货币）给予中国企业不公平的价格优势，迫使许多美国公司宣布破产和倒闭，伤害了我们的工人、家庭和中产阶级”。[①] 参议员舒默们对于就业机会与汇率之间的联系缺乏证据支持视而不见。北卡罗来纳州的家具制造工人，不会愿意以中国同行每月 118 美元的工资来做同样的工作。即使人民币升值一倍，中国的家具制造工人也只能赚取每月 236 美元，仍然没有提高到他的美国同行们能与之竞争的水平。对此，美元高估论的煽动者们无动于衷。在他们看来，人民币显然难辞其咎，中国人必须回应他们对汇率重估的要求。

小布什的行政部门非常清楚这种抱怨的大合唱，同时也意识到与中国保持密切在其他一些问题上的重要性。中国是伊朗石油出口的最大买主，因此对于伊朗就发展核武器与美国对抗的立场具有影响力。而对于朝鲜，中国是不可或缺的经济生命线，两国还共享着一条边界，所以中国也可以帮助美国实现其在朝鲜半岛的战略目标。美国的大公司们对中国市场垂涎欲滴，试图通过扩张、并购以及与中国合伙人的合资企业，寻求直接进入中国市场的途径，而所有这些都需要中国政府的批准。2005 年中国海洋石油公司被迫撤回了对美国优尼科石油公司的收购，因为当时美国众议院以 398—15 的投票数，呼吁布什总统以国家安全为由审查此次投标。然而，这种做法很容易导致中国政府对于美国收购中国企业的运作以牙还牙。简而言之，中美之间的任何对抗都会得失相当，持续的高级别的专家对话才是更富成效的一种做法。

小布什总统通过在 2006 年启动的中美战略经济对话，满足了保持中美货币得到控制的需求。这一对话由奥巴马政府继续并扩大，更名为中美战略与经济对话（S&ED），其中包括了美国国务卿和中国负责外交政策的国务委员。将外交政策官员加入经济官员之中，是对 21 世纪的地缘政治和国家政策的财政关联性的一种明确认知。

---

① “U. S. and China Agree to Negotiate Investment Treaty,” Associated Press, June 19, 2008.

战略与经济对话是其中几个双边和多边平台的一部分，设计目的之一是为了应对新的货币战争。它有助于避免汇率操纵指责带来的紧张局势的升级，却无助于解决问题。在中国国家主席胡锦涛和美国总统奥巴马之间也进行了一系列双边峰会，但无论是S&ED还是双边首脑会议，都没有取得重大进展。

美国现在选择二十国集团（G20）作为推动人民币升值的主要平台，因为它可以吸引盟友们加入其中，同时与美国的单方面意见相比，中国对全球性意见会更为重视。近期人民币升值的重大进展往往跟S&ED会议无关，而是常常出现在二十国集团会议之前。例如，一次微小但值得注意的升值，人民币从2010年6月15日的6.83元兑换1美元，升值到2010年6月25日的6.79元兑换1美元，恰巧发生在二十国集团领导人峰会在多伦多召开之前。人民币的另一次升值，从2010年11月1日的6.69元兑换1美元，到2010年11月11日的6.62元兑换1美元，则与二十国集团领导人首尔峰会的时间点相吻合。这表明了中国对于二十国集团的关注，远不是其他平台可企及的。

2011年春季，货币战争中的太平洋中美战场平静无战事。但核心问题仍未解决。中国和美国都有就业压力，这意味着紧张局面随时可能爆发。2012年中国领导层的更替和同年的美国总统大选，使人不禁遐想，国内的政治力量会否成为进一步国际对抗的催化剂。

大西洋战场

大西洋战场，美元和欧元之间的关系，最好被认为是相互依赖的而不是相互对抗的。这是因为与世界上任何其他一对金融关系相比，美国和欧洲的资本市场和银行系统之间相互联系的规模和程度都要大得多。2008年9月，雷曼兄弟投资银行破产的直接后果，是这种相互依存关系从未有过的活生生的展现。虽然破产案是美国财政部牵头的救市失败后在美国的联邦法院递交的，但最大的金融受害者和当事人中的一部分，是欧洲的一些对冲基金，它们在雷曼的伦敦分支机构有场外掉期[①]业务或持有结算账户。这一当时被大量报道的跨大西洋的惨案，在2010年12月又热了一阵，因为美联储按照新的《多德-弗兰克法案》的要求，公布了2008年恐慌期间它在欧洲实施紧急贷款和救助的具体细节。

2011年初欧元兑美元的汇率，几乎与2007年时完全一样。2007年1月初1欧元兑换1.30美元，四年后仍以大约1.30美元的汇率交易，但这种等价性不应被误认为稳定性。事实上，欧元与美元的比价曾高度波动，2008年7月，1欧元最高可以兑换1.59美元，2010年6月则低至1.10美元。

欧元和美元，可以理解为同一艘船上的两名乘客。在任何给定时刻，一名乘客可能在较高的甲板上，另一名可能在较低的甲板上。他们可以随意改变位置，相对于另一方移向更高或更低，但归根结底，他们还是在同一艘船上，以相同的速度向同一个目的地行进。日常波动反映了技术指标、短期供需、担心违约或欧元解体而迅速执行的最终救市方案。通过这一切，欧元和美元结对而行，分开的距离从来不会超过它们所乘航船的最大尺寸。

然而，美国在货币战争的大西洋前线十分忙碌，不是试图过度加强欧元，而是确保它不会完全分道扬镳。欧元本身就是创建现代货币的某种奇迹，是经过欧盟成员国三十年讨论和十年密集技术研究和规划后创

① 掉期（Swaps）是指在外汇市场上买进即期外汇的同时又卖出同种货币的远期外汇，或者卖出即期外汇的同时又买进同种货币的远期外汇，也就是说在同一笔交易中将一笔即期和一笔远期业务合在一起做，或者说在一笔业务中把借贷业务合在一起做。在掉期交易中，即期汇率与远期汇率之差称为掉期率。其目的是减少汇率波动引起的风险。——译者

造出来的。它是第二次世界大战后开始的一个欧洲顶级项目，意在维护和平。

自16世纪中期文艺复兴时期末开始，欧洲已被战争折磨了超过四百年，宗教改革和反宗教改革时期的战争、三十年战争、英国革命、路易十四的战争、七年战争、法国大革命、拿破仑战争、普法战争、第一次世界大战、第二次世界大战、对犹太人的大屠杀、铁幕的崩溃和冷战的核恐怖等。到20世纪末，欧洲对民族主义主张和军事优势的潜在追求深表怀疑。此外，种族、民族和宗教分歧依然存在。需要一种统一的力量，把经济紧密结合在一起，即便并非不可能，也要使得战争变得难以想象。

开始于1951年的欧洲六国煤炭及钢铁共同体，通过各种形式的自由贸易区、共同市场和货币体系向前推进。1992年在荷兰城市马斯特里赫特谈判后签署的《马斯特里赫特条约》，为形成一个政治实体（欧盟）奠定了基础，并最终导致1999年欧元的创建。欧元由新的欧洲中央银行发行。到2011年，欧元已被17个成员国使用。

然而从一开始，分析家就警告说，由单一央行支持的单一货币，与采用欧元的各成员国的多样化财政政策是不相容的。在历史上，挥霍过度、拖欠债务或将其货币贬值的国家，如希腊或西班牙，在包含了财政稳健的国家如德国的联盟中，将是麻烦的合作伙伴。

整整花了十年时间才充分显现出这个宏伟计划的所有缺陷，虽然缺陷从一开始就存在。腐败的政府官员，华尔街的衍生品骗子和不称职的布鲁塞尔欧盟官员的有毒组合，使得像希腊这样的国家的赤字和借贷水平远远超过了《马斯特里赫特条约》的规定，真实成本则被掩埋在年度和资产负债表外的合同中。同时，投资者兴高采烈地抢购来自希腊、葡萄牙、西班牙、冰岛和其他欧元区成员国的数十亿欧元主权债券，其利率略高于稳健如德国的政府债券。这种现象的发生，是因为不称职的评级机构和政府官员发布的误导性的财务报表，以及投资者一厢情愿地认为，欧元主权债务决不会违约。

2010 年的欧洲主权债务危机，部分是银行、借款人和官僚间新的协约所造成的苦果。银行购买欧洲主权债券，并基于任何主权债务都不会失败的信念，认为相关的利润是有保障的。国家乐意发行债券以推进不可持续的消费，很大程度上使公共部门的工会得益。布鲁塞尔的官僚们或许是最老谋深算的。如果欧洲主权债务危机自行解决，人人都会称赞欧元项目的成功。如果某些欧洲主权债务失败，官僚们的解决方案只会更多，而不是更少，由布鲁塞尔监督的一体化将会更多，而不是更少。通过无视危险，布鲁塞尔构建了一个必胜的局面。如果欧元成功，他们赢得赞誉，如果欧元受压，他们赢得权力。果然压力很快就来了。

被欧洲银行狼吞虎咽的不仅是欧元主权债务，还有房利美[①]债务和欺诈性的华尔街结构化产品如债务抵押债券（CDO）[②]。这些债务起源于美国各地缺乏经验的地方银行，被倒闭前的雷曼兄弟之流再包装成价值数十亿美元的债券。欧洲银行是全球金融体系中真正的薄弱环节，甚至还不如花旗集团、高盛和其他被救助的美国金融界的标识性企业。

2010 年，欧洲的主权金融是交叉债务组成的一个复杂网络。[③] 希腊有 2 360 亿美元债务，欠英国 150 亿、法国 750 亿、德国 450 亿。爱尔兰有 8 670 亿美元债务，欠法国 600 亿、英国 1 880 亿、德国 1 840 亿。西班牙有 11 000 亿美元债务，欠英国 1 140 亿、法国 2 200 亿、德国

① 房利美（Federal National Mortgage Association，简称 Fannie Mae），即联邦国民抵押贷款协会，成立于 1938 年，是最大的“美国政府赞助企业”，从事金融业务，用以扩大资金在次级房屋消费市场上流通的专门机构。2008 年 9 月发生次贷危机以来由美国联邦住房金融局接管，并从纽约证交所退市。——译者

② 债务抵押债券（CDO），一种金融衍生品，银行把它的贷款或投资的债券重新包装后变成的证券。——译者

③ 关于银行交叉持有欧洲主权债务的讨论取材于“Europe's Web of Debt,” *New York Times*，May 1，2010，www. nytimes. com/interactive/2010/05/02/weekinreview/02marsh. html。

2 380 亿。同样的模式盛行于意大利、葡萄牙和欧元体系其他负债累累的成员。欧洲所有国家的债务之源，是意大利欠法国的 5 110 亿美元。

虽然主权债务亏欠了各种机构，包括养老基金和捐赠基金，但绝大多数亏欠的是其他国家的银行。这正是 2008 年美联储对欧洲秘密救助的原因，美联储苦苦力求对细节保密，直到其中的一部分因 2010 年《多德-弗兰克法案》而被迫公开。这也是房利美和房地美[①]的债券持有人从未受到任何损失的原因，因为公司在 2008 年获得了美国纳税人的救助。这也是为什么当 2010 年欧元主权债务危机到达关键时刻时，主要国家如德国和法国，迅速团结起来支持外围的主权借款国家如希腊、爱尔兰和葡萄牙。三次救市背后的原因是欧洲的银行系统资不抵债。补贴希腊的养老基金和爱尔兰银行，是为了避免整个腐朽大厦倒塌而付出的一个小小代价。

然而，在主权债务危机中，欧洲并非孤军奋战。无论是美国和中国，都出于不同的但最终是为了自身利益的原因支持救助欧洲。欧洲是美国庞大的出口市场。强势的欧元可以保持欧洲对美国的机器、飞机、药品、软件、农产品、教育和其他美国提供的多种商品和服务的需求。欧元崩溃，意味着两个全球出口大国之间贸易的崩溃。一次欧洲主权债务的崩溃可能会把欧洲银行和欧元拉下水，因为投资者会立即对以欧元计价的所有债务产生反感并挤兑欧洲银行。欧洲的主权债务违约对于面向欧洲的美国出口商而言，后果太严重；这就是欧洲大陆版的大而不能倒。美国救助、互换额度以及支持债务发行人如房利美，都是支持欧元

---

① 房地美（Freddie Mac，NYSE：FRE，联邦住宅贷款抵押公司），是美国第二大政府赞助企业，商业规模仅次于房利美。1970 年由国会批准成立，旨在开拓美国第二抵押市场，增加家庭贷款所有权和房屋贷款租金收入。受美国次贷危机的影响，美国房地产抵押贷款巨头房地美、房利美于 2008 年 7 月身陷 700 亿美元亏损困境。之后美联储和美国证券交易委员会（SEC）迅速联手出击，对美股的稳定起了立竿见影的作用。——译者

价值的多方面多层次的努力。

中国也有支持欧元的兴趣，但带有政治背景。欧洲对中国和美国而言，都是一个巨大的出口市场，在这个意义上，中国和美国的利益相同。但中国的银行与欧洲的银行之间，不像美国的银行与欧洲的银行之间那样紧密，这给了中国更多的自由度来决定，如何及何时提供帮助。欧洲主权债务危机给予中国的机会，是外汇储备和投资组合的多样化，是脱离美元而转向欧元，是获得美国拒绝交易的世界领先的技术系统，并发展大规模把技术转移回中国的平台。

德国欢迎美国和中国对欧元的支持。作为出口大国，人们可能觉得德国会偏爱疲软的欧元，就像美国偏爱疲软的美元和中国偏爱疲软的人民币一样：廉价的货币在货币战争中可以获得优势以促进出口。然而德国不仅是一个外部出口国；它也是欧盟中的一个内部出口国。对于那些欧元区的出口，不用考虑汇率，因为出口商和进口商，例如德国和西班牙，都使用欧元。如果欧元崩溃，或成员国放弃欧元，并在贬值的水平上使用旧的货币，德国就可能失去这些市场。

我们知道，德国为了支持希腊、爱尔兰和欧元区的其他薄弱环节吃尽了苦头。但事实上，德国没有其他更有吸引力的替代方案。欧元崩溃的成本远超区域救助成本。实际上德国受益于欧洲主权债务危机。欧元的持续存在给予了德国在欧洲内部的主导地位，而在国际上有点疲软的欧元使它能够在世界其他地区获得市场份额。德国的关键是：欧元足够便宜可促进对美国和中国的出口，但又不是疲软到崩溃。2010 年德国成功地找到了这个关键点，尽管环绕欧元本身的是一场疾风暴雨。

由于美国、中国和德国自身的利益都指向同一方向，对于欧元是否能存活是毫无疑问的。银行里到处都是烂账和不良资产，外围国家的财政政策又是不可持续的，而希腊、爱尔兰、葡萄牙和西班牙必须节衣缩食以保持西雅图和上海的装配线运行，所有这些都需要忍耐，以待来日。目前需要的是保证欧元挺住。

欧亚战场

如果欧元和美元之间的关系是共存的，那么欧元和人民币之间的关系则只是简单的相互依赖。中国的迅速崛起，可以成为欧洲经济体的某些外围国家如希腊、葡萄牙和西班牙的潜在救星，当然这取决于中国是否愿意在欧洲主权债务危机中购买它们的一些债券。然而，中国对欧洲和欧元的态度仍基于对自身利益的冷静考量。

强势的欧元对中国有切身利益。欧盟已经超过美国成为中国最大的贸易伙伴。如果欧洲的动乱导致希腊或爱尔兰等国放弃欧元，这些国家将恢复原来的货币并相对于人民币大幅贬值。这将严重伤害中国对欧洲的一部分出口。中国支持欧元有着巨大的利益，甚至大于其维持人民币与美元挂钩的利益。

中国现身欧洲的动机，包括多元化外汇储备以便拥有更多的欧元，赢得被协助购买债券的欧洲国家的尊重或友谊，并通过这样的购买获得抵偿物。抵偿物可以采取多种形式，包括对敏感的基础设施如港口和发电的直接投资，接触敏感的欧洲技术和购买通常只限于北约盟国或其朋友（如以色列）的先进的武器系统。中国支持欧元的兴趣完全不会不利于德国，尽管德国和中国在全球出口业务中的竞争十分激烈。

通过购买来自欧洲外围国家的主权债券，中国帮助德国承担欧洲纾困的成本。通过支持欧元，中国帮助德国避免了欧元崩溃时可能受到的损失，包括对德国银行灾难性的破坏。这对于中国是一个没有输家的局面，因此稳住了欧亚侧翼，以备将来与美国正面对抗。中国在货币战争中的主要对手是美国，为此在欧亚战线避免了两面作战。这既是因为欧洲的弱点，也是由于中国的巧妙应对。

美国同样支持欧元，原因与中国的相同：欧元的灾难性崩溃，将削弱它相对于美元的价值并伤害美国在中东、拉美和南亚市场与欧洲出口商品的竞争力。中国和美国不仅希望欧元存活，也希望看到它相对于美元和人民币升值，以帮助各自的出口产业。欧洲、中国和美国团结一致，努力避免欧元崩溃，尽管它们动机各不相同并且在其他战场上持有对抗趋势。

这种一致的目的，意味着欧元有可能克服当前的危机，并在可预见的将来保持完好，尽管有潜在的债务重组和紧缩计划。这种平衡能否继续，以及中国的魅力攻势在欧洲能否保持，尚有待观察。如果欧元真的崩溃，中国会在债券收益上遭受巨大损失，人民币升值和出口损失也将在同一时间发生。中国仍然可能在一系列问题上与欧洲对峙，但它的西部战线目前一切平静。

全球性冲突

除了货币战争的三大战场：太平洋（美元-人民币）、大西洋（欧元-美元）和欧亚（欧元-人民币），在世界各地还有其他的战场、附带事件和冲突。在货币战争的这些外围行动中，最引人瞩目的是巴西。

直到1994年底，巴西一直保持其货币雷亚尔与美元挂钩。[①] 之后，墨西哥的“龙舌兰危机”于1994年12月开始在全世界蔓延，对雷亚尔施压从而迫使巴西捍卫其货币。结果是雷亚尔计划，由巴西实施的一系列有控制的雷亚尔对美元的贬值。从1995年到1997年，雷亚尔贬值约30%。

在成功控制雷亚尔的美元价值到更可持续的水平后，巴西再次成为

① 关于巴西债务危机及其发展的讨论取自 Riordan Roett，*The New Brazil*，Washington，D. C.：Brookings Institute Press，2010。

金融瘟疫的受害者。这次危机并非起源于拉丁美洲，而是来自远东。这场新的金融危机于 1997 年爆发，并在全世界蔓延：从泰国到印度尼西亚、韩国和俄罗斯，最后止于巴西。在那里，国际货币基金组织用紧急资金建立了货币防火墙，美联储则大幅降低利率以提供全球流动性。在金融风暴之后国际货币基金组织的推动下，巴西转向汇率自由浮动和更开放的资本账户，但仍然承受着周期性的收支平衡危机，并于 2002 年再次向国际货币基金组织要求援助。

巴西的命运在 2002 年的总统选举中获得了一个决定性的利好转机，新总统是路易斯・伊纳西奥・卢拉・达席尔瓦，被大家称为卢拉。在他的领导下，从 2003 年到 2010 年，巴西实现了自然资源出口能力的巨大提升，以及技术和制造业基础的重大进步。它的安博威飞机具有世界水平，这使得巴西跃升为世界第三大飞机制造者。其巨大的内部市场也成为吸引全球流动资本获取更高收益的磁石，特别是在美国和欧洲市场经历了 2008 年的恐慌之后。

2009 年～2010 年间，雷亚尔大幅升值，从 2.4 雷亚尔兑换 1 美元变为 1.69 雷亚尔兑换 1 美元。在仅仅两年内雷亚尔相对美元升值了 40%，对巴西的出口部门来说这是非常痛苦的。两年中，巴西与美国的双边贸易从大约 150 亿美元的盈余转变为 60 亿美元的赤字。这种对美国贸易顺差的崩溃，使得巴西财政部长吉多・曼泰加于 2010 年 9 月下旬宣布全球货币战争已经爆发。

因为人民币与美元挂钩，雷亚尔对美元升值 40%，也意味着雷亚尔对人民币升值 40%。巴西的出口不仅在高端与美国技术竞争，也在低端与中国的组装品和纺织品对抗。巴西通过央行干预货币以进行反击，要求任何做空美元的地方银行必须提高存款储备金率，并施行了其他形式的资本管制。

2010 年底，卢拉总统的继任者迪尔玛・罗塞夫，表示要向二十国集团和国际货币基金组织施压，以建立确认货币操纵者（大概指中国和美国）的规则，从而缓解雷亚尔的上行压力。巴西抑制雷亚尔升值的努力在短期内取得了一些成功，但在 2010 年底，却引发了另外一个问题——通货膨胀。现在巴西从美国进口了通货膨胀，因为它在美联储大量印钞时试图维持雷亚尔对美元稳定。

像中国一样巴西面临着相同的困境，它必须在通胀和升值之间作出选择。若美国大量印钞而另一个国家试图将其货币与美元挂钩，则该国只能同样印钞以维持挂钩，这就导致了本国的通货通胀。结果是，在世界各地追逐高收益的投资者的热钱，从美国涌入巴西。情况恶化到如此地步，以至于 2011 年初野村全球经济研究报告宣布，巴西成为货币战争中最大的输家。鉴于雷亚尔的升值，这一结论在一定程度上是正确的。2011 年 4 月，《华尔街日报》的一篇分析文章称，巴西“在货币战争中挥舞白旗”。看来，当货币管制、对外国投资征税等阻止升值的措施失败后，巴西不得不屈从于雷亚尔的更高估值。

由于缺乏中国所拥有的外汇储备和盈余，巴西无法通过仅仅购买涌入巴西的美元来保持对美元的汇率挂钩。巴西被困在货币升值与通货膨胀之间。就像之前的美国和欧洲一样，尽管原因有所不同。巴西越来越多地转向二十国集团，以寻求在货币战争中的帮助。

巴西因其地理、人口和经济体量，是一个重要的案例，但它绝不是在美元、欧元和人民币之间的货币战争的交叉火力中受伤的唯一国家。其他国家，包括印度、印度尼西亚、韩国、马来西亚、新加坡、南非和泰国，也曾实施或考虑资本管制以阻止热钱（特别是美元）流入。它们的担心在于：由于美联储的货币宽松政策，他们的货币将被高估从而损害到出口，由此产生的美元如洪水猛兽般在世界各地游荡，寻求高利润和快速增长。

出于采取措施的中央银行和财政部的偏好，这些资本控制有各种不同的形式。2010 年，印度尼西亚取消了短期投资票据的发行，迫使热钱投资者们进行更长时间的投资。韩国和泰国则对外国投资者购买政府债券所得的收益开征预扣税，以作为阻止这类投资和减少货币上行压力的一种方法。泰国的情况很具讽刺意味，因为泰国是 1997 年～1998 年间金融恐慌开始的国家。在那个过程中，投资者试图转移资金逃离泰国，而泰国试图升值货币。2011 年，当投资者试图让热钱进入泰国时，泰国则试图使其货币贬值。没有比这更好的例子可以说明，在过去十年里新兴市场（如泰国）和发达市场（如美国）之间金融力量的变化。

试图压低其货币价值的外围国家（其中多数是亚洲国家），没有一个是被广泛接受的储备货币的发行者，也没有一个具有像美国、中国和欧元区那样的经济体量，它们没有能力通过直接的市场干预来打一场货币战争。这些国家需要一个多边平台来解决第三次货币战争引发的压力。虽然传统上国际货币基金组织提供了这样一个平台，但越来越多的大型贸易经济体，无论其是否属于二十国集团，都在期待二十国集团给予指导或引进新的游戏规则，以防止货币战争升级，从而对自己和世界造成不可弥补的伤害。

第七章　G20解决方案

“让我把事情说得简单些……金融世界的利益和政治世界的利益有可能不完全一致……我们不能总是对我们的选民和公民解释，为什么是纳税人，而不是在这些风险中赚了一大笔钱的那些人，应该承担一定的风险成本。”

德国总理安杰拉·默克尔在二十国集团峰会上的讲话

2010年11月

二十国集团，简称G20，是一个没有具体责任但强有力的组织，以应对在没有世界政府的条件下解决全球性问题的需求。G20这个名称指其有二十个实体成员。它是一个混合体，包括了曾是世界上最大的七个经济体（美国、加拿大、法国、德国、英国、意大利和日本）组成的七国集团（G7），以及一些快速增长的新兴经济体，如巴西、中国、韩国、墨西哥、印度和印度尼西亚。同时，它还包括了其他一些国家，更多是基于其自然资源或地缘政治，而不是经济活力，例如俄罗斯和沙特阿拉伯。此外，又基于地理上的平衡加入了一些国家，包括澳大利亚、南非、土耳其和阿根廷。G20额外邀约欧盟，虽然它不是一个国家，但其央行发行的货币是世界储备货币之一。其他一些经济大国，如西班牙、荷兰和挪威并未正式列入，但因其经济重要性，有时也会被邀请参加二十国集团会议。因此，二十国集团及其朋友们可能是一个更贴切的称呼。

二十国集团会议是多层次运作的。每年有几次，各国的财长和央行行长开会讨论技术问题，并试图在具体目标及实施上达成共识。当然，最重要的会议是首脑峰会，出席者有各国的总统、总理和国王，他们定期会晤，讨论全球金融问题，重点在于国际货币体系结构以及防止货币战争的需求。正是在这些首脑峰会中，既在正式会议上，又在酒店套房的非正式会晤中，达成了塑造全球金融体系的实际交易。在这些总统和总理会议上穿梭的是独一无二的国际官僚——首脑幕僚，也称为夏尔巴人。夏尔巴人是国际金融技术专家，他们协助领导人制订议程、进行研究并起草会谈后晦涩难懂的公报。所有可能解决隐约逼近的货币战争的方法，都会在二十国集团会议这个主要平台上进行讨论。

对二十国集团而言，中国的加入显然好处多多。中国在双边会谈中经常拒绝妥协，因为它会把索求优惠看成是欺凌，从而一口回绝。但在二十国集团会议上，这不再是个问题，因为有多个议程同时议决。参会的较小国家对有机会在二十国集团会议上发声尤其感到高兴，因为它们缺乏自行推动市场的影响力。美国则受益于它的盟友们同在，从而避免了受到采取单方面行动的指责。所以，二十国集团对各方的好处是显而易见的。

1999 年开始时，二十国集团会议只是一个财长会议，但是自 2008 年以来，演变为首脑峰会，对此，美国的小布什总统和法国的尼古拉·萨科齐总统作出了贡献。在雷曼兄弟和 AIG 于 2008 年 9 月崩溃之后，世界立即把注意力集中到此前预定在 11 月召开的二十国集团财长会议。2008 年的恐慌是历史上最大的金融灾难之一，而中国作为世界最大投资者和潜在救援资金来源之一的作用是毋庸置疑的。当时，七国集团会议是引领经济协调的平台，但中国却不在其列。萨科齐和小布什实际上重演了电影《大白鲨》[①] 中的场景，片中罗伊·施奈德在首次看到鲨鱼后对罗伯特·肖说，“我们需要一艘更大的船”，而二十国集团，就是一艘在政治上和金融上都比七国集团大得多的船。

2008 年 11 月，小布什总统发起召开二十国集团金融市场与世界经济峰会，所有成员国的总统、总理、首相或国王都出席了会议。二十国集团会议瞬间从一个金融集团部长级的技术会议，演变为世界上最有权力的领导人峰会。不同于各种地区性的峰会，G20 在地球上的每一个角落都有它的代表，也不像联合国大会，每个成员都会在同一时间同一个会场上出现。

基于金融危机的紧迫性和二十国集团在 2008 年 11 月制订的雄心勃勃的议程，峰会在 2009 年和 2010 年又继续举行了四次。2011 年，二十国集团首脑决定于 11 月在法国戛纳只举行一次会议。这一系列的首脑会议，在世界上从未有过，它最接近于全球董事会，并且看起来会继续存在下去。

二十国集团完美地与美国财政部部长蒂莫西·盖特纳的习惯方法相契合，他称之为“召集权”。作家大卫·洛特科普夫为了写作关于全球权力精英惯习的《超级阶级》，对盖特纳进行了采访，其中有一段揭示了这一概念。[②] 2006 年盖特纳是纽约联储的主席，当时他告诉洛特科普夫：

> 我们有一种与本机构的正式权威相分离的召集权……我认为向前推进的前提是，你必须有一个无国界的合作过程。这不意味着它必须是万能的……它只需要临界数量合适的参与者。这是一个集中

---

① 《大白鲨（*Jaws*）》（1975 年），美国名导演斯皮尔伯格的经典电影作品，讲述剿杀一条危害人类的狡猾大白鲨的故事。——译者

② David Rothkopf, *Superclass: The Global Power Elite and the World They Are Making*, New York: Farrar, Straus and Giroux, 2008, 174 - 175.

得多的世界。如果你专注于数量有限的十至二十个有一定全球接触范围的大型机构，就可以做很多事情。①

盖特纳的召集权概念指出，在危机中，一种合适参与者的组合可以在临时通知下聚集在一起开会应对问题。他们设定议程、分配任务和工作人员，并经过一段合适的时间（视情况的紧迫性而定，可以是一天或一个月）后重新召开会议，报告进展并设置新的目标，避免已然成习的官僚主义或刚性治理等常见的官场毛病。

这个过程是盖特纳于1997年亚洲深陷金融危机时学到的。他再次看到它是1998年，对于长期资本管理公司②的救市成功。在那次危机中，“十四大家族”（当时的主要银行）的负责人，聚集一堂，在七十二小时内筹集了36亿美元现金救市，使得资金市场免于崩溃。2008年3月到7月，时任纽约联储主席的盖特纳，在美国政府采取临时救助手段以挽救贝尔斯登、房利美和房地美时，有效地使用了召集权。当2008年的恐慌于9月全力施虐时，主要参与者们都在实践着召集权。2008年11月的第一次二十国集团首脑峰会，可以被看成是盖特纳刺激下行使的召集权。

正是在二十国集团中，美国选择推动其对全球大贸易的愿景，盖特纳则以之“再平衡”的名义。要理解再平衡以及为什么它一直是美国经济增长的关键，只需回顾一下美国国内生产总值的构成。2011年初，美国的国内生产总值增长至约14.9万亿美元。其构成分解如下：消费

---

① Rothkopf，上引文章。

② 长期资本管理公司（Long-Term Capital Management L. P.，缩写为LTCM）是一种投机性避险基金，精于使用高杠杆化的绝对报酬交易策略（例如固定收益套利、统计套利和配对交易等）。其总部设置于美国康涅狄格州格林威治。该公司的避险基金——长期资产投资组合（Long-Term Capital Portfolio L. P.），在1990年代晚期遭遇失败，在美国联准会的监督之下接受其他金融机构的救助。——译者

占 71%；投资占 12%；政府支出占 20%；净出口 -3%。这仅仅略高于美国经济在 2007 年衰退前达到的水平，经济增长并未足够快速到能显著减少 2009 年初非常高的失业水平。

美国对经济疲软的传统疗法总是消费。政府支出和企业投资可能起作用，但占有 70%或更多国内生产总值份额的美国消费者，一直是复苏的关键。低利率，更容易的借贷条款，不断上升的股市和信用卡债务的财富效应的某种组合，总是足以让消费者脱离恐惧而使经济再次复苏。

但是这次传统疗法不起作用了。消费者过度举债。资产净值蒸发，事实上，许多美国人所欠的抵押贷款高于他们房屋的价值。随着失业率提高，退休迫在眉睫和子女的大学账单待付，消费者捉襟见肘。这种情况看起来将会持续很多年。

理论上，企业投资可以自行扩张，但若没有消费者购买所产生的商品和服务，超过一定程度的厂房和设备投资是没有意义的。此外，美国的高额公司所得税导致许多公司维持其收入离岸，① 这使它们的新投资发生在美国境外，并没有对美国的国内生产总值作出贡献。投资低迷，并将继续保持，直到消费者从冬眠状态中苏醒过来。

因为消费者没有行动和投资低迷，布什和奥巴马政府中的凯恩斯主义者转向政府支出以刺激经济。然而，2008 年至 2010 年的四轮刺激计划都未能创造新的净就业机会，反而引起了对政府大量支出的反感。这种反感因茶党运动、评级机构降级美国信用的威胁和共和党于 2010 年

---

① 离岸（Offshore）公司，泛指在离岸法区（如英属维尔京群岛、开曼群岛、巴哈马群岛、百慕大群岛、塞舌尔群岛、萨摩亚群岛、马恩岛等）内依据其离岸公司法规范成立的有限责任公司或股份有限公司。当地政府对这类公司没有任何税收，只收取少量的年度管理费，同时，所有国际大银行都承认这类公司，为其设立银行账号及财务运作提供方便。离岸公司具有高度的保密性、税务负担得以减免、无外汇管制三大特点。——译者

中期选举的胜利而加深。很明显，美国人民希望有人把盖子放回山姆大叔的饼干罐上。在削减支出方面能走多远，尚有待观察，但很明显，大大增加政府支出已无可能。

于是，根据排他法奥巴马政府认为，如果消费、投资和政府支出都不起作用，那么除了增加出口以外没有别的办法可以振兴经济了。在2010 年 1 月 27 日的国情咨文中，奥巴马总统发布国家出口计划，拟将美国出口在五年内翻一番。这一目标的实现可能会产生深远的影响。出口翻一番意味着美国的国内生产总值增加 1.3%，将增长率从乏力的2.6%增加到健康的 3.9%或更高，足以拉升已经开始下降的失业率曲线。如果可以达到的话，出口翻番是一个理想的目标。但是有可能吗?如果可能，美国的贸易伙伴和世界经济增长的微妙平衡，将会付出什么样的代价?

在这一点上，美国的经济政策一头撞入了货币战争。增加出口的传统捷径向来是货币贬值，这正是 1931 年蒙塔古·诺尔曼在英国和 1971 年理查德·尼克松在美国所做的。美国和世界之前都走过这条捷径，其全球后果是灾难性的。廉价美元再次成为首选政策，世界再次目睹一场灾难正在酝酿中。

中国国内生产总值构成是美国国内生产总值构成的某种镜像。中国经济中的消费比例不像美国的 70%那么高，只有 38%。同时，贸易逆差拖累了美国经济 -3%，相对中国的总值实际增加了 3.6%。中国经济的增长动力主要来自投资，占国内生产总值的 48%，而美国只有12%。鉴于这样的镜像经济，下一个简单的再平衡似乎顺理成章。如果中国能够增加消费，部分地从美国购买商品和服务，包括软件、视频游戏和好莱坞电影，那么两国经济都能增长。所需要的只是改变消费和出口商品结构。中国增加消费并减少出口，而美国则相反。去向中国的新的出口销售，将为美国创造额外的就业机会。这不是仅仅通过汇率就能完成的，但盖特纳一再表示，人民币升值是整体政策中的一个重要组成部分。

中国人没有更多消费的原因之一，是社会保障网络薄弱，个人必须多多储蓄以支付自己的退休和保健费用。另一个阻碍中国人消费的因素，是两千年之久的儒家文化：它反对个人炫耀财富。不过美国的政策设计者并未就此寻找促进消费的文化革命；某种较为适度的消费文化其实就足够了。仅仅几个百分点的中国消费增长，就有可能使美国激发出自我的复苏。

这会是一种奇怪的再平衡：增加的中国消费和增加的美国净出口的代价将完全由中国来支付。中国将完成所有的调整，货币、社会保障网络和两千多年来的儒家文化，而美国什么也不用做，就能得到向快速增长的中国国内市场增加净出口的好处。这对于美国是一个特别轻松的选项。它不需要美国做出实实在在的努力来改善商业环境，例如降低公司所得税，减少监管，提供健全的资金或促进储蓄和投资等。有些美国希望的东西很可能符合中国的最佳利益，但中国会觉得自己被美国胁迫了，为此我们不能责备中国。按照二十国集团的说法，“再平衡”成了做美国想要做的事情的代号。

国际金融专家无须等待 2010 年 1 月的国情咨文来看美国如何实施其再平衡计划。美国增加出口以及与此相关的人民币升值的想法，早已在 2009 年 9 月匹兹堡的二十国集团峰会上被审视过。在华盛顿和伦敦的前两次二十国集团首脑峰会上，人们专注于立即应对 2008 年的恐慌以及通过国际货币基金组织创造新的流动性的需要。早期的二十国集团首脑峰会一直忙于计划控制银行及其基于贪婪的薪酬结构，这种结构提供了短期的丰厚收益，但其长期效果是数万亿美元的全球财富受损。在 2009 年后期的匹兹堡峰会上，首脑们认为，虽然漏洞依然存在，恢复的稳定已经足够，他们可以跨越之前的直接危机开始考虑如何使全球经济复苏。匹兹堡的二十国集团峰会是 2010 年美国国情咨文前的最后一次峰会。如果美国打算将其出口导向的再平衡计划植入国际共识，这是最好的机会。

匹兹堡的二十国集团首脑峰会在盖特纳想要的经济再平衡计划上，取得了突破性的进展。该计划包含在官方领导人的声明中，被称为是“一个可用于强劲、可持续、平衡增长的框架”。① 大众并不清楚这一再平衡将如何实现。如同所有大型多边机构的技术声明一样，它以某种全球精英的口吻说话，缺乏明白易懂的语言。然而，深埋在这个框架的第20节中有这样一段话：

> 我们对危机的集体反应凸显了……对更合法和有效的国际货币基金组织的需要。该组织必须在促进全球金融稳定和再平衡增长中发挥关键作用。②

对于部分参会者，再平衡无疑意味着中国增加消费和美国增加出口。现在国际货币基金组织被二十国集团委派为警察，以确保成员国履行它们在这方面可能承担的任何义务。因此，匹兹堡会议为奥巴马总统两个月后宣布的国家出口计划奠定了国际基础。

二十国集团利用国际货币基金组织作为它外包的秘书处、研究部门、统计机构和政策裁判，这对两个组织而言是各投所好。二十国集团有了巨大的专业知识来源，无须自行创建一支专业队伍。而对于国际货币基金组织，这提供了它继续存在的理由。直到2006年，许多国际货币专家还在质疑国际货币基金组织的目的和继续存在的必要。1950年代和1960年代，它向暂时遇到国际收支平衡困难的国家提供了贷款，

① “Leaders' Statement：A Framework for Strong，Sustainable and Balanced Growth，” G20 Pittsburgh Summit，September 24 - 25，2009，www. cfr. org/world/g20-leaders-final-statement-pittsburgh-summit-framework-strong-sustainable-balanced-growth/p20299.

② 上引“领导人声明”。

使它们能够保持其货币与美元挂钩。1980年代和1990年代，它通过根据紧缩措施提供的财政援助来帮助发展中国家应对汇率危机，旨在保护外国银行家和债券持有人。然而随着黄金的退场、浮动汇率的崛起和一些发展中国家巨额外汇盈余的累积，国际货币基金在21世纪失去了明确的使命。二十国集团则向国际货币基金组织注入了新的活力，将其定位为某种类型的二十国集团银行或世界中央银行的原型。时任该组织领导人的雄心勃勃的多米尼克·施特劳斯-卡恩对此喜出望外，他急切地准备根据二十国集团可能设置的任何规则充当全球裁判。

尽管有全球经济再平衡和奥巴马总统的个人认可这一令人兴奋的开始，就匹兹堡峰会的目标而言，2010年的两届二十国集团峰会，在成员国的承诺上都没有重大进展。国际货币基金组织在“相互评估”的标题下，对每个国家的实践以及对二十国集团公报框架的继续遵循作了详细评估，但再平衡的目标基本上被忽略了，尤其是被中国忽略了。

盖特纳直言不讳地批评中国不允许人民币升值更多。当《华尔街日报》于2010年9月问他中国是否做得足够时，他说：“当然不是……他们做得远远不够。”2010年美国的出口确实改善了，但这主要是因为新兴市场相对较高的增长以及对美国高科技产品的需求，而不是汇率变化。中国确实容许人民币稍稍升值，主要是防止其被美国财政部列为汇率操纵者，因为这可能导致美国国会实施贸易制裁。但所有这些发展远远没有满足盖特纳的要求。甚至是2011年胡锦涛主席和奥巴马总统的双边峰会，即所谓的G2，也只是产生了更多相互赞誉的话语和面带微笑的照片而已。看起来，如果美国想要更廉价的美元，必须自己采取措施。迄今为止，依赖二十国集团的世界被证明是一条死胡同。

到2011年6月，美国正在成为货币战争的赢家。像历史上许多战争中的胜利者一样，美国拥有秘密武器。金融武器有一个不太好懂的名字，“量化宽松”或QE，基本上就是指增加货币供应量以膨胀资产价格。正如1971年美国单方面行动，通过通货膨胀削弱美元。量化宽松是2009年投向全球经济的一颗政策炸弹，其后继者，被称为量化宽松2.0，于2010年底投下。这对世界货币制度的影响是迅速而有效的。通过采用量化宽松在国外产生通货膨胀，美国几乎一下子增加了每个主要出口国和快速增长的新兴经济体的成本构成。

量化宽松最简单的形式是印钞。为了凭空制造货币，美联储从一批被称为“一级交易商”的银行手中购买国库证券①。这些一级交易商有一个全球性的客户群，包括主权财富基金、其他的中央银行、养老基金和机构投资者，以及高净值富人。交易商充当美联储与新国债拍卖市场之间的中介机构，也承接现有的市场债券。

当美联储想要降低货币供应量时，他们就出售证券给一级交易商。交易商拿到证券，那么支付给美联储的货币就在交易中消失了。相反，当美联储想要增加货币供应量时，就从交易商那里购买证券。对于收到的证券，美联储支付给交易商新印制的货币。货币进入交易商的银行账户，在那里它可以支持银行系统创造更多的货币。美联储和一级交易商之间买卖证券是公开市场主要的运作方式。公开市场运作的通常目的是控制短期利率，一般由美联储通过购买或销售最短期限（三十天到期）的短期国库券来实现。但当最短期限的利率为零，且美联储想要提供额外的货币“宽松”时，会发生什么呢？不同于购买短期的国库券，美联储可以购买五到七年或十年期的中期国库票据。十年国库票据特别被用于确定抵押贷款和企业债务的基准利率。通过购买中期债券，美联储可

---

① 美国国库证券（United States Treasury Securities）是美国财政部发行的公债。分为四种有价证券（可转让证券）：期限在一年以内的短期国库券（Treasury Bills，即T-Bills）、期限为两年到十年的国库票据（Treasury Notes，即T-Notes）、期限为十年以上的国库债券（Treasury Bonds，即T-Bonds），以及除了固定利率，面值会按消费价格指数（CPI）定期调整的通胀保值债券（Treasury Inflation Protected Securities，即TIPS），此外还有多种不可转让证券。——译者

以向购房者和企业借款人提供较低的利率，希冀刺激更多的经济活动。至少，传统理论是这样的。

然而，在一个全球化的世界里，汇率就像水滑梯一样将利率变化的效应快速转移。量化宽松不仅可以被美联储用来宽松美国的财政状况，也可以作用于中国。这是完美的货币战争武器，美联储知道这一点。量化宽松之所以起作用，是因为中国人民银行保持人民币与美元汇率挂钩。由于美联储在其量化宽松计划中印制了更多的货币，其中有很多以贸易顺差或寻求比在美国更高利润的热钱的形式流入了中国。一旦美元涌入中国，它们会被中央银行吸收以换取新印制的人民币。美联储印制的美元越多，中国就必须印制更多的人民币以保持汇率挂钩。中国的人民币与美元挂钩政策，是基于错误的信念和错误的希望，即美联储不会滥用其货币印制特权。但现在，美联储正带着复仇的心态滥印美元。

美国与中国有一个重要的区别。美国的经济是萧条的，短期内几乎没有机会通货膨胀。中国的经济是蓬勃发展的，并且已经从 2008 年的恐慌中良好复苏。中国很少有多余的能力吸收新增货币而不引起通货膨胀。在中国，快速印制的货币导致了更高的价格。现在中国通过汇率挂钩从美国进口通胀，与此前向美国出口通缩如出一辙。

虽然人民币在 2010 年后期和 2011 年前期缓慢升值，通货膨胀却在中国迅速起飞，很快超过了每年 5%。因为拒绝升值，中国转而得到了通货膨胀。对于两者美国都乐见其成，因为升值和通货膨胀都会增加中国的出口成本并使美国更具竞争力。从 2010 年 6 月到 2011 年 1 月，人民币每年约升值 4%，而中国的通货膨胀率为每年 5%，将增值率和通胀率相加，中国的总成本结构增加了 9%。这意味着在几年的时间里，就出口价格而言，美元相对于人民币贬值超过 20%。这正是参议员查尔斯·舒默及其他批评者在美国一再要求的。中国现在没有更好的选择。如果它仍保持人民币与美元汇率挂钩，美联储将继续印钞而使通胀在中国失控。如果中国选择人民币升值，通货膨胀可以得到抑制，但用其他货币度量时，其成本结构将会上扬。不论采用哪种方式，美联储和美国都是赢家。

虽然币值重估和通货膨胀可能在经济上是等价物，但论及成本增加时，其中有一个重要区别。升值可以控制在一定程度内，因为即使美联储在总体上加以制约，中国仍然可以把握汇率挂钩变动的每一具体时机。但另一方面，通货膨胀在本质上是不受控制的。它可能出现在一个产业如食品或燃料，并迅速通过供应链以不可预知的方式扩展。通货膨胀可能会产生巨大的行为影响，并因商人和批发商预期他人将提高价格而自行提高价格，开始以自我实现的循环方式自行增长。

通货膨胀是 1989 年动乱的一份催化剂。中国人指望他们的货币与美元之间保持稳定关系，从而其持有的美国国债也具有稳定价值，就像欧洲在布雷顿森林体系早期度过的那段好时光。现在他们被骗了——美联储迫使他们出牌。在无法控制的通货膨胀和不可预见的后果，以及人民币的有控制的升值之间，中国选择了后者，人民币从 2010 年 6 月开始稳步走上上升通道，到 2011 年中期有了大幅度的提升。

美国赢得了这一轮的货币战争。就像中美之间的重量级拳击比赛一样，这是十五轮比赛中的第一轮。两名拳击手仍然站在那里；美国赢得这轮靠的是点数，而不是把对手击倒在地。美联储待在角落处，像一名助理那样随时准备修复损伤。在中国的角落也有许多帮手——来自世界各地的量化宽松的受害者们。钟声很快就会再次响起，开始第二回合的较量。

当主要战斗人员在战争中使用武器时，非战斗人员也很快会受到伤害，本轮货币战争也一样。美国拼命寻求的通货膨胀不仅进入了中国，也进入了新兴市场。通过贸易顺差和寻求更高投资收益的热钱的结合，美国印钞引发的通货膨胀很快出现在韩国、巴西、印度尼西亚、泰国、越南及其他地方。美联储主席伯南克轻率地采取了“指责受害者”的做法，说这些国家除了自己之外无法责怪他人，因为它们拒绝将其货币对美元升值，以减少外汇盈余和热钱流入。用中央银行家式的温和口吻，伯南克说：

> 新兴市场的政策制定者有一系列有效的……工具可以用来管理他们的经济，防止过热，包括汇率调整……新兴市场复苏的需求，造成了全球大宗商品价格近期的大幅度上升。更一般地说，是一些国家维持低估的货币造成了全球不平衡和不可持续的消费模式。①

这完全无视了以下事实：这些国家的居民购买的许多商品，如小麦、玉米、石油、大豆、木材、咖啡和糖，是在世界市场上而不是在本地市场上定价的。特定市场的消费者将应对由于美联储印钞而提高的价格，价格上涨不仅在当地市场，而且在世界各地出现。

很快，美联储印钞的影响不仅在相对成功的东亚和拉丁美洲的新兴市场中被感觉到，也将在非洲和中东的贫困地区被感觉到。当工厂工人靠每年 12 000 美元的收入生活时，食品价格的上涨确实会带来不便。但当农民依靠每年 3 000 美元的收入生活时，食品价格的上涨意味着吃饱与挨饿甚至是生与死的区别。作为对食品和能源价格上涨及生活水平降低的反应，2011 年初突尼斯爆发了骚乱和暴动，并迅速蔓延到埃及、约旦、也门、摩洛哥、利比亚和其他地区。与其说这是出于人们对生活在独裁制度下缺乏民主的反应，不如说这同样也是对食品和能源价格上涨以及生活水平下降的回应。中东国家被迫用他们的政府预算补贴主食，比如面包，以减轻通货膨胀的最坏影响。这样，就把通货膨胀问题

① "Global Imbalances: Links to Economic and Financial Stability," speech by Chairman Ben S. Bernanke at the Banque de France Financial Stability Review Launch Event, Paris, France, February 18, 2011, www.federalreserve.gov/newsevents/speech/bernanke20110218a.htm.

变成了财政问题，特别是在埃及，“阿拉伯之春”的余波，使得税收混乱，旅游收入枯竭。情况变得如此可怕，以至于2011年5月八国集团①在法国多维尔开会，匆忙承诺了200亿美元作为对埃及和突尼斯的财政支持。伯南克早就脱离了辛劳工作的普通美国群众；现在，他离这个世界也越来越远了。

二十国集团能否使美国转变这些失控的财政和货币政策，尚有待观察。这些政策使得美元在世界上泛滥，造成了全球食品和能源价格的通胀。美国寻求二十国集团中的盟友法国和巴西等，试图对中国施加人民币升值的压力。美国的观点是，如果中国让人民币升值并增加国内消费，那么欧洲、北美洲和拉丁美洲的每一个国家都可以增加出口和增长经济。这在理论上可能是正确的，但美国使美元泛滥全球的战略，同时也造成了巨大的伤害。中美两国正在进行着全球性的老鹰抓小鸡游戏，中国坚持其出口模式，而美国则试图用通货膨胀抵消中国的出口成本优势。但是通货膨胀并不只限于中国，全世界都越来越警觉可能受到的伤害。二十国集团应该提供一个平台来协调全球经济政策，但它越来越像是两名强者的游乐场，其他人则被迫选边站。

2010年11月在首尔召开二十国集团首脑峰会之前，盖特纳试图用贸易顺差的百分比数据，将中国逼入死角。从全球角度来看，过度的贸易顺差是不可持续的。一般来说，年贸易顺差超过其国内生产总值的4%是一个标志，这时需要重估盈余国家的币值，使得贸易条件从盈余国家转向像美国这样的赤字国家。这种调整在古典金本位下会自动发生，但现在则需要央行用货币调控来实现。

---

① 八国集团始于1975年的六国集团（简称G6），包括美国、英国、德国、法国、日本和意大利。加拿大于1976年加入，成为七国集团（简称G7）。俄罗斯于1991年起参与G7峰会的部分会议，1997年被接纳为成员国，G7正式成为G8。2014年3月24日，白宫宣布，美国总统奥巴马和其他国家领导已经决定，暂停俄罗斯八国集团成员国的地位。——译者

但是盖特纳的想法最后无疾而终。他原先想要以中国为标靶，然而不幸的是，按照他的观点，德国也将成为一个靶子，因为德国的贸易顺差以国内生产总值的百分比来表示，与中国大致相当。按照盖特纳的说法，德国的货币，即欧元也需要重估升值。鉴于其经济复苏的不稳定、银行体系结构的脆弱及德国出口对于欧洲就业形势的重要性，这是德国和欧洲其他国家最不希望看到的。由于无论在欧洲或亚洲都得不到支持，盖特纳悄悄地放弃了这一想法。

比起设置明确的目标，首尔二十国集团首脑峰会只是给出了“指导性方针”的建议，以确定什么样的贸易顺差有可能不可持续。[①] 这些指导性方针的确切标准留待随后的财长和央行行长会议去解决。2011 年 2 月各成员国部长和行长在巴黎会晤，原则上对哪些因素可以被包括在“指标”中达成了协议，但并没有就每个指标究竟在什么水平上可以或不可以被容忍而达成协议。量化过程留给了随后的 4 月会议，整个过程有待 2011 年 11 月二十国集团首脑戛纳会议的最后批准。

同时，国际货币基金组织作为二十国集团监管机构的权力继续快速增长。2011 年 3 月在中国南京举行的专家和经济学家会议上，二十国集团主席尼古拉斯·萨科齐说，就国际收支平衡而言，“国际货币基金组织的更多监管看来是必不可少的”。

说二十国集团的议程像冰川移动一样迟缓似乎恰如其分。然而，因为有二十位国家首脑和许多不同的议程，真的不清楚要达成全球解决方案是否还有其他选项。这是盖特纳召集权理论的缺点。治理缺失也可以是有效的，如果大家志同道合，或者其中有一方能够迫使别人就范，如像美联储拯救长期资本管理公司时面对十四大家族的情形。当聚会各方有着大相径庭的目标以及对如何实现这些目标有不同的看法时，在缺乏

① “Leaders’ Declaration,” G20 Seoul Summit, November 11 - 12, 2010, www.g20.utoronto.ca/2010/g20seoul.pdf.

领导的情况下有微小的增量变化就是最好的。直到 2011 年，这些变化如此微小和迟缓，简直就像毫无变化。

作为一个机构，二十国集团远远谈不上完善，但它是全世界仅有的。七国集团的模式看起来早已过时，联合国也没有什么可比性。国际货币基金组织精于技术分析，这对二十国集团一致裁定政策有所帮助。但国际货币基金组织的管理偏重于北美、日本和西欧三方的旧模式，新兴的市场大国如中国、印度、巴西、印度尼西亚对之印象不佳。国际货币基金组织是有用的，但需要改变以适合新的全球现实。

在 2008 年后期和 2009 年前期，二十国集团的成员因恐惧而团结，从而协调出有效的政策。资本市场、世界贸易、工业产出和就业灾难性地崩溃，强制凝聚了对于救助、刺激和银行监管新形式的共识。

到 2011 年，风暴已经过去，二十国集团成员各归其职。对于中国和德国是持续大量的贸易盈余，而对美国，则是继续通过削弱美元以逆转盈余从而帮助美国的出口。然而，没有理查德·尼克松先发制人的行动，也没有约翰·康纳利的威逼利诱，美国失去了影响力。只有另一场新的危机，才能迫使二十国集团采取统一行动。鉴于美国的印钞政策及其通胀在全世界的副作用，下一场危机似乎不会太远。

新的危机随着 2011 年 3 月 11 日下午日本仙台市附近的地震而到来。9 级地震和接踵而来 10 米高的海啸，摧毁了日本的东北海岸线，数千人死亡，许多城镇和村庄被淹没，各种各样的基础设施（港口、渔船队、农场、桥梁、道路和通信）均受到破坏。几天之后，自切尔诺贝利以来最大的核灾难在仙台附近的核电站爆发，反应堆中的放射性燃料棒熔毁，其释放的核辐射烟雾影响着公众安全。正当世界全力应对之时，货币战争开辟了一个新的战场。因为投资者预期日本的重建将导致对日元的大量需求，日元对美元的汇率突然飙升并创造了历史纪录。日本在海外拥有 2 万多亿美元的资产，其中大部分在美国，同时还有超过

8 500 亿美元计价的储备。因此，其中的一部分必须以美元出售，兑换成日元后回到日本以支付重建费用。日元飙升的背后，就是这一大量出售美元/买进日元的动力学。

从美国的角度看，日元相对于美元升值十分符合美国的目标，不过，这与日本希望的正好相反。日本经济正面临一场灾难，廉价的日元将有助于促进日本的出口以使日本经济重振雄风。日本的灾难规模实在太大，美国的廉价美元政策必须让位于廉价日元的需求。

日本兑现美元资产以资助其重建的迫切需要是不可抵挡的；正是这股力量驱使日元走高。只有各国央行协调干预，才有足够强大的力量抵挡这股回归日本的日元洪流。日元-美元关系对于二十国集团而言只是个案，而且也没有即将召开的二十国集团会议可以指望。美国、日本和欧洲的三大央行只能自己解决这个问题。

以七国集团的名义，2011 年 3 月 17 日法国财政部部长克里斯汀·拉加德打电话给美国财政部部长盖特纳，启动对日元的协同干预。负责实际干预的央行负责人协商并通报奥巴马总统后，于 2011 年 3 月 18 日上午日本市场营业时间对日元实施干预。干预包括了央行大量抛售日元并相应地购买美元、欧元、瑞士法郎及其他货币。干预在全世界不同时区的欧洲和纽约市场开始营业后继续进行。这次央行干预十分成功，3 月 18 日晚些时间，日元被推离其高点，回归更正常的对美元的交易范围。拉加德对日元干预的灵活处理，加强了她在危机管理（2008 年的恐慌和 2010 年欧元主权债务危机的第一阶段）中已经赢得的声誉。2011 年 6 月遴选国际货币基金组织主席以取代丑闻缠身的多米尼克·施特劳斯-卡恩时，① 她几乎是不二人选。

① 2011 年 5 月 14 日，一名旅馆女服务员控告多米尼克·施特劳斯-卡恩对她进行性骚扰和试图强奸，但该案件后来因控方缺乏诚信而被撤销。施特劳斯-卡恩承认与该女士的关系不当，并在民事诉讼中据报道以 150 万美元达成和解。——译者

如果二十国集团是一支庞大的军队，七国集团则表明，它仍然可以作为特种部队发挥作用，迅速行动并悄悄地实现精准定义的目标。七国集团至少暂时扭转了局面，但日元回归日本的动力并没有消失，希冀由此获利的投机者还在蠢蠢欲动。有一段时间，作为一个小集团的央行们避开了投机者的攻击和日元升值的基本力量。但在更庞大的计划中，日本对日元疲软的需求对于美国的美元疲软计划而言只是一个挫折。以邻为壑的竞争性货币贬值问题有了新的模样。现在，不仅是中国，美国和欧洲都希望他们的货币贬值。传统上日本愿意追随美国对强势日元的希冀，却突然发现自己也身处货币贬值的阵营中。不是每种货币都是一下子就能贬值的；你做不到你不可能做到的事情。美元-日元战争最终将加入已在二十国集团议程中的美元-人民币战争之中，成为世界寻求货币僵局全球性解决方案的一部分。

第三部分

下一波全球性危机

第八章　全球化和国家资本主义

“故用兵之法，无恃其不来，恃吾有以待也；无恃其不攻，恃吾有所不可攻也。”

《孙子兵法·九变篇》

公元前5世纪后期

历史上，货币战争意味着一些国家的竞争性货币贬值，以牺牲贸易伙伴为代价寻求降低成本结构、增加出口、创造就业机会，从而刺激本国经济的增长。但这不是货币战争的唯一途径。有一种更狡诈的手段，不只是隐喻性的，而是真正意义上将货币作为武器，对竞争对手造成经济伤害。仅仅是威胁，就足以迫使竞争对手在地缘政治的战斗空间中让步。

这些攻击不仅涉及国家，还涉及恐怖分子、罪犯、帮派和其他坏人，他们利用主权财富基金、特种部队、情报资源、网络攻击、破坏和隐蔽行动。这些金融运作显然不是二十国集团会议上礼貌讨论的那种议题。

一个国家的货币价值是它的致命缺点。如果货币崩溃，一切都跟着崩溃。虽然今天的市场通过复杂的交易策略联结在一起，但其中多数仍保持着某种程度上的分离。股票市场会崩溃，但债券市场却可能同时反弹。债券市场会因为利率飙升而崩溃，但其他的大宗商品（包括黄金和石油）市场，却可能因此而达到新高。我们总会有办法在一个市场下跌惨重时，在另一个市场中赚钱。然而，股票、债券、商品、衍生品以及其他的投资工具都是以一个国家的货币来计价的。如果你摧毁了货币，也就摧毁了市场和国家。这就是为什么货币本身是金融战争的最终目标的原因。

不幸的是，这些威胁在美国国家安全相关部门中并未引起足够的重视。比尔·格尔茨在《华盛顿时报》的报道中指出："美国的官员和外部分析师说，五角大楼、财政部和美国情报机构并未积极研究经济战和金融恐怖主义对美国的威胁。'没有人会想这么做，'一位官员说。"[①]

对全球化力量和国家资本主义[②]（作为国家权力延伸的17世纪重商主义[③]时代企业的新版本）的回顾概述，将使我们进一步理解当今世界经济面临的严重威胁。为了抓住威胁世界的金融战的实质，必须先熟悉整个世界的金融背景。这个世界深受全球化的巨大胜利、国家资本主义的兴起和持续的恐怖主义的影响。金融战是一种不受限制的战争形式，是那些武装不足但更狡猾的家伙们所钟爱的。

---

① Bill Gertz, "Financial Terrorism Suspected in 2008 Economic Crash," *Washington Times*, February 28, 2011, www. washingtontimes. com/news/2011/feb/28/financial-terrorism-suspected-in-08-economic-crash/print/.

② 国家资本主义（state capitalism），指资本与国家政权相结合，由国家掌握和控制的一种资本主义经济。它在资本主义国家得到国家承认并受到国家监督。本书的要点是说明国家资本主义脱胎于16世纪至17世纪的重商主义，当今在世界各国盛行。——译者

③ 重商主义（Mercantilism），也称作"商业本位"，产生于16世纪中叶，盛行于17世纪至18世纪中叶，其后被古典经济学取代。重商主义认为一国的国力基于通过贸易顺差所能获得的财富。在封建主义解体之后的16世纪至17世纪西欧资本原始积累时期，它是反映商业资产阶级利益的经济理论和政策体系。该理论认为一国积累的金银越多，国家就越富强。它主张国家干预经济生活，禁止金银输出，增加金银输入。重商主义者认为，要得到财富，最好是由政府管制农业、商业和制造业，发展对外贸易垄断，通过高关税率及其他贸易限制来保护国内市场，并利用殖民地为宗主国的制造业提供原料和市场。——译者

全球化

全球化现象自1960年代开始，直到1990年代柏林墙倒塌后不久，这一专名才出现并得到广泛认同。跨国公司存在了数十年之久，但新的全球公司全然不同。一个跨国公司在母国有其根源和主要业务，通过分支机构和附属企业在国外广泛运作。它可能存在于许多国家中，但倾向于保持其母国的独特国家身份。

新的全球公司完全是全球性的。它尽可能地隐藏其母国身份，而是塑造一个新的身份，以作为并无独特国家身份的全球性品牌。工厂及配送中心的选址，以及发行不同货币计价的股份或债券的决定，是基于成本、物流和利润的考虑，而不是偏向母国的倾向。

全球化的出现，不是通过启动新政策而是通过取消旧政策开始的。从第二次世界大战结束到冷战终结，世界的分裂不仅在于将共产主义和资本主义隔开的铁幕，也在于资本主义国家之间的自我设限。其中包括了使得自由跨境投资较为困难的资本控制，以及对于跨境投资的支付征税。股票市场将上市资格局限于本土公司，大多数银行不允许外国人持股。法院和政客向当地利益倾斜，知识产权以及执法得不到保障。世界高度分裂，具有国际雄心的公司备受歧视，运营成本高昂。

到1990年代后期，上述成本和障碍大多已被消除。税收因互惠条约得以减少或取消。资本管制放宽，游资进入或退出特定市场变得更为容易。劳工流动性的改善和法律权利的施行更可预期。对证券交易市场的管制减少，使上市公司得以跨国并构建全球性巨头。欧盟在政治和经济上的扩展创造了世界上最富有的免税市场，并推出欧元消除了货币兑换及成本。俄罗斯和中国崛起进入市场经济社会，急于采纳它们所看到的西方国家出现的许多新的全球规范。经济和政治的隔墙正在倒塌，与此同时，技术促进了交流并提高了生产力。从金融角度看，世界现在是无国界的，正在迅速走向传奇银行家沃尔特·里斯顿预言的主权之黄昏。

无国界世界中的无限风险来自新的财政金融环境。全球化引发的金融规模和互联性前所未有地增加了。传统上，发行债券受限于借款人对转入收益的使用，但衍生品就没有这样的自然限制。它们可以参照所基于的证券被无限量地制造出来。经过捆绑、分割、再包装并赋予毫无用处的 3A 评级标识，内华达州的次级抵押贷款得以出售给德国的银行，这正是这个时代所谓的一种奇迹。

在全球化的世界里，旧的再次成了新的。第一个全球化时期出现在 1880 年～1914 年间，大致与古典金本位同时，而 1989 年到 2007 年，是全球化的第二个时期。在第一个时期中，创造奇迹的不是互联网或喷气机，而是收音机、电话和轮船。大英帝国经营的单一货币的内部市场，就像欧盟一样广阔。1900 年，中国对外开放了贸易和投资，尽管是被迫的；俄罗斯终于开始摆脱其晚期封建社会模式，进入工业化和农业现代化；而统一的德国正在成为一个工业巨人。

这种发展对 20 世纪之交的金融的影响，与 21 世纪之交时大致相同。那时，债券可以在阿根廷发行，在伦敦担保并且在纽约购买。石油可以在加利福尼亚精炼，然后用上海银行提供的信用证运往日本。新发明的证券报价机从纽约证券交易所出发，向堪萨斯城和丹佛经纪所的“电报房”传送几乎实时的信息。金融恐慌的全球性影响，确实会以一定频率发生，尤其是 1890 年的恐慌，涉及南美违约以及救助重要的伦敦巴林兄弟银行①。全球化的第一个时期，以繁荣、创新、贸易扩大和

① 巴林兄弟银行（Baring Brothers Bank），由弗朗西斯·巴林公爵始创于 1763 年，是英国历史悠久、名声显赫的商人银行集团。——译者

金融一体化为特征。

1914 年 8 月，一切都崩溃了。那年夏天的早些时候，从其所在城市的俱乐部窗口俯瞰沉思时代步伐的伦敦银行家们，无法想象在未来七十五年里会发生什么样的悲剧。两次世界大战、两次货币战争、帝国的分崩离析、大萧条、大屠杀和冷战，将在全球化的新时代之前出现。2011 年，全球化金融无处不在；至于它是否会继续，还有待观察。历史表明，文明和它所呈现的全球化，只不过是混沌边界上方一层薄薄的装饰而已。

国家资本主义

全球化不是 20 世纪晚期唯一的地缘政治现象，还有国家资本主义。国家资本主义是新版重商主义的一个流行称谓，而重商主义是 17 世纪到 19 世纪占主导的经济模式。重商主义是全球化的对立面。其追随者依靠封闭的市场和封闭的资本账户，以牺牲他人为代价实现其财富积累的目标。

古典重商主义基于一整套对现代人而言很奇怪的原则。财富主要是有形的，基于土地、商品和黄金。财富的获得是一种零和博弈，一国获得的财富来自他国的损失。国际经济行为包括了给予国内产业优惠条件以及对外国商品征收关税。贸易只与友邦进行，以便排除竞争对手。补贴和歧视是实现经济目标的合法工具。简单来说，重商主义认为贸易就是战争。重商主义的成功是用积累的黄金来衡量的。

尽管重商主义起源于 14 世纪和 15 世纪的百年战争，但它在 1600 年英国东印度公司和 1602 年荷兰东印度公司成立时才达到了新的高度。虽然这两家作为私人股份公司运营，但它们被赋予了多方面的垄断权，并享有招募军队、谈判条约、铸造硬币和建立殖民地，以及代表政府处理亚洲、非洲和美洲事务的权力。[1] 学者们专注于这些公司的私人特点，如股权、股息和董事会。然而，鉴于其准主权权力，它们应当更确切地被理解为国家主权向私人老板和经理的延伸。这一安排可与美国的区域联邦储备银行相比较，它们是私人的，但充当了政府的财政部门。

18世纪末，随着工业革命和亚当·斯密的《国富论》的出版，那种带有私人所有权和银行业更现代形式的自由放任的资本主义开始兴起。然而在20世纪，尽管私人企业大获成功，国有企业仍然盛行于共产主义社会、寡头社会等许多其他社会中。

我们今天习以为常地认为占主导地位的金融范例，即自由的私人资本主义企业和创业，事实上在大多数时间和大多数地点都只是一个异数。私人企业可能对效率和财富创造有最大的诉求，但这并非是各时代普遍持有的价值观。资本主义声称在未来的全球贸易、金融和科技中将占统治地位，似乎并不比君主制、帝国主义、共产主义和其他制度在各自时代的主张具有更扎实的历史基础。

有些企业看起来是私人的，但它们拥有的资源几乎是无限的，它们可以竞标自然资源，收购竞争对手或投资设备，无须考虑短期的财政影响。它们可以通过低于成本的销售获得市场份额。即使在经济困境中也不必担心失去资本市场的支持。这种新的重商主义是装扮成现代企业的国家权力：新瓶装旧酒。

这些新型企业有主权财富基金、国有石油公司和其他国有企业。它们在俄罗斯、中国、巴西、墨西哥和其他新兴市场比比皆是。西欧也有庞大的国有企业。欧洲的航空、国防和空间巨头欧洲宇航防务集团（EADS）在公开市场上有股份交易，但多数为一家法国和西班牙政府控

① 关于重商主义以及东印度公司和荷兰东印度公司的历史，取自 Stephen R. Brown, *Merchant Kings: When Companies Ruled the World*, *1600－1900*, New York: St. Martin's, 2009。

股的公司、一家俄罗斯国家控制的银行和迪拜控股的财团所拥有。国家持股30%的意大利埃尼石油公司（ENI）则是另一个例子——许多实例中的一个。美国人总想抨击这些国有企业实行不正当竞争，但这反而提醒了人们，2008年美国政府对于花旗银行、通用汽车和高盛的救助。美国也拥有自己的国家资助企业，跟别人没什么不同。

要理解全球化和国家资本主义，需要一种与美国不同的视角。情报分析员会受训规避“镜像思维”——假设别人会像我们一样观察世界。就试图判定对手的意图而言，镜像思维可能是致命的缺陷。威胁分析要求分析家像俄罗斯人、中国人、阿拉伯人和其他人那样思考，以便理解差异不只是语言的、文化的和历史的，也还有动机的和意图的。当俄罗斯领导人考虑天然气时，他们不仅看到出口收入，也看到对欧洲工业经济的制约。当中国的战略家考虑持有美国政府债券时，他们明白他们掌握了一种武器，可以摧毁美国经济或是使美国人颜面扫地。当阿拉伯统治者沿着现代化的道路前进时，他们敏锐地意识到正置身于保守分子和宗教的钳制之下，一不小心就可能被碾碎。对于21世纪的迪拜、莫斯科和北京的巡视，将帮助我们以数十亿阿拉伯人、亚洲人和俄罗斯人观察我们的方式来观察自己——理解美元的命运并不完全掌握在美国手中。

迪　拜

如果电影《卡萨布兰卡》在今天拍摄，它会改名为《迪拜》。这部经典电影以瑞克的美国咖啡馆为中心，在那里老板（由亨弗莱·鲍嘉扮演）提供饮料、音乐和赌博，以及密谋。异国情调的设置地是第二次世界大战中的摩洛哥。卡萨布兰卡的特色是其中立的环境，在那里你可以与敌人自由自在地交融。纳粹、难民和军火商坐在相邻的桌子旁，喝着香槟歌唱《任时光流逝》。

在迪拜也一样，一个相对平静的岛屿，被阿富汗和利比亚的战争、伊拉克和黎巴嫩的不稳定、突尼斯和埃及的转型以及以色列和伊朗间的仇恨和痛苦所包围。周边环境可谓恶劣到顶。取代瑞克咖啡馆的是亚特兰蒂斯，人造棕榈岛上的顶级度假村，这个岛由人工填海而成，棕榈叶状，从空中俯瞰，广阔而延展。在亚特兰蒂斯有最好的餐馆，在那里以色列特工、伊朗密探、俄罗斯职业杀手、沙特军火商和当地的走私者们比肩而坐，伴随着看起来与沙漠极不协调的长腿金发女郎。

他们在迪拜找到的正是瑞克的顾问们在卡萨布兰卡找到的——中立的地盘，他们可以在那里会面、招募，相互背叛而无被逮捕的担忧。迪拜适合国际阴谋。从 10 月到 3 月，天气极佳。迪拜处于危险地带的中央，被孟买、拉合尔、德黑兰、伊斯坦布尔、开罗、喀士穆和索马里海盗窝点包围。它拥有全世界上佳的航空和电讯网络。它以建设过度而著称——引以自豪的世界最高建筑，以及足以让游客们惊讶不已的后现代浮华。

所有的魅力和阴谋，伴随着一些好莱坞风格的暴力。2009 年 3 月，一名俄罗斯军官被枪杀在迪拜的高档码头区，就在一些最好的海滩和酒店附近。有两名犯罪嫌疑人，一名塔吉克人和一名伊朗人被捕，供词涉及受车臣强人拉姆赞·卡德罗夫指使的一名俄罗斯杜马成员。就像伊恩·弗莱明的 007 电影《金枪人》一样，一名俄国外交官用一把走私的镀金手枪射杀了受害者。

2010 年 1 月发生了一场轰动一时的谋杀案。以团队方式合作、持假护照、身着伪装并使用高度加密手机的以色列特工和职业杀手，暗杀了马哈茂德·阿勒马布，一名资深的哈马斯成员，当时他正在迪拜酒店的房间里，等待完成与伊朗供应商的武器交易。迪拜的犯罪率很低，但当涉及恐怖分子和敌人时，即便是沙漠也不安全。

迪拜的历史上盛行两项活动，潜水采珠和走私。潜水采珠在今天只是一门小生意，作为吸引游客的一个旅游亮点。走私规模则比以往任何时候都要大。迪拜的老城区在沿着河边的长码头上伸展，堆满了电子设备、家电、零配件和其他准备运往伊朗的商品。谁也说不清带有索尼或惠普徽标纸盒中的现钞和黄金会有多少。穿过沿着码头的巴尼亚斯路，有一些伊朗银行，在那里可以开具运往伊朗货物的信用证，无视美国的禁运。河道中有帆船——高大的宽体大三角木帆船，正准备横渡波斯湾，踏上去伊朗海岸班达尔阿巴斯和其他港口的旅途。在迪拜，走私没有什么不体面的。它是一种生活方式。

迪拜是一个国际金融中心和避税天堂，林荫大道和小巷中充斥着国际银行。迪拜是伊朗主要的离岸金融中心。迪拜的银行主要充当伊朗银行的联络员，以方便与世界其他地区的支付和外汇交易，包括将伊朗的外汇储备兑换成欧元和黄金，以及慢慢地出售美元。迪拜也是索马里海盗贸易的银行中心。当海盗、船员人质和巡逻海军在阿拉伯海对峙时，海盗的代理人来到迪拜，谈判赎金并提供最终付款的电汇指令。

在有形财富方面，这里有一个露天的黄金市场，它是全球最大的黄金市场之一。在这里黄金以每一种可能的形式（珠宝、硬币、条块和铸锭）出售，然后装在手提箱里出口到世界各地供私人储藏，无人质疑。迪拜有一个大宗商品交易中心，位于以黄金、白银和钻石的阿拉伯语命名的几幢玻璃摩天大楼中。在这些大楼底下，有一个由布林克[①]管理的世界上最大最安全的金库。随着瑞士银行的保密制度备受质疑以及寡头们在俄罗斯被清算，将财富转换成无法追踪的黄金并在沙漠中保存，是一种颇具吸引力的策略。

露天市场中转手的黄金只是在迪拜过境的大规模财富交易的冰山一角。纸币从雕版到央行到客户，不间断地流动着，其中有许多在发行国

① 布林克（The Brink's Company），总部在美国弗吉尼亚里士满的世界著名保安公司。2013 年，其客户遍及 100 多个国家，有约 70 000 名雇员。——译者

之外的地方流通。迪拜是世界上最大的纸币转运点。在迪拜机场附近的安全地点，存放着大量纸币，等待运回它们的发行银行。

间谍、暗杀、黄金、货币和国际参与者在世界十字路口的混合，使得迪拜成为新的卡萨布兰卡。就像卡萨布兰卡一样，它是它所在时空的一面镜子。如果不是这个世界的腐败和无能，迪拜就不会有这么多客户。每一场战争都需要一个中立地点，在货币战争中，迪拜正好符合。在迪拜，只要价格合适，无论哪一种货币都好用。

莫斯科

来莫斯科的游客很快就熟悉了所谓的七姐妹景观：苏联时代的一组灰色摩天大楼，每幢高约 150 米，一种新哥特式的集权主义风格，具有对称、宏大和被各地官僚所喜爱的刺破天空的尖顶，由斯大林下令于 1940 年代后期建造。它们散布在一个巨大的环形上，环绕着莫斯科，以使它们中的每一个都能在任何方向上支配天际线。虽然细节不同，但它们足够造成一种似曾相识的感觉。一位来访者离开其中之一，例如莫斯科大学，穿越城市后会遇到十分相似的另一个，列宁大酒店。

新来的第八位姐妹，位于环绕莫斯科内环线之外的纳梅特金那大街的一个巨大空旷处。它有着相当大的规模以及与原来七位几乎相同的高度，金字塔形的屋顶令人想起后者的尖顶。但相似点止于此。1995 年落成的这位新姐妹，具有光亮夺目的蓝玻璃、钢铁和混凝土的后现代外表。与最新外貌相适应的，是它的一个最新功能：俄罗斯最大的公司、世界上最大的天然气公司以及俄罗斯自然资源经济的支柱，俄罗斯天然气工业股份公司（以下简称俄气，也常音译为 Gazprom）的总部。俄气和俄罗斯在天然气开采上浑然一体，天然气被他们称为“蓝色燃料”，意指其蓝色火焰显示的清洁能源特性。

即便在政府控制全部企业的时代，西方人也很难掌握俄气的业务范围，以及它与俄罗斯政府的关系。它就像是埃克森美孚、J·P·摩根和时代华纳合体的一家公司，以比尔·克林顿为首席执行官。俄气的收入大约占俄罗斯国内生产总值的10%。俄气生产的天然气占俄罗斯的85%，占世界供应量的20%以上。它控制的天然气储量占全球的近20%，占俄罗斯的60%。它完成了产业垂直整合，包括勘探、生产、传输、加工、市场经营和销售。除了能源之外，它还在媒体、银行和保险业拥有重要股份，并经营着一家内部投资公司。

2008年当选俄罗斯总统的德米特里·梅德韦杰夫曾两次担任俄气的董事会主席。现任主席维克托·祖布科夫是俄罗斯的副总理，也是总理弗拉基米尔·普京的左右手。公司首席执行官阿列克谢·米勒，是普京1990年代在圣彼得堡时的密友。虽然公司的股票在证券交易所交易，但主要由俄罗斯国家控股。

俄气的远景规划似乎更像军事战略研究而不是企业战略研究。其中还提到了中国动向，开发亚马尔半岛以及在北极建立基地。军事类比不仅仅是一个隐喻。2007年，俄罗斯国家杜马批准俄气建立自己的安保部队，其力度远远超过普通的保安公司——事实上，这是一支企业军队，犹如重商主义时代贸易公司的企业军队。俄气有一个明确的战略敌人。这个敌人就是纳布科（Nabucco）。

纳布科是一个欧盟成员和美国支持的天然气管道新财团，其目的是使欧洲可以不依赖俄罗斯而获得天然气。这是对俄气通过乌克兰和白俄罗斯的管道输送，从而近乎垄断欧洲天然气供应的直接威胁。这也是避开上述管道的一个尝试，既不使用俄罗斯的天然气，也不通过俄罗斯的领土。纳布科将从阿塞拜疆开始，之后在哈萨克斯坦和伊拉克获得天然气。它将横越土耳其直达欧洲。

在纳布科更庞大的计划中有一个关键环节，是通过格鲁吉亚的南高加索管道。2008 年 8 月俄罗斯出兵格鲁吉亚，它用装甲军团威胁纳布科以保卫俄气的主导地位。这一战事发生在美国救助房利美的高峰期，当时俄罗斯是房利美债券的最大持有者之一。尽管俄罗斯威胁了美国在能源方面的利益，布什政府还是通过救助房利美，用美国纳税人的钱维护了俄罗斯的财政利益。这就是货币战争中的地缘政治。

俄罗斯不仅故意干扰纳布科，还资助了从中亚输送天然气到欧洲的两条替代管道，它们由俄气控制并经过俄罗斯领土。俄气的目标，是保证中亚的天然气供应在流向欧洲之前先进入俄罗斯的管道中。欧洲的能源供应在很大程度上被俄罗斯所挟持，对此，俄罗斯无意放手。

俄罗斯利用天然气作为地缘政治武器不仅仅是威胁；它已几次付诸行动。2006 年元旦，俄气切断了对乌克兰的天然气供应。其影响不仅限于乌克兰，而且波及整个欧洲。俄罗斯的理由是财务纠纷。一方面，乌克兰同意因其消费的天然气向俄罗斯付款，另一方面，俄罗斯同意就其通过乌克兰领土向欧洲其他国家输送天然气而向乌克兰付款。俄罗斯可以用实物支付过境费，这意味着可以用乌克兰消费的部分天然气来抵扣。但是这笔过境费不是按市场价格，而是由私下协商来确定，其中还涉及中间商，这使得人们相信，有些款项被转移到俄罗斯和乌克兰官员的离岸账户中。这种私下谈判、中间商、实物付款和离岸转账的混合，必然使得账务不清，双方争执。

乌克兰利用这种含混不清以掩盖其长期的硬通货短缺和付款逾期。随着时间的推移，俄罗斯也学会了利用这种含混不清——趁着双方争执对欧洲实施天然气停运，并将此归咎于乌克兰。俄罗斯可以扮演受害的债权人以采取高姿态，并向欧洲展示其能源依赖的恶果。

2009 年新年，俄罗斯再次关闭了向乌克兰的天然气运送。这一次后果更严重，东欧的很多工厂关闭，许多家庭在严寒的冬天里没有暖气。到 1 月 7 日，天然气战争升级，向乌克兰的直接供应减少到零。但随后，乌克兰把过境的天然气转移为自用，使短缺蔓延到整个东欧，严重影响了匈牙利、波兰和其他国家。俄罗斯挟持了乌克兰，而乌克兰又挟持了欧洲其余国家来保护自己——俄罗斯或许早已预见到这一结果。最终在 1 月 18 日，普京与乌克兰总理尤莉娅·季莫申科会谈了一整夜，达成一个新的定价计划，俄罗斯随后恢复了天然气供应。

我们似乎看不到天然气战争的终结。普京最近建议欧洲其他国家帮助乌克兰解决资金短缺问题，以保护自己免受天然气供应中断之累。这就将问题扩大到整个地区，并显示俄罗斯积极地将天然气和货币结合起来作为武器使用。

俄罗斯最近发布了“到 2020 年俄罗斯联邦国家安全战略”，这是对俄罗斯面临的全球战略机遇和挑战的概述。除了常规的武器系统和盟国分析，该战略描述了能源和国家安全之间的关系，并涉及全球金融危机、货币战争、供应链中断和对包括淡水在内的其他自然资源的争夺。该战略不排除使用武力解决这些金融或资源相关的争端。

俄罗斯对蓝色燃料战争的完美运用出现在全球金融危机之际。这让俄罗斯的力量倍增，使其攻击力大到超越正常水平。俄罗斯在最佳时机切断天然气，造成了彻底的破坏。在欧洲主权债务危机和房贷市场崩溃之际，下一次天然气切断可能会带来灾难性的影响。

当然，蓝色燃料战争的受害者有一个补救办法。他们可以背弃北约、欧元、美元和欧美地区，回到俄罗斯的势力范围以换取安全、可靠和合理定价的能源。俄罗斯并不要求它的新诸侯们采取苏联的政治制度，只是要求它们成为地缘事务中的可靠盟友，加入区域的卢布货币集团并保持民主门面，就像俄罗斯自己一样。

俄罗斯也公开声称，打算不再将美元作为其主要的储备货币。虽然卢布无法在国际储备中取代美元，但它很可能成为俄罗斯和中亚天然气储备供应商以及东欧天然气客户们的地区性贸易货币，至少在一定程度上取代了美元。目前，只要知道俄罗斯警告世界蓝色燃料战争即将来临，就足够了。能源是用来构建以卢布为储备货币的区域性经济集团的利器。美元将被排除在外。

北 京

中国历史中最引人注目的，是数千年间频繁和突然地从有序转为混乱。尽管今天中国经济充满活力，但其突然崩溃也是可能的，通货膨胀、失业率上升、民族矛盾或房地产泡沫的破裂都会引发这种崩溃。与发达国家相比，长期和广泛的失业会使中国更不稳定，尤其是数以千万计的公民失去了上升可能之时。

除了正常的人口压力，中国还存在 2 400 万“过剩男性”人口的问题。其中的许多人现在才二十岁出头。这是一个可悲的事实，因为二十出头的单身失业者常常与某种形式的反社会行为相关联，比如帮派、谋杀、毒品和酗酒。

对于中国政府而言，过剩的单身男性、食品价格上涨和大量失业引起的社会内部不稳定，是比美国的军事力量更大的威胁。这种不稳定可以部分通过投资基础设施以创造就业机会来消除，中国可以依靠其外汇储备进行投资。但当美国利用通胀使这些外储贬值时，将会发生什么呢？虽然通胀可能对于美国的政策制定者是合理的，但由此产生的从中国向美国的财富转移却会被中国视为一种威胁。维持外汇储备的实际价值是中国稳定内部社会的关键之一。中国人警告美国，他们不会容忍美元通胀，并将采取防止财富流失的对策。中美货币战争才刚刚开始，完全有理由说，美联储的量化宽松政策是美国打响的第一枪。

中国对金融战争观念最清晰的阐释，见于乔良和王湘穗于 1999 年所写的题为“战神的面孔模糊了”的一篇文章，它被收录在有关超限战的一本书中。[1] 其中有一段尤其值得在此引用：

> 金融战作为虽不流血但同样具有巨大破坏力的非军事战争形态，正式登上了曾被军人和武器、流血和死亡一统天下数千年的战争舞台。相信用不了多久，它就会成为正式的军语理所当然地进入各类军事词典，并且在下个世纪初叶人们编修的20世纪战争史中，成为极为醒目的一节……在核武器已成为吓人的摆设、日渐丧失实战价值的今天，金融战正以其动作隐蔽、操控灵便、破坏性强的特点，成为举世瞩目的超级战略武器。

这种军事角度的考虑表明，未来的地缘政治不一定是达沃斯良性多边精神的回响，更可能是资源稀缺、基础设施崩溃、重商主义和违约的黑暗的反乌托邦世界。被全球传统精英们惯常忽视的中国关于取消美元全球储备货币地位的呼吁，可能会被更加认真地对待，如果他们像熟悉凯恩斯理论那样熟悉中国的金融战策略。

中国与全球金融系统的主要联系，是美国政府债券市场。中国是历史上最古老的文明和一个新兴的超级大国，但在华尔街，它多半被视为世界上最好的客户。中国通过一级经销商网络，为其储备购买或出售美国国债。像中国这样的大客户更喜欢与一级经销商交易，因为后者凭借与美联储的特殊关系可以获得最及时的市场信息。关系是了解市场真实情况的关键，而中国善于利用这些关系。

中国给银行经销商打电话时，不会使用语音邮箱。在中国央行和主权财富基金与瑞银集团、J·P·摩根、高盛和其他主要银行的舞台大小的交易场所之间，装有直线电话。销售在接起电话前就知道中国人在另

① Colonel Qiao Liang and Colonel Wang Xiangsui，*Unrestricted Warfare*，Panama.

一端。由于使用化名，销售员和交易员可以安全地对话，无须顾虑被窃听。当中国需要交易美国债券时，通常会同时告知几位经销商，让他们相互竞价。因为数额巨大，中国总是希望其债券交易获得最好的出价。

很难确认中国购买的美国国债数量，因为其持有量不透明。并非每种用美元计价的债券都是由美国政府发行的，也并非每一种政府证券都是由财政部发行的。许多美国政府证券是由房利美、房贷美和其他机构发行的，另外，中国还持有一些由银行及其他非美国政府机构发行的美元计价的债券。但毫无疑问，中国持有的绝大多数美元资产是美国国库债券、国库票据和短期国库券。美国官方数据称，中国持有的美国国库证券超过 1 万亿美元，但若计入房利美和房地美等政府机构的证券，则美元计价的政府证券的总额还要高得多。

中国最大的担心是，美国通过通胀使其货币贬值，从而损害了中国所持美国债券的价值。很多人猜测，中国为了报复美国的通胀，可能以明显的低价抛售其 1 万亿美元的美国国库证券，而这将导致美国的利率飙升以及美元在外汇交易市场的崩溃。这还将导致美国更高的抵押贷款成本和更低的房价，以及其他重要的金融混乱。令人担忧的还有，中国可以利用这一金融杠杆，影响美国的量化宽松政策。

上述担忧被大多数观察家驳回。他们说，中国永远不会完全抛售美国的国库证券，因为它拥有太多太多的证券。美国国库证券市场虽然很深，但还没有深到那种地步，在一部分中国拥有的证券出售之前，证券价格可能就会崩溃。许多由此造成的损失将会落到中国自己身上。实际上，倾销国库证券对中国意味着经济自杀。

这个简单的推理忽略了中国可能采取的其他行动，那些行动同样可以伤害美国，但中国付出的代价要小得多。美国国库证券的到期期限，从三十天到三十年不等。中国无须售出一张证券也无须降低其国债的总持有量，就可以将他们的国库证券组合，从较长期限改为较短期限。当每笔长期票据到期时，中国可以改投三个月的短期国库券，但不改变对国库证券的总投资量。这些短期国库券的波动较小，这意味着中国不易受到市场冲击。这种转变也将使中国的投资组合更容易转换成现金，从而极易全面退出国库证券市场。中国不必倾销任何东西，只需等待六个月左右直到新的票据到期，其效果就像是缩短了雷管起爆的时间。

此外，中国人正在积极分散他们的外汇储备，远离美元计价的任何金融工具。再次强调，这不涉及抛售和再投资，只是简单地把新的储备部署在新的方向。中国人每年有几百亿美元的贸易顺差。这是很大数量的新资金，需要连同他们现有的储备一起投资。虽然现有储备可能主要还是美国国债，但新储备可以采取任何对中国人有利的方式。

其他货币投资的选项十分有限。中国可以购买美国以外的政府和银行以日元、欧元和英镑发行的债券，但选择极少，没有足够的数量。其他市场没有美国国债市场那样的深度和质量。但中国的选择并不限于债券。其他的主要投资对象（中国现在钟爱的）是大宗商品。

大宗商品不仅包括黄金、石油和铜，也包括拥有大宗商品的矿业公司的股票（拥有大宗商品的一种间接方式），以及可以用来种植小麦、玉米、糖和咖啡等大宗商品的土地。此外，还包括最有价值的大宗商品——水。有人正在筹划专项基金用于购买巴塔哥尼亚[①]深水湖泊和冰川淡水的独家权利。中国人可以投资那些基金或者直接买断淡水资源。

这些大宗商品投资计划正在顺利进行中。最突出的是，2004 年至 2009 年间，中国悄悄地将其官方黄金储备翻了一番。中国的主权财富基金之一，国家外汇管理局（外汇局），从世界各地的经销商那里默默地购入黄金。不同于中国央行，外汇局的这些购买并不登记在央行的账册上。在 2009 年的一次交易中，外汇局将其全部所持的 500 吨黄金转

① 巴塔哥尼亚（Patagonia），阿根廷和智利南端靠近南极的一大片荒原。——译者

给中央银行并登记入册，之后才对外宣布。[1] 中国争辩说，保密措施对于避免黄金价格暴涨是必需的，因为一个大买家可能对市场产生有害的影响。

还有什么其他的金融运作正在秘密地进行呢？当中国在许多方面向前推进时，美国却继续将其美元霸权视为理所当然。随着外汇储备的多样化更加成熟，中国对美元的姿态可能会变得更富侵略性。中国在硬资产方面的最终投入，对美元而言是一颗更为紧迫的定时炸弹。

崩　溃

完成了以上走马看花式的巡视后，思考最大的那个风险（相关性），让人不寒而栗。就全球性金融战争而言，相关性指的是两个或多个来自国外的可能同时产生有害冲击的威胁，两者可以事先协调好，或是其中一个促成了另一个。如果俄罗斯想要通过切断天然气供应在自然资源方面对西方进行攻击，那么对于中国人来说，加速将其纸币资产转化为硬资产就可能是有意义的，因为根据俄罗斯的行动可以预期，硬资产的价格将会飙升。反之，如果中国宣布准备采用以大宗商品为支持的一种替代性的储备货币，那么对俄罗斯而言这是利好消息，因为它可以宣布不接受用美元来支付其出口的石油和天然气，除非按照对新储备货币大打折扣的汇率。

在更糟糕的情况下，中国和俄罗斯可能会发现，秘密协调资源和货币攻击的时间，也许有助于攻击的自我增强。它们可以利用杠杆和衍生品在行动前大量建仓。这不仅是一次金融攻击，还将涉及内幕交易并且从其违法行为中获利。比方说，当利用迪拜银行的伊朗人观察到以上的

① “China Admits to Building Up Stockpile of Gold,” Reuters, April 24, 2009.

事态发展时，就有可能对沙特阿拉伯开战或进行恐怖袭击，这不是因为他们必须与俄国人或中国人沟通，而是因为攻击造成的金融力量的放大要大得多。

在几乎相同的时间段，俄罗斯的资源攻击，中国的货币攻击，再加上伊朗对美国利益的军事攻击，将在一触即发的资本市场产生可以预测的结果。市场将经受金融中风般的劫难。不只是崩溃，也可能完全丧失功能。

上述威胁正在迅速来临。它们不是最坏的情况，而是今天正在发生的一系列事件的高潮。请考虑以下事件：

- 2008 年 10 月 28 日：国际文传电讯社报道，俄罗斯总理弗拉基米尔·普京向中国总理温家宝建议，放弃将美元作为交易和储备货币。
- 2008 年 11 月 15 日：美联社报道，伊朗已将其财政储备转换成黄金。
- 2008 年 11 月 19 日：道琼斯报道，中国考虑其官方黄金储备的目标为 4 000 吨，以多样化抵御美元风险。
- 2009 年 2 月 9 日：英国《金融时报》报道称，金条交易已达历史性纪录。
- 2009 年 3 月 18 日：路透社报道，联合国支持放弃美元作为全球储备货币的提议。
- 2009 年 3 月 30 日：法新社报道，俄罗斯和中国正在合作创造一种新的全球货币。
- 2009 年 3 月 31 日：《金融时报》称，中国和阿根廷实行货币互换，这将使得阿根廷用人民币来代替美元。
- 2009 年 4 月 26 日：法新社报道，中国呼吁改革世界货币体系，以取代作为主要储备货币的美元。

- 2009年5月18日：《金融时报》报道，巴西和中国同意尝试在双边贸易中放弃使用美元。
- 2009年6月16日：路透社报道，巴西、俄罗斯、印度和中国的金砖四国峰会，呼吁更加“多元化、稳定和可预测的货币体系”。
- 2009年11月3日：彭博社报道，印度购买了价值67亿美元的国际货币基金组织的黄金，以便分散资产，远离弱势美元。
- 2010年11月7日：世界银行行长罗伯特·佐利克表示，二十国集团应当“考虑将黄金作为市场预测通货膨胀、通货紧缩和未来货币价值的国际参考点”。
- 2010年12月13日：法国总统尼古拉·萨科齐呼吁，考虑在国际货币系统中特别提款权的更广泛的作用。
- 2010年12月15日：《商业周刊》报道，中国和俄罗斯联合呼吁降低美元在世界贸易中的作用，并推出卢布-人民币贸易货币结算机制。

这只是众多报道中的一组取样，它表明中国、俄罗斯、巴西和其他国家正在寻找美元作为全球储备货币的替代物。大宗商品作为新货币的基础则是另一个常常重复的话题。

这带来了令人生畏的趋势和困难的选择。美国国库证券的持有者不可能不知道全球资本市场的动力变化。美国依赖传统的竞争对手以实现对其债务的融资，这不仅限制了它的财政政策，也限制了国家安全和军事上的备选项。在许多地方，如巴基斯坦、索马里、泰国、冰岛、埃及、利比亚、突尼斯和约旦，地缘政治的多米诺骨牌已然倒塌。而更大的多米诺骨牌，正等着在东欧、西班牙、墨西哥、伊朗和沙特阿拉伯倒下。对美国力量的挑战，将随着美元变弱而变得更强。

然后是地缘政治的三巨头——美国、俄罗斯和中国。美国在对抗外国金融攻击方面是最安全的，但它似乎热衷于削弱美元而自挖墙脚。俄罗斯显然较弱，但它的缺点可能正是它的力量所在——它有脱离世界自给自足生存的历史。中国生气勃勃，但正如历史所表明，它很可能是最脆弱的，因为五千年来它一直在中央帝国与诸侯分裂之间反复波动。一场被复杂的动力学所主宰的全球经济危机，就可能是改变中国政治的一种催化剂。伊朗已经准备好了，它把美国的经济疲软看成自己力量的倍增器。我们已经进入下降的漩涡之中。不受约束的全球资本和不稳定的地缘政治的联结仿佛一头猛兽，它开始张牙舞爪了。

第九章　经济学的误用

“影响人类未来的决策……不能依赖严格的数学预测，因为不存在做这种计算的基础……正是我们内在的行为驱策力推动了社会的运转，我们的理性自我做出选择……但在动机方面常常还是要依靠奇想、感情或运气。”

约翰·梅纳德·凯恩斯，1935 年

1940 年代后期，经济学脱离了它的同盟者（政治学、哲学和法律），寻求与应用数学和物理学这些硬科学的新同盟。有趣的是，经济学与经典物理学的结盟，恰逢物理学家自己转向不确定性和复杂性之时。在诺贝尔物理学奖成立七十四年后，诺贝尔经济学奖于 1969 年创立，这一事实佐证了学术的变迁。经济学家成为人类一大部分活动（财富、创造、工作、储蓄和投资）的新祭司，方程、模型和计算机为他们履行祭司功能提供了良好的装备。

自从自由放任的资本主义兴起以来，经济体系从未完全摆脱过动荡。泡沫、恐慌、崩溃和萧条去而复还，有着像洪水和飓风一样的规律性。这并不奇怪，因为根植于人性的潜在经济的基本动力学总在起作用。然而，经济学承诺会有更好的结果。经济学家承诺，通过微调财政和货币政策、再平衡贸易条件以及衍生品分散风险，市场波动将变得平和，增长曲线则将超出过去可能的范围。经济学家还承诺，通过脱离金本位，他们可以根据需要提供资金以支持增长，而衍生品将会把风险转嫁给那些最能承受风险的人。

然而，2008 年的恐慌显示，经济所穿的其实只是“皇帝的新衣”。只是依靠涉及银行资本、同业拆借、货币市场担保、抵押担保、存款保险和许多其他应急措施的大规模政府干预，才阻止了资本市场和经济的全面崩溃。除了少数例外，宏观经济学家、政策制定者和风险管理人员都未能预见崩溃，而且除了提供无限免费资金的原始方法，根本无力来终止这种恐慌。

要解释这一切，需要把保罗·塞缪尔森《经济分析基础》出版的 1947 年，看成是经济学作为社会科学的旧时代和经济学作为自然科学的新时代之间的分界线。这条分界线表明，市场行为在这前后其实很相似。长期资本管理公司在 1998 年的倒闭，与尼克伯克信托公司的崩溃和 1907 年的恐慌，在传染蔓延的动力学和蒙受最大损失的银行同侪们联手实施救助方面十分相似。1987 年 10 月 19 日股市崩盘，道琼斯工业平均指数单日下跌 22.61%，这使人回想起该指数在 1929 年 10 月 28 日～29 日两天内下跌了 23.05%。2011 年的失业率堪与大萧条的水平相比，在这两个时期都采用了一以贯之的心理疗法来关怀垂头丧气的工人。总之，1947 年以后所谓的经济学硬科学，并未在解决繁荣和萧条的经典问题上显示任何成就。事实上，有许多证据表明，在政府赤字、债务过剩、收入增加不均和长期失业大军方面，经济学的现代实践只会使社会变得更糟。

新近的失败使得经济学家不再有资格免受普通公民的质疑。当 4 400 万美国人依靠食品券生活时，经济学中什么有用什么无用，不再只是一个学术问题。经济理论中关于乘数、理性、效率，相关性和正态分布风险的陈述不仅仅是抽象的。它们与国家的福祉息息相关。经济学的信号失灵在美联储政策、凯恩斯主义、货币和金融经济学中反复出现。理解导致失灵的原因将使我们懂得，为什么增长停滞和货币战争迫在眉睫。

美联储

美国联邦储备系统是历史上最强大的中央银行和今日美国经济的主导力量。美联储经常被描述为具有双重使命，稳定价格和减少失业。美联储也被期望充当金融恐慌时的最后贷款来源，它需要管理银行，特别是那些“大而不能倒”的银行。此外，在多边央行会议场所，如二十国集团和国际结算银行，美联储代表美国并使用财政部的黄金储备进行交易。根据2010年的《多德-弗兰克法案》，美联储被授予新的使命。“双重”使命变得更像是一个多头怪物。

自1913年创建以来，美联储最重要的使命，一直是维持美元的购买力；然而，从1913年至今，美元贬值了95%以上。换句话说，今天要花20美元才能买到的东西，1913年花1美元就能买到。想象一下一名投资经理把客户的钱亏损了95%，你就能明白美联储如何履行了它的首要使命。

可以把美联储在保持美元价值稳定性的纪录，与罗马共和国相比较，后者的银便士保持其100%的原始购买力达两百多年，直到公元前1世纪晚期，才开始被奥古斯丁皇帝贬值。拜占庭帝国的金币有一个更令人印象深刻的纪录，其购买力从公元498年的货币改革开始维持五百年基本不变，直到1030年的另一波贬值。

美联储的辩护者提出，美元可能丧失了95%的购买力，但工资的增加超过了二十倍，因此，工资的增加抵消了购买力的下降。价格和工资一同变化从而没有伤害的论点，被称为货币中性。然而，这个理论忽略了以下事实：虽然工资和物价同步上涨，但对各领域的影响并不完全一致。这一过程会产生不该有的赢家和输家。输家通常是谨慎的储蓄者和靠养老金生活的美国人，他们的固定收入因通货膨胀而贬值。赢家则是那些使用杠杆、对于通胀有更清醒的认识并且利用黄金、土地和艺术品等资源进行对冲的人。最后的结果是投资决策扭曲、资本配置不当，造成了资产泡沫和收入不均。物价无法维持稳定的真正代价是，效率低下和不公。

美联储的另一项任务是充当最后的借贷人。按照19世纪经济学家瓦尔特·白芝浩的经典处方，这意味着在金融恐慌中，当所有银行储户要同时取出他们的存款时，央行应当向有偿付能力的银行收取优质的抵押品，以高利率自由放贷，使银行得以履行对储户的义务。这种贷款通常不被称为救市，而是指在没有其他合适的资产市场时将优质的资产转换成现金。一旦恐慌消退且信心恢复后，贷款将还给央行，而抵押品则归还给银行。

在大萧条的深渊中，当最需要最后借贷人发挥作用时，美联储却彻底失败了。有超过一万家美国银行倒闭或被收购，银行系统的资产几乎减少了30%。货币供应如此短缺，以至于许多美国人求助于以货易货，例如在某些情况下，用鸡蛋换取糖或咖啡。那是一个木质硬币的时代，由家庭制造的替代货币，会被一名当地商人用来给顾客找零，随后被附近的其他商人接受以换取商品和服务。

跟大萧条时期一样，在2008年的恐慌中，最后借贷人再一次显得十分关键。美联储在2008年采取行动，表面上应对的是流动性危机，但实际上是偿付能力和信用危机。短期贷款可以作为桥梁贷款缓解流动性危机，但当抵押品真的贬值时，它无法消除偿付能力危机。解决偿付能力危机的办法是，利用应急权力关闭或国有化已丧失偿付能力的银行，将不良资产移交给政府管制并将新的有偿付能力的银行重新私有化，公开招股，向新股东发行股票。随后新银行得以发放新的贷款。将不良资产交由政府控制的优点是，它们可以得到低成本的资助，无须资本也无需对亏损按市值计价。破产银行的股东们持有的股票和债券，以及 FDIC[①] 保险的资产，将抵偿不良资产的亏损，而纳税人只需承担超出部分的亏损。

但美联储又一次误判了形势。美联储和财政部没有关闭已丧失偿付能力的银行，而是用 TARP[②] 基金和其他手段保住了它们，这就使得债券持有人和银行管理层能够以纳税人的钱为代价，继续享有利息、利润和奖金。这与美联储最初杰基尔岛确立的实际使命相一致——拯救银行家。美联储几乎完全忽略了白芝浩的核心原则。就像白芝浩推荐的那样，它自由放贷，但收取的抵押品没什么价值，其中大部分至今仍在美联储的账册上。不同于对危机中的借款人收取高额利息的典型做法，美联储几乎不收利息。除了向有偿付能力值得救助的银行放贷之外，美联储也向丧失偿付能力的银行放贷。上述做法的经济后果是，直到现在，系统中仍然存在大量的不良资产，银行贷款由于需要资本重组而受到高度限制，经济很难回归可持续增长。

在最需要它发挥最后借贷人作用的情况下，美联储搞砸了两次。先是在 1929 年～1933 年，当时它应该提供流动性，但却没有。之后是在 2007 年～2009 年，它本应关闭丧失偿付能力的银行，但却提供了流动性。这两个难以令人置信结局，表明美联储对银行业的典型运作知之甚少。

1978 年，吉米·卡特总统签署了《汉弗莱-霍金斯充分就业法案》，赋予美联储失业管理的使命。该法案明确采纳了凯恩斯主义，授权美联储和行政部门合作来实现充分就业、增长、物价稳定和预算平衡。该法

① FDIC（Federal Deposit Insurance Corporation——联邦存款保险公司——的简称）是美国国会建立的独立的联邦政府机构，通过为存款提供保险、检查和监督金融机构以及当其倒闭时接管，来维持美国金融体系的稳定性和公众信心。——译者

② TARP（Troubled Asset Relief Programme，不良资产救助计划）。——译者

案规定了具体的数字目标，到1983年时失业率下降为3%，之后维持这一数字。事实上，失业率在1983年达到10.4%的周期峰值，之后在1992年为7.8 %，2003年为6.3%，2009年为10.1%。指望美联储同时实现所有这些目标是不切实际的，虽然美联储官员们在国会听证中仍然这么口头应承着。事实上，美联储并没有履行其使命以实现充分就业。据美联储自己估计，在2011年，实现按惯例定义的充分就业还需要五年时间。

除了美联储在稳定物价、最后借贷人和降低失业率上的失败，还有一个最大的败笔：监管银行。2009年，国会成立了核查美国金融和经济危机成因的金融危机调查委员会，该委员会听取了700多名证人的证词，审查了数百万页的文件，并举行了广泛的听证会，以便得出有关始于2007年金融危机责任的结论。委员会的结论是，监管失灵是危机的主要原因，并明确地把失败归咎于美联储。官方报告指出：

> 我们的结论是，这次危机是可以避免的。这次危机是由于人的行为和不作为……主要是美联储未能阻止不良抵押贷款流动的关键失误，而它本可以通过设置审慎的按揭贷款标准来避免。美联储是有权做这件事的机构，但它却没有做……我们的结论是，金融调控和监管方面的普遍失败，被证明对国家金融市场的稳定是毁灭性的。监管者未尽其职……我们不接受监管机构所谓的缺乏保护金融体系力量的观点。他们在许多领域拥有足够的权力，但他们选择不使用这些权力……纽约联邦储备银行和其他监管机构原本可以阻止花旗集团导致危机的过度行为，但他们没有这样做……在这样的案例接二连三地发生之后，监管机构继续将其负责监管的对象视为安全可靠的，即使面对越来越多的麻烦也还是这样认为。

这份500多页的报告详细地说明了美联储在监管细节上的失当。如上面引文所指出的，美联储的这一切失败原本都是可以避免的。

对美联储能力的最后一个考验涉及其如何控制自有的资产负债表。美联储就像一个中央银行，但它同时也是一个具有资产负债表和净值的银行。资产负债表有两部分：资产，所拥有的东西，负债，亏欠别人的东西。所谓净值，也称为资本净值，就是资产减去负债。美联储的资产主要是它购买的政府证券，其负债则是它购买证券所印制的钞票。

2011年4月，美联储的净值约为60亿美元，而其资产接近3万亿美元。如果美联储的资产价值减少2%，其实在动荡的市场中是个相当小的数目，2%的下降对于3万亿美元的资产而言意味着600亿美元的损失——这足够令美联储的资本净值彻底消失。然后美联储将会破产。这种情况会发生吗？其实已经发生了，但美联储不会公布，因为它不需要根据市场价值来重估其资产。当美联储通过出售债券来削弱量化宽松计划时，这种情况就会出现。美联储可以在短期内无视市值亏损，但当它出售债券时，那些亏损将不得不在报表中显现。

美联储很清楚这个问题。2008年，美联储派官员去国会，商讨是否可以像财政部那样，发行自己的债券以支撑其资产负债表。2009年，珍妮特·耶伦，当时的旧金山联邦储备银行主席，在纽约的演讲中公开了这一要求。关于发行美联储新债券的权力，耶伦表示，“我会感到高兴，如果我们现在就拥有这种权力”以及“这当然是人人想要的好东西”。耶伦看起来渴望推动该方案实施，并且有着很好的理由。美联储蹒跚朝向破产的趋势日益明显，因为它在其资本基础上加了太多的杠杆。通过获得国会许可发行新的债券，美联储可以削弱量化宽松而不必出售账册中现有的债券。新的美联储债券将替代旧的国债券，以减少货币的供应量。通过这种替换，旧债券的亏损将被继续隐藏。

这出债券骗局已被美国国会山所拒绝，它的失败使得美联储急需另一种解决方案。在量化宽松需要扭转之前，剩下的时间不多了。解决办法是在财政部和美联储之间达成协议，这并不需要国会的批准。

美联储每年因其拥有国债的利息赚取了巨额利润。美联储需要将这些利润返回国库。2010 年，美联储与财政部达成协议，它可以无限期暂停这种支付。美联储保留现金，同时根据美联储通常支付给财政部的金额设立一个负债账户，基本上就是一张借条。这一协议前所未有，标志着形势变得多么令人绝望。

如今，即便未来债券销售出现亏损，美联储也不会像通常那样减少资本。相反，美联储只是增加了向美国国库用白条借款的金额。事实上，美联储正在签署私人白条给国库并使用现金，以避免显得丧失了偿付能力。只要美联储可以继续签署这些白条，其资本就不会因其债券亏损而消失。纸面上的美联储资本问题得到了解决，但实际上，美联储正在增加杠杆并把其亏损转嫁给国库。玩弄这种会计游戏的企业高管会被送进监狱。我们不应该忘了，财政部是一个公共机构，而美联储是银行们所拥有的私人机构，因此这种做假是剥夺纳税人的财富为银行输送利益的另一个例子。

美国现在是这样一个系统。财政部制造不可持续的赤字，同时出售债券以避免破产。美联储则印制钞票购买这些债券，并因此而遭受亏损。然后，财政部让美联储打白条以避免后者破产。这是相当危险的举动，令旁观者触目惊心。美国财政部和美联储就像两个醉汉，彼此搀扶，谁也没有跌倒。今天，就其 50∶1 的杠杆率和波动混乱的中期证券而言，美联储看起来更像是一家经营不善的对冲基金，而不是中央银行。

埃德·科克是 1980 年代颇受欢迎的纽约市市长。众所周知，他常常在城市里走动，用独特的纽约口音询问路人“我做得怎么样”，以作为对其管理获得反馈的一种方式。如果是美联储询问“我做得怎么样”，答案是自1913年建立以来，它未能维持价格稳定，未能充当最后借贷人，未能维持充分就业，未能监管银行，也未能保持其资产负债表的平衡。美联储的一个显著成就，是在它的监管下，国库的黄金储备增加了，从1971年尼克松冲击时约110亿美元，增加到今天4 000多亿美元。当然，这种黄金价值的增加，只是美联储摧毁美元的另一面。总的说来，很难想象有另一家政府机构在执行其关键任务中，会比美联储失败得更多更久。

货币主义

货币主义是一种经济理论，创始人是1976年诺贝尔经济学奖得主米尔顿·弗里德曼。其基本原则是，货币供应量的变化是国内生产总值变化的最重要的原因。当用美元度量时，国内生产总值的变化可以分为两个部分：产生实际增长的“真实”部分和虚幻的“通货膨胀”部分。两者相加，得到以美元总额度量的名义增长。

弗里德曼的贡献在于说明，增加货币供应对于增加产出只在一定范围内起作用；超出这一范围的任何名义增长都是通胀的而不是真实的。事实上，美联储可以印制货币以获得名义增长，但相应的实际增长却有一个限度。弗里德曼还推测，货币供应量增加的通胀效应可能会滞后，使得短期内印制的货币可以增加实际国内生产总值，但之后通胀出现，抵消了之前的增长。

弗里德曼的想法体现在货币量化理论的一个公式中。变量是M＝货币供应量，V＝货币周转率，P＝物价水平，y＝实际国内生产总值，公式为：

$$MV = Py$$

这说明：货币供应量（M）乘以周转率（V）等于名义国内生产总值，它可以被分解为价格变动部分（P）和实际增长部分（y）。

货币供应量（M）由美联储控制。美联储通过印制货币购买政府债券来增加货币供应量，又通过出售债券回收货币来减少货币供应量。周转率（V）用来度量货币周转的快慢。如果有人花了1美元，同时收款人也把它花了，这1美元的周转率就是2，因为它被花了两次。如果把这1美元存入银行，那么它的周转率就是0，因为它根本没有被花掉。在方程的另一边，名义国内生产总值的增长有其真实部分（y）和通货膨胀部分（P）①。

几十年来，由这个方程引出的最重要的问题之一是，掺入通胀前的真实的经济增长量，是否有一个自然极限？真正的经济增长受制于劳动力总量及其生产率。美国人口增长率每年约1.5%。生产率的增加有所不同，但每年2%～2.5%是一个合理的估计。把劳动力与生产率相加，美国经济每年实际能增长3.5%～4%左右。这是长期的实际产出，或是等式中y的增长上限。

对此货币主义者会说，如果y只能每年增长4%，那么理想的政策是将货币供应量增加4%，周转率和价格水平保持不变。这将是一个接近最大实际增长和零通胀的世界。

如果适度增加货币供应就是全部，那么美联储的货币政策将是世界上最容易的工作。事实上，米尔顿·弗里德曼曾经建议，只要一台正确编程的计算机就可以调整货币供应，无需美联储。从对经济的自然真实增长率的合理预估出发，以相同的水平提升货币供应量，就可以得到没有通货膨胀的经济增长。当然可能需要一点变通，考虑到时间滞后以及对增长的预估因生产率而有所变化，但一切还是简单明了，只要货币流

① P是一个大于1的因子，标识通胀程度，例如通胀为10%，则P=1.1。这里对国内生产总值及其增长量有时并未明确区分，阅读时请注意。——译者

通周转率保持不变。

但如果周转率不是常数呢?

事实证明，货币流通周转率是一个最大的变数，是不能人为控制的因素，是不能微调的变量。周转率是心理性的：完全取决于个人对经济前景的感觉，或是全体消费者的集体感知。周转率不能为美联储的印钞或生产率的提高所控制。这是一种人类行为现象，并且是一种强大的行为现象。

假设经济是一辆十挡变速的自行车，以货币供应为齿轮，周转率是刹车，骑手是消费者。通过向上或向下变挡，美联储可以帮助骑手加速或爬坡。然而，如果骑手使劲刹车，无论在哪一挡自行车都将减速。如果自行车跑得太快，同时骑手使劲刹车，车子就可能打滑或翻倒。

一言以蔽之，这象征了美国经济十多年来的动力变化。在 1997 年达到峰值 2.12 后，美元周转率一直在急剧下降。周转率因 2008 年的恐慌加速下滑，从 2008 年的 1.80 下降到 2009 年的 1.67，一年内下降了 7%。这是消费者踩“刹车”的一个实例。到 2010 年，周转率稳定在 1.71。当消费者支付债务且增加储蓄而不是支出时，周转率下降，从而国内生产总值也随之下降，除非美联储能增加货币供应量。因此，美联储一直疯狂印钞，只是为了在周转率下降的情况下维持名义国内生产总值。

除了不易控制的周转率，美联储还有另外一个问题。美联储通过印钞控制的货币供应量，被称为基础货币，它只是货币供应总量的一小部分，根据近期的数据约占 20%。其余的 80% 由银行通过发放贷款或其他形式的资产（如货币市场基金和商业票据）所创造。从 2008 年 1 月到 2011 年 1 月，基础货币增加了 242%，而广义货币供应量仅增加了 34%。这是因为银行不太愿意发放新的贷款，它们还在同之前的坏账作斗争。此外，消费者和企业也不太敢申请新的贷款，也许是因为他们的杠杆化已经过高，也许是因为对经济的不确定以及偿还能力的疑虑。从基础货币到货币供应总量的传动机制早已崩坏。

MV = Py 方程对于我们理解经济中的动力学是关键的。如果货币（M）的放大机制因银行不放贷而受损，同时周转率（V）因消费者的担心而持平或下降，那么就很难看到经济（Py）将如何增长。

这将我们带到问题的症结所在。美联储的可控要素，比如基础货币，无法足够快速地振兴经济并减少失业。美联储需要用以加速的要素，是可以导致更多支出和投资的银行贷款和周转率。然而，消费是由贷款人、借款人和消费者的心理因素驱动的，本质上是一种行为现象。因此，为了重振经济，美联储需要改变大众的行为，而这必然会涉及欺骗、操纵和宣传技巧。

为了提高周转率，美联储必须向公众灌输对财富效应的愉悦，或是对通货膨胀的恐惧。财富效应指的是，如果消费者感觉前景将更加繁荣，那么他们就更愿意消费。造成财富效应的途径是增加资产价值。为此，美联储的优先资产类别是股票和房子，因为它们众所周知且备受关注。（美国的）房价从 2006 年中期的峰值大幅下跌后，在 2009 年后期稳定下来，并于 2010 年前期由于对首次购房者提供税收抵免的政策而小幅回升。到 2010 年后期，政策停止，房价又开始下跌。到 2011 年初，全国房价回跌到 2003 年中期水平，并似乎处于进一步下跌中。看起来这段时间内房市是不会产生财富效应了。

但美联储在支持股市方面得到了更大的成功。道琼斯工业平均指数从 2009 年 3 月到 2011 年 4 月上涨了近 90%。美联储的零利率政策使投资者很少能从别处得到 0 以上的收益。然而股市的反弹也未能产生预期的财富效应。一些投资者赚了钱，但更多人远离股市，因为他们在 2008 年以后对市场失去了信心。

由于无力产生财富效应，美联储转向其仅剩的另一个手段——向消费者灌输对通货膨胀的恐惧。为了使这种做法增加借贷和周转率，美联储必须同时运作三件事：名义利率、实际利率和通胀预期，也就是保持低的名义利率和高的通胀预期。目标是造成实际利率为负数——名义利率减去预期通胀率。例如，如果预期通胀率为4%，名义利率为2%，那么实际利率为-2%。当实际利率为负数时，借贷变得颇具吸引力，支出和投资都会相应增长。根据货币主义的公式，更多借贷、货币供应量扩大、支出增加和周转率增加这一组合会使经济增长。负实际利率和对通胀恐惧，是美联储促成可持续复苏的最后希望。

负利率造成了这样一种情况：美元被借入，归还时则因为通货膨胀而使实际支出减少。这就像用户租一辆装满汽油的汽车，然后将油箱用到半空而无须付费。消费者和企业很少会放弃这种机会。

美联储的计划是通过负利率鼓励借贷，然后通过对通货膨胀的恐惧而鼓励消费。这样造成举债经营和通胀预期的组合，也许可以增加货币的供应量和周转率，从而提高国内生产总值。这可能会起作用，但需要用什么来增强对通胀的预期呢？

作为对日本在"失落的十年"中类似经历的研究，本·伯南克和保罗·克鲁格曼在1990年代后期做了大量的理论工作。对这项研究的明确总结由经济学家拉尔斯·斯文森在2003年完成。斯文森是伯南克和克鲁格曼在普林斯顿的同事，后来他在瑞典成为重要的银行家。斯文森的论文是货币战争的罗塞塔石碑①，因为它揭示了货币贬值和负实际利率之间的结合，是以其他国家为代价刺激经济的一种方式。

斯文森讨论了货币战争的好处：

---

① 罗塞塔石碑（Rosetta Stone，也译作罗塞塔碑），高1.14米，宽0.73米，制作于公元前196年，刻有古埃及国王托勒密五世登基的诏书。石碑上用古希腊文字、古埃及象形文字和当时的通俗文字刻写了同样的内容，这使得近代的考古学家得以有机会对照各语言版本的内容后，解读出已经失传千余年的古埃及象形文字之意义与结构，于是成为古埃及历史研究中的重要里程碑。——译者

> 即使……利率为零，货币贬值仍然是刺激经济的强有力方法……货币贬值将通过促进出口……部门直接刺激经济。更重要的是……货币的贬值和贬值后的汇率挂钩，是对未来更高价格水平的一个明显预兆。

斯文森还叙述了推行政策过程中操纵公众的困难：

> 如果央行能够操纵私人部门的信念，它让私人部门相信，未来将会有通货膨胀，实际利率将会下降，经济将很快摆脱衰退……问题是私人部门的信念并不容易受影响。

这就是伯南克的整个脚本——保持零利率、通过量化宽松使美元贬值和操纵舆论以制造对通货膨胀的恐惧。伯南克的零利率政策和量化宽松为通胀提供了燃料。讽刺的是，对伯南克的激烈批评因为不断警示通胀反而帮助了他的计划；批评家引发通胀担忧的那些煽风点火的言辞，没有哪一位美联储主席敢于说出口。

这是卸下面具的央行业务。这不是冷静、理性、无私的经济学家坐在华盛顿美联储的象牙塔里追求公正无私的科学。相反，这只是一个骗局。当原油、白银、黄金和其他商品的价格在 2011 年开始急剧上升时，伯南克在公开场合依旧泰然自若，并明确表示实际利率将保持在低水平。事实上，来自世界各地的通胀焦虑加剧的报告和持续的低利率的组合，正是伯南克、克鲁格曼和斯文森所推动的。美国已成为普林斯顿大学经济系培养皿中进行大规模货币政策试验的一只小白鼠。

伯南克-克鲁格曼-斯文森理论清楚地表明，美联储把货币政策与货币战争分开的尝试是虚伪的。借贷容易和美元贬值是同一枚硬币的两面，而货币战争是计划的一部分。借贷容易和美元贬值被设计协同运作以导致真实的通货膨胀，并在保持低利率的同时提高对通胀的预期，使贷款和消费机器重新运行。对于这一点，中国、阿拉伯和其他亚洲及拉丁美洲的新兴市场心知肚明，因此，他们对美联储的美元管理颇有微词。问题是美国人民是否清楚意识到，美元崩溃的危险。

从根本上讲，货币主义不足以作为一种政策工具，不是因为它采用了错误的变量，而是因为变量太难以控制。周转率是消费者信心或恐惧的镜子，是可以高度波动的。从基础货币到银行贷款的货币供应传动机制，可能因为贷款人和借款人缺乏确定和信心而失效。危险在于美联储不接受这些限制，仍试图通过欺骗和宣传来控制它们。更糟糕的是，当公众意识到受了欺骗，一种反馈回路便被建立起来，其中不再有信任，即使找到真相，人们也不再相信。美国已经十分接近这种危险的境地。

凯恩斯主义

约翰·梅纳德·凯恩斯死于 1946 年，没有活着看到打着他的旗号所犯的各种错误。他恰巧在萨缪尔森《经济分析基础》出版前一年去世，该书为所谓的新凯恩斯经济学奠定了理论基础。凯恩斯自己在写作中几乎不使用方程，而是以明白的行文做出广泛的分析。只是在 1940 年代后期和 1950 年代，才出现了许多与凯恩斯经济学相联系的模型和图表。这是套用“凯恩斯”名号所嵌入的概念性错误；如果凯恩斯活着，他对那些错误会怎么想？

在他的生命行将结束时，凯恩斯提倡被称为班科（凯恩斯国际货币单位）的一种新货币，其价值与一组商品（包括黄金）挂钩。当然他对 1920 年代的金汇兑本位有过激烈的批评，但他十分务实并且意识到货币必须与什么东西挂钩。出于这个原因，他倾向于全球商品本位而不是

1944 年布雷顿森林体系的美元-金本位。

在这里我们的目的不是详细回顾凯恩斯经济学，而是专注与货币战争最有关系的缺点。在货币主义中，缺点是消费者的选择导致了周转率反复无常。而在凯恩斯理论中，缺点是著名的“乘数”。

凯恩斯乘数理论的前提是，考虑到所有二级效应，假设 1 美元政府赤字会产生超过 1 美元的总经济产出。乘数是经济学中的大脚怪——很多人都会假设它存在，但极少有人（如果真有的话）见过它。凯恩斯主义公共政策的基础被称为集体需求，或是国内经济中所有支出和投资的总和，不包括库存。例如，一个工人被解雇，他不仅失去收入，也停止了消费，从而导致其他人也失去收入。失去的收入和消费导致了总需求下降，它会自我反馈，导致更多的企业解雇更多的员工，然后消费更少，如此这般地恶性循环下去。凯恩斯理论认为，政府可以介入，花费个人不能或不会花费的钱财，从而增加总需求。政府支出可以阻止下滑，推动经济重新增长。

依靠政府支出以促进总需求的理论的问题在于，政府根本就没有属于自己的钱。政府必须靠印制货币、征税，或是从其公民或国外处借钱。印制货币可以导致名义增长，但也会引起通货膨胀，随着时间的推移，实际增长其实没有变。征税和借贷可能使政府花费更多，但这意味着私人部门的消费和投资较少，因此仍不清楚总需求将如何增加。在这里，乘数这一说法就发挥作用了。关于乘数的想法是，政府的 1 美元支出将刺激其他人消费更多，并导致产出的增加超过 1 美元，这就是当初从私人部门取出美元的理由。

1 美元的政府支出能造成多少产出呢？换句话说，乘数的大小是多少呢？恰好在奥巴马总统执政之前，他的两位顾问，克里斯蒂娜·罗默和贾里德·伯恩斯坦，发表了一项著名的研究，其中就同建议的 2009 年刺激计划的关系，研究了这一乘数。据罗默和伯恩斯坦估计，一旦新的支出开始和运行，乘数值约为1.54。这意味着对于1 000亿美元的奥巴马支出计划，罗默和伯恩斯坦预计产出将增加1 540亿美元。因为整个奥巴马计划的总数为7 870亿美元，只是实施刺激计划导致的“额外”产出就将达到4 250亿美元——历史上最大的免费午餐。这一刺激的目的是为了抵消2007年后期开始的萧条的影响，并保持就业机会。

奥巴马政府治下的美国财政赤字，2009年为1.4万亿美元，2010年为1.2万亿美元。政府预计2011年和2012年的赤字分别为1.6万亿美元和1.1万亿美元——短短四年的总额为令人震惊的5.4万亿美元。为了证明2009年以这种规模的赤字实施的7 870亿美元额外刺激计划的合理性，关键是要说明，若没有这些支出美国会变得更糟糕。对凯恩斯乘数的论证必须坚如磐石。

没隔多久证据来了。在罗默和伯恩斯坦研究后的一个月，对同样的开支计划的另一项更严谨的研究，由斯坦福大学的约翰·B·泰勒和约翰·F·科根提出。泰勒和科根的结论核心是，所有乘数都小于1。这意味着相应于支出的每一块“刺激性”美元，私人部门的商品和服务减少了。泰勒和科根采用了经济学家们广泛支持的最新乘数模型，并对有关利率和消费者面对未来更高税收的预计路径采取了更现实的假设。泰勒和科根的研究得出，奥巴马刺激计划的乘数效初期为0.96，2009年底则迅速下降为0.67，而到2010年底将下降到0.48。他们的研究表明，到2011年，对应每1美元的刺激花费，私人部门的产出将下跌60美分。奥巴马的刺激计划伤害了私人部门，并因此妨碍了私人部门创造工作机会的能力。

泰勒和科根的研究并不是唯一得出凯恩斯乘数小于1，并且刺激计划妨害了私人部门产出的结论的。约翰·泰勒于1993年在另一项研究中也得出了类似结论。哥伦比亚大学的迈克尔·伍德福特，哈佛的罗伯特·巴罗，斯坦福的迈克尔·库姆霍夫和其他研究者，分别在各自的研究报告中给出了在一定条件下凯恩斯乘数小于1的验证。通过对经济文献的回顾表明，罗默和伯恩斯坦用来支持奥巴马经济刺激计划的方法，是非主流的经济思想，难以得到除开意识形态之外任何其他原因的支持。

凯恩斯的政府支出可以刺激总需求的理论，最后被证明只在有限的条件下成立，这使之成为一种特殊理论，而不是他声称的普遍理论。刺激计划短期比长期更有效，对付流动性危机比对付偿付能力危机更有效，对于经济的温和衰退比严重衰退更有效。刺激也对一开始相对债务水平较低的陷入衰退的经济体更有效。卡尔·F·克莱斯特教授在1960年代奠基性的但尚未得到足够重视的计量经济学中推断，凯恩斯主义和货币主义工具，对于那些以平衡预算为开始的经济体最有效。克莱斯特第一个界定了所谓的“政府预算约束”概念，这个概念似乎已经被人遗忘。克莱斯特写道：“结果有力地表明，极端的财政倡导者和极端的货币倡导者都是错误的：财政变量强烈地影响着……货币存量中一个给定变化的效果，而公开市场的运作强烈地影响着政府在开支和税收中给定变化的效果。”克莱斯特说，凯恩斯刺激的影响无法独立于赤字起点来评估。

对于凯恩斯刺激有利的条件，在2009年初的美国都不存在。这个国家背负着沉重的债务、巨大的赤字和严重的肯定将持续多年的偿付能力危机——正好是对于凯恩斯刺激不利的环境。这种刺激开支除了增加赤字和浪费宝贵资源外，没有其他用处。

在罗默和伯恩斯坦的研究发表两年后，出现了对其论点毁灭性的经济结果。据罗默和伯恩斯坦估计，2010年底总就业人数将超过1.37亿。实际数量只有1.3亿。他们估计到2010年底，国内生产总值将增长3.7%，但几乎没有增加。他们还估计，衰退期的失业率峰值为8%，不幸的是，2009年10月的峰值达到10.1%。以每一项指标来看，相对于罗默和伯恩斯坦所预期的，经济的表现明显要差得多。从一开始，奥巴马的刺激计划就是一张披着凯恩斯学术长袍的偏爱计划和意识形态的愿望表。

罗默-伯恩斯坦计划几乎肯定会保住有工会的政府部门人员的就业机会。当然，几乎没有人认为刺激不会创造就业机会，只是隐性成本太高。赤字支出、货币宽松和银行救助计划在短期内提升了经济。问题在于，复苏是人为的且不可持续，因为它来自政府开支和宽松货币，而不是来自私人部门的消费和投资。这导致了反对进一步赤字和量化宽松的政治反弹。

失败的凯恩斯刺激造成的债务增加，成为货币战争的一个重要原因。这类战争主要围绕一个国家的货币贬值，即是某种形式的爽约。一个国家因货币贬值而使债务要求突然毫无价值，便是对其外国债权人爽约。一个国家也可以通过通货膨胀和进口商品价格的上涨对其人民爽约。随着债务在外国投资者手中达到前所未有的水平，货币贬值的国际影响无比巨大，因此货币战争也将更加艰难。

由于债务和赤字如此之大，美国已经用尽其紧急救援资源。如果美国遭遇另一场金融危机或是像卡特里娜飓风那样的自然灾害，其赤字开支的能力必将受损。如果美国在中东或东亚面临重大战事，就无法像它在二战中那样，有足够的财政资源来支持战争。美国面对外国债权人时的脆弱已经十分严重。一旦面临金融、自然界或军事的任何一场危机，美国都将被迫采取应急措施，就像罗斯福在1933年和尼克松在1971年做过的那样。银行倒闭、没收黄金、施加进口关税和资本控制将成为备选项。美国迷恋于凯恩斯的幻觉已经导致美国的实力成为一种幻觉。美国只能希望没有不好的事情发生。然而，鉴于世界上的种种事件，这似乎只是一根难以依靠的救命稻草。

金融经济学

在保罗·塞缪尔森和其他人发展凯恩斯理论的同一时期，另一批经济学家发展了资本市场理论。来自耶鲁大学、麻省理工学院和芝加哥大学的教授们，发表了一系列经过缜密推理的学术论文，其作者是未来诺贝尔奖得主，比如哈里·马科维茨、默顿·米勒、威廉姆·夏普和詹姆士·托宾。他们的论文发表于1950年代和1960年代，他们认为投资者无法在市场中持续保持完胜，因此广泛跟踪市场的多元化投资组合将产生最好的长期结果。十年后，年轻一代的学者，包括麦伦·舒尔斯、罗伯特·C·默顿（著名社会学家罗伯特·K·默顿之子）和费舍尔·布兰克，又对期权定价提出新的理论，引发了金融期货和其他衍生品合约的爆炸性增长。这些学者和其他人的工作，在五十多年里积累并持续至今，构成了被称为金融经济学的经济科学分支。

大学里研究传染性病毒的生物学家，通常会有气密设施以确保其研究对象不会逃离实验室并伤害一般大众。不幸的是，经济学部门没有这样的保护措施。对于每一个高明的见解，都会有一些危险的误解，去感染世界金融血液并造成不可估量的危害。被称为金融经济学双胞胎的“有效市场”和“风险正态分布”，所造成的危害最大。

有效市场背后的理念，是投资者只感兴趣于最大化他们的财富，并会对价格信号和新信息做出理性的回应。该理论假定，当重要的新信息来临时，它会被立即反映到价格中，从而使价格根据新信息平稳地从一个水平过渡到另一个水平。由于市场立即将所有的新信息有效地反映到价格中，除了纯粹运气，没有一个投资者可以击败市场，因为任何投资者打算用来决策投资的信息，已经体现在市场价格中了。而因为下一个信息是不可能事先知道的，未来的价格走势就是不可预测和随机的。

风险正态分布的想法是，因为未来的价格变动是随机的，价格波动的严重程度和频率也将是随机的，就像是掷硬币或骰子。温和事件经常发生，极端事件不常发生。把经常发生的温和事件和不常发生的极端事件按其严重程度（横坐标）和发生频率（纵坐标）画图，得到著名的钟形曲线。① 绝大多数事件都发生在严重性低的区域，只有少得多的事件发生在严重性高的区域。由于曲线陡峭，高度严重的事件是如此罕见，几乎不可能发生。

在下面的图 1 中，纵坐标记录了事件的频率，横坐标显示记录事件的严重程度，或正或负。以 0 为中心的区域记录那些经常发生的温和事件。曲线在 -3 和 3 以外的区域则代表了更严重的极端事件，例如股市崩盘或房地产泡沫破裂。然而，根据钟形曲线，它们几乎不会发生。这可以用曲线几乎触及横轴这个事实来说明，如果有接触点，那么它代表了永远不会发生的极端事件。

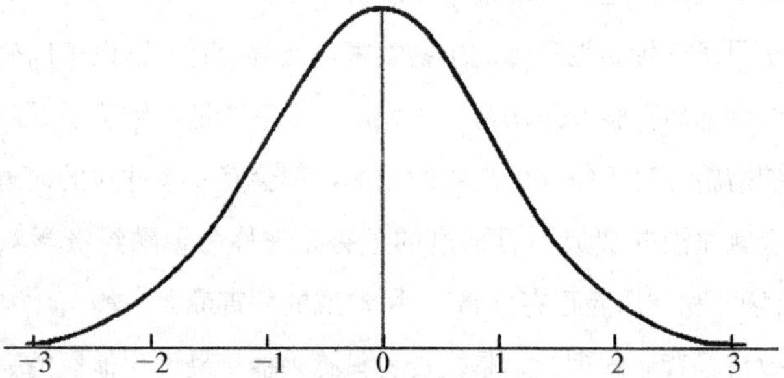

图 1：显示风险正态分布的钟形曲线

基于钟形曲线的诺奖理论的问题在于，经验证据表明，这并不对应真实世界的市场和人类行为。根据大量的统计和社会科学研究，很明

① 译者对与钟形曲线有关的数学描述部分做了一些字面上的修改，以方便中国读者理解。特别需要指出，钟形曲线虽然在 -3 和 3 以外的区域十分靠近横轴，但却永远不会触及横轴（理论上，这一区间包含了所有可能事件的 97.74%），也就是不存在不可能发生的极端事件，只是其发生概率非常之低。——译者

显，市场不是有效的，价格变动不是随机的，风险也不是正态分布的。

对金融经济学以上信条的学术反击来自两个方面。在心理学、社会学和生物学领域的一系列研究表明，至少从财富最大化的角度而言，投资者归根结底不是理性的。来自打破常规的数学天才伯努瓦·曼德尔布罗特的洞见说明，未来的价格并不独立于过去的价格，市场有一种“记忆”，可能导致它以破坏性的方式反应或过度反应，从而产生繁荣与萧条的交替循环。

丹尼尔·卡尼曼和他的同事阿莫斯·特沃斯基在一系列简单而精辟的实验中显示，个人充满了非理性的偏见。他们的实验对象更关心规避损失而不是获得收益，虽然经济学家会说这两种结果具有完全相同的价值。这种特质被称为风险厌恶，有助于解释为什么投资者在恐慌中会抛售股票，但当市场转向时其回归却十分缓慢。

当经济学家开始搜索资本市场数据以寻找卡尼曼和特沃斯基展示的非理性时，他们毫不费力就找到了。在被发现的异常中存在这样的趋势，一旦开始行动，就趋向于继续而不是逆转——“动量投资”的基础。小盘股似乎比大盘股表现得更好。还有人发现了所谓的 1 月效应，即股票在 1 月份的表现要比其他月份更好。所有这些发现没有一样同有效市场或价格随机变动相一致。

有效市场理论家与社会科学家之间的争论，可以是另一场晦涩难解的学术争论。然而一个关键的事实是，有效市场理论及其推论（价格随机变动和风险的钟形曲线分布）逸出实验室，感染了整个华尔街的交易机制和现代银行制度。这些有缺陷的理论在实际资本市场活动中的应用，对于 1987 年的股市崩盘、1998 年长期资本管理公司的内爆以及所有金融灾难中最大的一个（2008 年的恐慌），都产生了影响。使金融经济学疾病蔓延的另一种传染性病毒，被称为风险价值法（VaR）。

风险价值法是华尔街几十年来用以管理风险的方法，它导致了

2008 年的恐慌，但今天仍被广泛使用。这是整体投资组合中衡量风险的一种方法——某些风险仓位被其他仓位抵消从而降低了风险，据称风险价值法可以度量这一抵消额。例如，根据风险价值法的说法，长期仓位如十年国库票据可以用五年国库票据的短期仓位来抵消，从而使净风险比起两者的单独风险要低得多。可以建构的复杂的抵消组合的数量不受限制。很快各种数学计算就会让人望而生畏，因为同一债券长线和短线间的清晰关系，让位于对冲组合中多品种间的多重关系。

风险价值法是金融经济学五十年来的数学上的顶峰。重要的是，它假定了未来的价格间的关系会与过去相似。风险价值法假设价格波动是随机的，而风险嵌入在净仓位（长线减去短线）而不是总仓位之中。风险价值法把有效市场和风险正态分布这些认知错误带入了风险管理的世界之中。

风险价值法对造成 2008 年的恐慌起到了巨大的作用，但这一点从未被彻底探究过。金融危机调查委员会几乎没有考虑过交易风险模型。按揭经纪人、投资银行家和评级机构备受争议的欺诈性作用已受到广泛审视，然而，风险价值法的作用却一直未被揭露。在许多方面，风险价值法是贯穿所有导致崩溃的过度行为的无形线索。是什么使得银行、评级机构和投资者认为他们的仓位是安全的？又是什么使得美联储和证监会（SEC）放心地认为银行和经纪人有着足够的资本？为什么银行的风险管理者会不断向首席执行官和董事会保证一切都在控制之中？答案都与风险价值法及其相关模型有关。正是风险价值模型给更高的杠杆化和大量失衡的资产负债表开了绿灯。

由于监管机构对风险价值法的了解不如银行那么深，因此他们无从质疑风险评估。对风险和杠杆化，监管者允许银行自我监管。这就像假设美国核监管委员会允许核电厂的建造者自己设定安全规范，而没有外来的独立审查一样。

许多学者和实践者已经意识到风险价值法的这些缺点和限制。事实上，缺点是众所周知的，十多年来在学术界和华尔街广泛讨论过。银行继续采用风险价值法不是因为它真的有效，而是因为它貌似安全，可以让他们过度使用杠杆以获得更大的利润，并且当事情搞砸时转嫁给纳税人承担。利用风险价值法进行管理，就像驾驶一辆汽车以每小时 100 英里的速度行驶，而速度计则被人为操控显示为每小时 50 英里。监管机构坐在车的后座，看到表显为时速 50，于是放心地继续睡觉。实际上，汽车狂乱倾侧，就像《疯狂的麦克斯》[①] 中的电影场景。

金融经济学的破坏性遗产，其有关随机性、效率和风险正态分布的错误假设很难量化，但 2008 年恐慌后的几个月里，据估计，有 60 万亿美元的财富被摧毁了。衍生品合约并没有把风险转移到真正强有力的人士手中，而是把风险集中于那些大而不倒的家伙手中。风险价值法未能准确估测风险，而是把风险隐藏在方程构成的一堵大墙之后，吓跑了那些本应更了解实情的监管者。人性及其一切癖好都被银行和监管者有意地忽略了。如果金融经济覆灭，那么它扶持商业的能力也就被彻底摧毁了，经济增长引擎将进入低速区，并且一直会留在那个挡位。

华盛顿和华尔街——欺骗的双子塔

2010 年新一轮的货币战争开始，美国央行并非出于健全货币的原则，而是基于中央银行家们利用宣传误导公民意图的能力。货币主义基于周转率和货币间的不稳定关系，这使它事实上无法作为政策工具。凯恩斯主义采用鲁莽的神秘的“乘数”，假设会由此创造收入，但实际上消灭了收入。金融经济学仿佛是一座高耸于有效市场和风险正态分布流

① 《疯狂的麦克斯》（*Mad Max*），美国/澳大利亚科幻/动作片。从 1971 年到 2015 年共拍了四集。——译者

沙地基上的摩天大楼，它与资本市场的行为没有真正的关系。整个财政政策体系、货币政策、银行和风险管理系统，是认知错误和不诚实的结合体，并且这些缺点一直延续至今。

最近出现了新的更好的经济范例。然而，华盛顿和华尔街在过去的模型上占有既得利益。凯恩斯主义是华盛顿增加开支的借口，而货币主义是美联储集中权力的借口。对于华尔街，金融经济理论为高杠杆和失衡的资产负债表衍生品的欺骗性销售提供了掩护。在华尔街，利润第一，科学第二。一种理论，不管有多少缺点或如何过时，只要它可以用适当的学术门面包装并提供承担风险的理由，那就是好的。如果政治家和监管者在学习曲线上比华尔街更落后，那也没有问题。只要利润继续留在华尔街，就不会有人认真提问，更不用说给出答案。

第十章　货币、资本和复杂性

“困难不在于具有新思想，而在于放弃旧思想。”

约翰·梅纳德·凯恩斯

1935 年

无论是凯恩斯的乘数和货币主义对货币的量化方法，都有着理论和现实的缺点，尽管如此，它们仍然是经济增长放缓时应用于公共政策的主导范例。只要看看奥巴马的刺激计划和伯南克的量化宽松计划，就可以发现约翰·梅纳德·凯恩斯和米尔顿·弗里德曼的手在背后运作。旧学派的这种坚持也是新货币战争的一个驱动力，盖因公共债务的扩张。只有在通货膨胀和贬值的帮助下，这些债务才能被偿还。当经济增长减缓时，通过货币贬值从其他国家窃取增长具有难以抗拒的吸引力。然而我们需要更好的解决方案。

幸运的是，经济科学并没有完全停滞。过去的二十年里，包括行为经济学和复杂理论在内的几个学派中，出现了一种新的范式。这种新的概念适度中庸——实践者在许多情况下承认，手头的工具有一个可能性的局限。新学派避免了凯恩斯号称“普遍理论”的必胜信念和弗里德曼的格言：通胀“总是和到处都是”货币性的。

最有希望的新学派是复杂理论。尽管这样取名，其实复杂理论基于几条简单的原则。首先，复杂系统不是自上而下设计的。复杂系统通过演化或不同自主部分的相互作用自我设计。第二个原则是，复杂系统具有涌现性，这是整体大于各部分总和的术语——整个系统的行为方式，无法通过观察其各部分来推断。第三个原则是，复杂系统需要指数级增长的能量来运行。能量可以采取多种不同的形式，但关键是，当你把系统规模增加十倍时，能量需求可能要增加一千倍。第四个原则是，复杂系统容易发生灾难性的崩溃。第三个和第四个原则是相关的。当系统达到一定规模时，因为规模与能量的指数级关系，可用资源耗尽使得能量输入枯竭。简而言之，复杂系统是自发产生的，其行为是不可预测的，可能会耗尽资源并发生灾难性崩溃。将这个范式应用于金融，你可以看到货币战争会产生什么样的结局。

复杂理论具有很强的经验基础，广泛应用于各种不同的自然和人造系统，包括气候、地震学和互联网。复杂理论在资本市场和货币市场方面的应用已经取得了重大进展。然而，其在人类行为和市场动力学的相互作用方面的应用，仍然是一个相当大的挑战。复杂的人性就像是处于市场复杂性顶端的一台涡轮增压器。更广泛地来看，人性、市场和文明都是相互嵌套在一起的复杂系统，就像是一组俄罗斯套娃。对行为经济学的概述将提供一座桥梁，通向对复杂理论更广泛的思考，相应的潜在动力学如何决定美元的命运，以及货币战争的最终结局。

行为经济学和复杂性

当代行为经济学起源于20世纪中期的社会科学。先驱者如社会学家斯坦利·米尔格拉姆和罗伯特·K·默顿进行了广泛的实验，并通过分析数据，发展了对人类行为的新见解。

罗伯特·K·默顿最著名的贡献，是形式化了自我实现的预言。[①] 其要点是，如果一个命题被设定为真，那么即使它最初是假的，如果该命题本身能改变行为从而把假的前提变为真的，它就可以变为真的。有趣的是，为了说明他的观点，默顿恰好以存款保险实施之前的银行挤兑为例。有一家银行在资金充裕的基础上稳健地开始了一天的营业。然后出现了一个传言说这家银行有问题。虽然传言是假的，但却足以使储户们蜂拥而来试图立刻取出存款。即便经营最好的银行也不会在手头保留 100%的现金，因此一次真正的挤兑将使该银行因无法满足储户的要求而被迫关门。银行在这一天结束时倒闭，从而证实了传言为真，即使传言在开始时是假的。传言、由此产生的行为和最终银行倒闭之间的相互作用，说明了信息和行为间存在一种正反馈回路。

默顿和当时其他的主流社会学家并不是经济学家。然而在某种意义上他们是，因为经济学最终是对人类在商品稀缺条件下决策的研究。社会学家们加深了对这些决策过程的理解。前贝尔斯登的首席执行官阿兰·施瓦茨证实了默顿有关自我实现预言的力量。2008 年 3 月 12 日，施瓦茨告诉美国全国广播公司财经频道（CNBC）："我们没有看到对流动性的任何压力，更不用说流动性危机。"四十八小时后，受到惊吓的华尔街银行撤回了数十亿美元的信贷额度，随后贝尔斯登走向破产。对于贝尔斯登，这就是默顿思想实验的现实版本。

丹尼尔·卡尼曼、阿莫斯·特沃斯基、保罗·斯洛维奇和其他人在 1950 年代和 1960 年代进行的一系列实验，在社会心理学对经济学的影响上造成了突破。[②] 通过其中最有名的一组实验，卡尼曼和特沃斯基说

---

① Robert K. Merton, "The Self-Fulfilling Prophecy," *The Antioch Review* 8, *no.* 2 (Summer 1948): 193 - 210.

② 这项以后成为行为经济学基础的工作，包含在以下两本书中：Daniel Kahneman and Amos Tversky, eds., *Choices, Values, and Frames*, Cambridge: Cambridge University Press, 2000; Daniel Kahneman et al., eds., *Judgment under Uncertainty: Heuristics and Biases*, Cambridge: Cambridge University Press, 1982。

明，当受试对象在两种收入方案之间选择时，他们将选择那种具有更大确定性的收入方案，即使它没有更高的收益预期。以下是给予受试对象选择的收益可能性的典型版本：A）＄4 000和80%的成功概率，或B）＄3 000和100%的成功概率。对于有效市场理论的支持者，这是一个很简单的问题。80%的概率获得＄4 000的预期值是＄3 200（即＄4 000×0.80）。因为＄3 200是大于＄3 000的一种选择，理性追求财富最大化的参与者会选择A。然而，在测试中，有80%的参与者选择了B。显然参与者对“确定的东西”更偏好，即使其理论收益值较低。在某种意义上，这只是谚语“二鸟在林，不如一鸟在手”的一个正式统计学版本。然而结果是革命性的——对金融经济学基础的直接威胁。

通过完美设计的貌似简单的一系列其他实验，卡尼曼和他的同事们发现，受试者对于某些选项因其展示方式不同而有明显的偏好，即便替代的选项会产生完全相同的结果。这些实验为经济学引入了一套全新的语汇，包括确定性效应（规避损失的欲望，也称为风险厌恶）、锚定效应（对于一系列事件中最初结果的过度重视）、孤立效应（相对于共有特性对于单一特性的过度强调）、框架效应（更偏重事物的表达而不是事物本身）和启发法（拇指规则）。整套工作在“前景理论”的主题下进行，对金融经济学家所采取的效用理论，它标志着一种深入的批判。

不幸的是，行为经济学已被政策制定者所采用，不是用来说明行为而是用来操纵行为。伯南克通过印制货币让美元贬值，同时保持低利率来提高通货膨胀“预期”，就是此类操作中最大胆的当代版本。当然还有别的。精心策划的宣传活动，其中涉及公司首席执行官和商业报道记者的非公开会议，要求后者以更有利前者的方式报道商业新闻。这些操纵企图也有其荒谬的一面，例如2009年春天，当数百万美国人失去工作时，拉拉队在有线电视上令人作呕地重复着“绿芽复苏”这个短语。

蒂姆[1]·盖特纳在2010年声称的“复苏之夏”则是另一个例子——夏天来而复去，对4 400万靠食品券生活的美国人，完全没有复苏可言。这些都是卡尼曼称之为“框架效应”的例子，倾向于偏爱某种结果。

伯南克、盖特纳和志同道合的行为主义者们在政策面未能看到的，可能很容易被默顿所抓住——来自宣传表达而非事物本身的正反馈效应。如果经济很好，信息无须被宣传，事实会自己说话，尽管有所滞后。相反，若现实由崩溃的货币、倒闭的银行和破产的主权财富所构成，谈论绿芽复苏充其量只有有限和暂时的效应。长期的效应是公众完全丧失了信任。一旦宣传牌打了很久却没有相称的结果，人们会本能地不相信官员在经济发展的主体增长上所说的一切，甚至会产生这样一种心态，即便事情有所改善，人们仍会保持谨慎观望。这并不代表行为经济学的失败，而是政策制定者的滥用所致。

行为经济学具备有力的工具，并能提供极好的洞见，尽管偶尔会被滥用。当其用于回答问题而不是强制得到结果时，效果最好。探究凯恩斯主义的悖论是行为经济研究最富成效的一个方面，并有可能缓和货币战争。凯恩斯主义部分是为了克服节约悖论而提出的。凯恩斯指出，在经济困难时期，个人会通过减少开支和增加储蓄来应对。然而，如果每个人都这样做，境况只会变得更糟，因为总需求被破坏，而这将导致企业倒闭和失业率上升。凯恩斯主义式的政府开支曾被认为可以弥补私人开支的不足。但今天政府开支的增长如此惊人，主权债务负担如此之大，人们无疑会预期，除了可用的付款手段，将需要通货膨胀、高税收和违约的某种组合来协调这种债务负担。政府开支并未刺激多少私人开支，反而使债务负担恶化，并可能增加私人储蓄的倾向。这是一个看来很适合行为经济学家探索的难题，结果可能是发现，政府的短期紧缩可

① 蒂姆（Tim），蒂莫西（Timothy）的昵称。——译者

以通过增加信心去开支来改善长期的经济前景。

复杂性理论

我们对复杂系统的定义包括了自组织、不可预测、对能量输入指数级增加的需求以及潜在的灾难性崩溃等。另一种理解复杂性的方式是将它与复杂的东西相比较。① 一块瑞士表可能很复杂，但并不等于复杂性。各种齿轮、弹簧、钻石、轴和套的数量和大小使之显得复杂。然而，各部分并不彼此交流。它们相互接触，但不互动。一个齿轮不会因为其他齿轮认为这是一个好主意而扩大自己。弹簧也不会自组成一摊液态金属。手表是复杂的，但是，复杂性比复杂包含的内容要多得多。

复杂系统始于被称为自主主体的个体，他们作出决定并在系统中产生结果。这些主体可以是海洋食物链中的物种或是货币市场中的个人投资者；他们的动力学是相同的。要成就复杂性，系统首先需要多样化的主体类型。如果主体是相似的，就不会产生有趣的结果。如果他们是多样化的，就会对各种输入做出不同的反应，从而产生更多不同的结果。②

第二个要素是连接性。这表明各个主体通过一些渠道相互连接。在电网中这就是电力线，在社交网络中这就是推特文，无论如何，各个主体间必须有一种相互接触的方式。

第三个要素是相互依存，这意味着各主体相互影响。如果某人不知道外面有多冷，他向窗外望去看到每个人都穿着大衣，可能也会选择穿

① 这里把 complicated 译为“复杂的”，complex 译为“复杂性（的）”，complexity 译为“复杂性”，但 complex system 译为“复杂系统”，这样比较符合汉语习惯，应该也不会引起混淆。——译者

② 随后的扩展分析，包括多样性、独立性和适应性，构成了题为“理解复杂性”的一系列讲座，由密歇根大学的斯科特·E·佩奇（Scott E. Page）教授于 2009 年讲授。

大衣。但这个决定不是自发的，他也可以选择只穿一件毛衣——在这种情况下，个人穿大衣的决定，部分地取决于他人的决定。

最后一个要素是适应性。在复杂系统中，自适应不仅仅是指改变，更多是指学习。例如采取“买入并持有”策略并多次在华尔街亏损的投资者，可能随着时间的推移学习到，需要考虑另一种投资策略。这种学习可以是集体性的，因为人们会迅速分享经验教训，无须每个投资者都有直接体验。主体多样、连接、相互依存和适应性是复杂系统的基础。

要了解一个复杂系统如何运作，必须了解这四种要素中每一种的程度。设想其中每一个都带有数值为 0 到 10 的表盘。数值为 1 时，系统是平淡的。它可能有复杂性元素，但除此之外没有别的什么东西。多样性低，连接性和相互依存性弱，几乎没有学习或适应性。数值为 10 时，系统是杂乱的。主体从太多不同的来源接收到太多信息，因此在决策时被相互冲突和过多的信号所阻挠。

其中最复杂的部分是密歇根大学的斯科特·佩奇所称的“有趣的中间段”。这意味着当表盘数值在 3 和 7 之间时，每个数值对应的状态都与其他的不同。每个数值都允许不同主体间的信息、互动和学习良好畅通，又不会太过分而使系统陷入杂乱。这是复杂性的核心——一个持续产生令人惊讶的结果但又不会崩溃的系统。

复杂系统有两个进一步的特点，它们在货币市场和美元的应用中有着极端的重要性，即涌现性和相变。

说系统有涌现性就等于说整体大于其部分之和。品尝美味温热的苹果派，比观看面团、糖、苹果和黄油这些原料更有趣。若系统是高度复杂的，涌现性要强势得多，并且意想不到。气候是人们研究过的最具复杂性的系统之一。建模极其困难，可靠的天气预报，最多只能大约提前四天作出。飓风就是气候的涌现性。飓风的构成因素如低气压、暖水、对流和其他类似物，都很容易观察到，但其产生的确切时间和地点却无法预测。只有看到时我们才知道它出现了。

涌现性的最好例子可能是人类意识。人体由适当比例的氧、碳、氢与微量的铜和锌组成。如果将这些成分加入大桶中，小心搅拌，甚至将混合物电搅拌，也不会发生什么。然而同样的成分结合后通过DNA编码，却会产生一个人。碳分子中没有什么东西可以提升思想，氧分子中没有什么东西会提示演讲或写作。然而复杂性的力量恰恰以这些成分产生了这些功能。思想从人类的心灵中涌现，就像气候中的飓风一样，采用的是相同的复杂性动力学方式。

相变，被用来描述当复杂的系统改变状态时发生了什么。火山爆发，其状态从休眠变为活跃。股市在一天中下跌20%，其状态从良好有序变为杂乱无序。如果黄金的价格在一周内翻了一番，美元的状态将从稳定变为自由下跌。这些都是复杂系统中相变的例子。

不是每一个复杂系统都可能出现相变，系统本身必须处于“临界状态”。这意味着系统中的各个主体是这样组合的，其中一个的行动会触发另一个行动，直到整个系统彻底改变。临界状态系统中一个很好的相变例子是雪崩。在平坦表面上的正常雪原是相当稳定的，然而，同样数量的雪花在陡峭的斜坡上就可能处于临界状态。新的雪花会飘落一段时间，但最终一片雪花会扰动另几片雪花。而那些雪花将会扰动更多相邻的雪花，直到产生一次小滑坡，带动更多的雪花。在此过程中雪球越来越大，直到整个山坡上的雪原松动。人们可以归咎于最后一片雪花，但更应该归咎的是山坡上不稳定的雪原。雪原处于临界状态，迟早会崩溃，如果这片雪花没有造成雪崩，可能下一片就会。

同样的过程发生在股市崩溃时。买单和卖单不断地在市场上出现，就像山坡上的雪花。有时买方和卖方的匹配高度不平衡，于是一张卖单触发了另一些卖单，这种情况由交易所公布后，引发了更多投资者的卖单。滚雪球的过程很快失控，更多事先设定的“止损”规则触发了卖单自动执行。这个过程是自我反馈的。有时整个过程会自行消亡，因为在雪中有许多小变动，但对雪原的伤害不大。有时整个过程呈指数级增长，直到系统以外的某种干预介入。这种干预可以是暂停交易，通过大的买手财团来逆转买卖流向，甚至是关闭交易所。一旦滚雪球的过程停止，复杂系统就会返回稳定的非临界状态，直到下一次。

近期日本仙台附近的多个大灾难，完美地说明了相变如何在大自然和社会中发生，以及崩溃如何从一个系统传播到另一个系统，如果这些系统均处于临界状态。板块、海洋、铀和股票市场是互不相干的复杂系统。然而，它们可以像某种类型的元系统崩溃那样互动。2011 年 3 月 11 日，日本东海岸太平洋底的板块构造移动造成了 9.0 级特大地震。太平洋底的推动把能量从一个系统（地壳），转移到另一个系统（海洋），造成了 10 米高的海啸。海啸粉碎了几个核反应堆，再次转移能量并造成了另一场灾难，这次是反应堆中的铀和钚燃料棒被部分熔毁。最后，反应堆熔毁造成的恐惧导致了东京股市崩溃，两天内股价下跌超过 20%。地震和海啸是自然系统，核反应堆是天然铀和人造工程的混合体，而证券交易所完全是人为的。然而，它们都受到嵌入复杂系统的临界状态动力学的支配。

重要的是，相变可以因很小的原因而产生灾难性的影响——单片雪花导致雪崩从而毁灭了一个村庄。这就是所谓的黑天鹅背后的秘密。纳西姆·尼古拉斯·塔勒布在他的《黑天鹅》中普及了这个概念。在书中，塔勒布正确地否定了用正态分布——钟形曲线——作为理解风险的模式。问题是他推翻了一个范式，却没有构造另一个来取代它。塔勒布对数学建模似乎有些不屑，宁可摆出哲学家的姿态。他称所有可能的灾难事件为“黑天鹅”，就好像说，“事情会发生”，然后置之不顾。这个术语被分析家和决策者们广泛采纳，他们了解到“事情会发生”，但却不理解隐藏其后的动力学和复杂性。然而，人们本来是有可能做得更好的。

雷击引起的森林火灾是一个很有教育意义的例子。无论火灾破坏了一棵树还是100万英亩的森林，都是一道闪电引起的。简单的直觉可能会认为，大闪电会引起大火灾，小闪电则引起小火灾，但这不是事实。同样的闪电也可以不引起火灾或是引起灾难性的大火灾，一切取决于临界状态。这就是为什么黑天鹅使我们惊讶的原因。它们被称为极端事件，但它们可以更精确地被称为日常事件的极端结果。极端结果会以某种频率发生；正是我们未能发现的日常事件（因为它如此平凡）触发了它们。对系统的研究向我们展示了日常事件是如何变成黑天鹅的。就像雪崩，真正重要的不是最后一片雪花而是整片雪原。

我们还需要两个概念来充实对复杂性的理解。一个是程度分布，涉及复杂系统中从温和事件向极端事件变化时的频率改变。一个是规模概念。

应用于金融经济学中的钟形程度分布曲线表明，温和事件总是发生，而高度极端事件几乎从未会发生。但钟形曲线只是一种类型的程度分布；还有许多其他的，也常用幂律来描述复杂系统中许多事件的程度分布①。幂律分布的示性曲线如图2所示。

在这个程度分布中，与前面一样，事件的出现频率用竖直坐标记录，事件的严重程度用水平坐标记录。在钟形曲线中，极端事件的发生远少于温和事件。这就是为什么向右端（更极端的事件）移动时曲线向下倾斜（较不频繁的事件）。然而，在幂律和钟形曲线之间有一些关键的差别。一方面，钟形曲线（见图1）在靠近竖直轴的区域是“胖”

① 由于复杂系统中任何事件的风险程度都不会是负数或零，所以其分布曲线定义的取值范围只能是正数，位于纵坐标轴的右方。常用幂函数 $y=ax^k$，$k<0$ 的一段（如图2中A到B）作为分布曲线，可以称之为幂律。这里B对应于系统的规模，下页有进一步说明，A是一个小数，在实际应用中可以是对应于始于0的一个小区间的中点，其中发生的事件最多。——译者

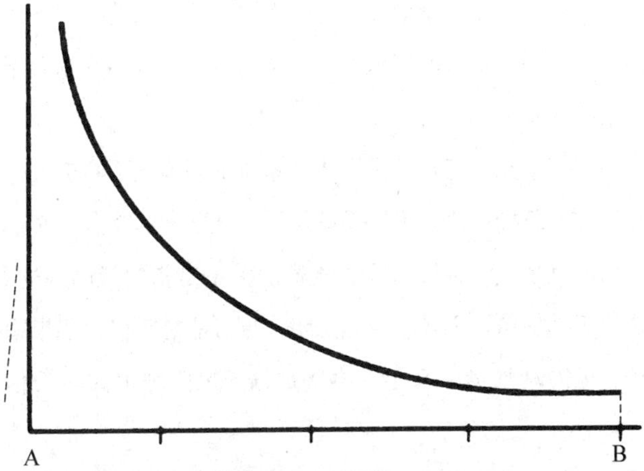

图 2：幂律程度分布曲线

的。这意味着温和事件在钟形曲线分布中更频繁地发生，而在幂律分布中则相对较少。至关重要的是，幂律曲线不会像钟形曲线那样接近水平轴。这条曲线的“尾巴”继续向右侧远处延伸，与水平轴隔开一段距离。这就是著名的幂律“肥尾”，它与钟形曲线的尾巴形成对比，后者几乎触及了水平轴，而幂律曲线的尾巴显得好像不会触及水平轴。这意味着在幂律分布中，极端事件更频繁地发生。

电视和博客中充斥着关于幂律肥尾的讨论，尽管常常更像是陈词滥调而不是对其实质的理解。更少被理解的是规模的作用。为了方便起见，图 2 中所绘的曲线，在某一点结束。然而理论上，它可以永远向右延伸而不会触及水平轴。这种延伸会使灾难的可能程度，达至无法想象的领域，比如十级地震这类从未记录过的某种东西。

尾巴的长度会有限制吗？有的，在某一点，肥尾会竖直下降到水平轴。这一截点标识了系统的界限。系统中的最大灾难，不会超过系统本身的规模。一个例子是偏远岛屿上的活火山。火山与岛屿构成一个处于临界状态的复杂动力学系统。火山爆发可能发生了几个世纪，造成各种程度的破坏。最后火山完全爆炸，岛屿下沉，什么也没有留下。该事件是极端的，但受限于系统的规模——一个岛屿。灾难不可能大于它在其中发生的系统本身。

这是一个好消息。坏消息是，人造系统的规模正不断扩大。电网越来越大并且相互连接更多，道路系统扩展，互联网的节点和交换不断增加。更坏的消息是，灾难性风险和规模的关系是指数级的。这意味着，如果系统的规模加倍，风险不仅是加倍，更可能是十倍。如果系统规模再次加倍，风险增加为一百倍。再次加倍，风险增加为一千倍，以此类推。①

金融市场是一个无可比拟的复杂系统。数以百万计的交易者、投资者和投机者是自主主体。这些主体在其资源、偏好和风险承受度方面各不相同。他们或看好牛市，或看衰熊市，或是长线操作，或是短线炒作。有些人投入几十亿美元，有些人则只有几百块。这些主体紧密连接。他们在交易所、经纪人、自动执行系统和信息流网络中进行交易和投资。

相互依存也是市场的特征。当 2007 年 8 月初次贷危机来袭时，东京股市大幅下跌。一些日本分析家最初对美国次贷危机为什么会影响日本股市感到十分困惑。原因在于，日本的股票是流动的，可以出售回笼现金，以满足美国次贷仓位的保证金要求。这种类型的金融传染，是带有报复性的相互依存关系。

最后，交易者和投资者如果没有适应性，就什么都做不成。他们观

---

① 社会科学家很喜欢用“指数级”来描述函数随变量的快速非线性增长，但往往不甚严格，当然我们也不必苛求，以下只是为热爱数学的读者释疑而已。严格说来，函数 y 随变量 x 的指数级增长意味着 $y=a^x$，这里 a 是一个常数。在本文的例子中，设 a = 10，则当 x 从 1 加倍为 2，y 从 10 变为 100 增加为 10 倍，x 再加倍为 4，y 变为 10 000，增加为 1 000 倍，x 再加倍为 8，y 变为 10^8，增加为 10^7 倍，等等。——译者

察交易流和群体反应，通过信息服务、电视、市场价格、聊天室、社交媒体和面对面的交谈在持续的基础上学习，并作出相应的反应。

资本和货币市场呈现出复杂系统的其他标识。在技术分析人员钟爱的一再出现的价格模式中可以观察到涌现性。峰和谷、“双顶”、“头和肩”以及其他技术图线模式是所有系统因复杂性而产生涌现性的实例。相变——快速极端变化——则以市场泡沫和崩溃的形式出现。

把资本市场作为复杂系统的大部分工作还只是理论性的。然而，首先由伯努瓦·曼德尔布罗特指出，存在着强有力的经验证据证明，某些市场价格的变动幅度和频率呈幂律程度分布[①]。曼德尔布罗特说明，这些价格变动的时间序列具有所谓的“分形维数”。分形维数是大于 1 和小于 2 的一个数[②]，可以表示为一个分数，比如 1½；“分形”与“分数的”在词的形态上有相似之处[③]。一条普通的曲线有一个维度（长度），正方形有两个维度（长度和宽度）。而分形维数 1½ 代表介于两者之间的一种东西。

一个熟悉的例子是日报和财经网站上无处不在的股票价格图。图本身包含多于一条线（有数百条线），但小于整个方形（有大量未被这些线填充的空间）。因此，它具有介于 1 和 2 之间的分形维数。股价上下的不规则起伏是一种涌现性，股价崩溃则是相变。

无论把图线放大为以小时、天、月或年来计，都会出现类似的分形模式。观察货币、债券和衍生品市场的其他图形，也会得到类似的结论。这类图形显示价格的变动，因此风险按照幂律分布，而图线的分形

① 这一对市场价格的分形维数的讨论，见 Benoît Mandelbrot and Richard L. Hudson, *The (Mis) Behavior of Markets: A Fractal View of Risk, Ruin, and Reward*, New York: Basic Books, 2004。

② 这一说法适用于平面上的曲线，广义地，分形维数可以是任何非整数，分形维数与传统数学中的维数有所不同。——译者

③ “分形”的英语单词是 fractal，“分数的”是 fractional。——译者

维数明显大于 1。这些特征与风险正态分布相左，而与复杂系统中事件程度的幂律分布相一致。虽然在这方面还有更多工作要做，但是把资本市场看作具有幂律程度分布的复杂系统是很有说服力的。

这就使分析回到规模问题。什么是货币和资本市场的规模，它又如何影响风险？如果灾难性崩溃是规模的一个指数函数，那么规模的每次扩大都会导致风险的大幅度增加。如今资本市场的规模不断扩大，这就是为什么黑天鹅会持续以更多的数量和更大的力度到来。

对今天资本市场规模的考虑就像试图在英尺、码或米等单位发明以前测量一块场地的大小一样。使用复杂性和临界状态动力学计算市场风险的公认尺度尚未出现。地震在历史上广为人知，但用来测量地震强度和频率的里氏震级直到 1935 年才被创建。地震是复杂性地质板块系统中的相变，用里氏震级测量到的频率与强度间的关系也对应于幂律。股票市场图与地震仪读数的相似（在下面的图 3 中看得很清楚）并非巧合。

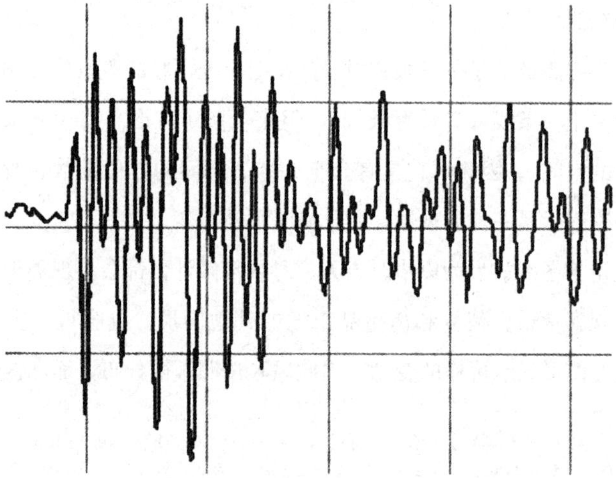

图 3：地震仪读数示例

需要一段时间使实证工作赶上这一领域的理论工作。诺贝尔经济学奖正等待某人来发现最佳尺度并计算出幂律曲线的精确参数。但无须等待这项工作完成，就可以从理论上得出合理的推论。即使在里氏震级提出之前，将建筑物建在已知的地质断层带上也不是一个好主意。同样，即使在缺乏完美实证的今天，忽略资本市场的复杂性和幂律也不是一个好主意。资本主义的大厦可能就会在此期间塌陷崩溃。

当下，我们可以对资本与货币市场风险属性的统计作出有价值的推论。无论用什么标准，市场的规模在过去十年里无疑是急剧增加了。一系列的交易所并购创建了全球性的超级交易所。放松管制，使商业银行得以与投资银行联合运作。失衡的资产负债表运作和分离的中转渠道建立了一个次级的影子银行系统，它已经与可见系统一样大了。2000 年 6 月到 2007 年 6 月间，恰好在市场崩溃之前，外汇衍生品的场外交易金额从 15.7 万亿美元增加到 57.6 万亿美元，增至 367%。同期，利率衍生品的场外交易金额从 64.7 万亿美元增加到 381.4 万亿美元，增至 589%。而在同样的七年里，股票衍生品的场外交易金额从 1.9 万亿美元增加到 9.5 万亿美元，增至 503%。

根据华尔街通常的风险评估方法，这些增幅并不令人担忧。因为它们的组成既包括长线仓位也包括短线仓位，按照风险价值法，这些金额会相互抵消。对于华尔街来说，风险总是在净仓位。如果有 10 亿美元的长线股票仓位和 10 亿美元高度相似的短线股票仓位，那么根据风险价值法，将从长线仓位中减去短线仓位，得出的结论是风险相当低，有时接近于零。

在复杂性分析中，观点则完全不同。不是从长线仓位中减去短线仓位，而是将它们叠加在一起。每 1 美元的名义价值代表了系统中一些主体间的联系。每 1 美元的概念价值创立了某种相互依存的关系。如果相连的一方失败，开始时银行的某净仓位，将立即成为总仓位，因为“对冲”已经消失。从根本上讲，风险在总仓位，而不在净仓位。当总仓位增加至500%时，由于规模与灾难事件大小的指数级关系，理论风险增加至5 000%甚至更多。

这就是2008年金融系统如此惊人崩溃的原因。次级抵押贷款就像是引发雪崩开始的那片雪花。次贷损失实际上低于3 000亿美元，与恐慌的总损失相比，只是一个小数目。然而，雪崩开始后，一切都被卷入其中，整个银行系统处于危险之中。将衍生品和其他工具包括在内，总损失达到6万亿美元以上，比次贷的实际亏损高出了一个数量级。监管者因为忽视了动力学和尺度的临界状态，“没有看到它正到来”，而银行家们则因此不断为问题的规模而感到“惊讶”。监管者和银行家们使用了错误的工具和错误的度量标准。不幸的是，今天他们仍无寸进。

当一个自然系统到达临界点并通过相变崩溃时，它自动经历了一个简化过程，系统规模大大减小，从而降低了出现另一个超极端事件的风险。然而这在所有的人造复杂系统中均不成立。政府以救援和印钞的形式干预，可以暂时阻止一连串失败，但不能使风险消失。风险潜伏在系统中，等待下一个导致不稳定的事件。

解决因系统发展到超大型而造成风险的一种方法，是使系统变小，即为除垢。高山滑雪巡逻队会在每天滑雪前向不稳定的积雪斜坡投掷炸药，就是通过除垢即减少雪的总量来降低雪崩的危险。在今天的全球金融界，相反的事情正在发生。中央银行家们的金融滑雪巡逻队把更多的雪堆上山坡，现在的金融体系比2007年初市场崩溃前更大更集中。

除了全球金融除垢，复杂性风险的另一个解决方案是保持系统的规模不变，但不让任何一个组件增长太大以使系统本身更鲁棒。[①] 这相当于将有更多的规模较小的银行，但资产总额不变。几年前，摩根大通银行还是四家独立的银行：JP摩根银行、大通曼哈顿银行、汉华银行和纽

① 鲁棒（Robust），控制理论术语，意思是可靠、稳健、结实、不易受干扰。——译者

约化学银行。今天若把它再次分割可能使金融体系变得更加鲁棒。事实则相反，与2008年相比，今天美国的银行变得更大，衍生品更多。这使得一场新的崩溃，比2008年更大的崩溃，不只是一种可能，而是一种确定。到了下一次，它真的会大不相同。基于理论，政府将无法制止下一次崩溃，因为下一次崩溃会比政府更大。5米的海堤将面临10米的海啸，堤坝将会倒塌。

复杂性、能量和货币

结合运用行为科学和复杂性理论工具，就可以深入了解，如果货币印制和债务扩张不很快停止，货币战争将如何演变。货币战争的进程将包括美元的一系列胜利，最后是美元的决定性失败。所谓的胜利，至少按照美联储的定义，是货币宽松造成的通货膨胀，迫使其他国家重估货币。结果是美元大幅贬值——正好是美联储想要的。美元的失败，将通过全球达成政治共识，取消美元作为储备货币以及个人弃用美元来实现。

当美元崩溃来到时，它会以两种方式出现——渐进，然后突发。这一模式因为被海明威用来描写个人破产而著名，它是对复杂系统临界状态动力学的一个贴切描述。渐进是指雪花扰乱了一小块雪原，而突发是指雪崩。雪花是随机的，但雪崩是不可避免的。这两个概念很容易掌握，难以把握的是其中发生随机事件的系统的临界状态。

在货币战争的情况下，涉及的基本上是基于美元的国际货币系统。每一个其他市场——股票、债券及衍生品——都基于该系统，因为它提供了资产本身的美元价值。所以当美元最终崩溃时，所有的金融活动都会随之崩溃。

外国投资者对美元的信心可能依然强劲，只要美国公民自己还保持这种信心。因而，美国人对美元丧失信心将是全球性的。一个简单的模型将说明，无论出于什么原因，对美元信心的一次小小的丧失，都可能导致信心的全面崩溃。

我们可以把美国人口作为一个系统来看待。为方便起见，将人口定为 311 001 000，这个数字非常接近实际的人口数。将人口基于各个临界阈值（在这个模型中称为 T 值）划分。系统中个体的临界阈值 T，表示在他对美元失去信心前，有其他 T 个人已对美元失去信心。数值 T 用来衡量个人是否对变化的第一个征兆做出反应，或是等待过程充分发展时才做反应。这是对个人的触发点，然而，不同的行动者会有不同的触发点。这就像问一个人，必须有多少人逃离了拥挤的剧院后，他才会决定逃跑。有些人会在出现麻烦的第一征兆时行动。有些人则会紧张地坐着，但不行动，直到大部分观众开始逃跑为止。也有一些人会最后一个离开剧院。因为系统中有很多行动主体，因此可以有很多临界阈值。

把 T 值分配给五个集团，以显示一个集团对另一个集团的潜在影响。在第一种情况下，如表 1 所示，从最低临界阈值到最高临界阈值的各集团如下：

表 1：美国人口中拒绝美元的假设临界阈值（T）

对于第一个 1 000 人	T ＝ 500
对于下一个 100 万人	T ＝ 10 000
对于下一个 1 000 万人	T ＝ 100 000
对于下一个 1 亿人	T ＝ 10 000 000
对于下一个 2 亿人	T ＝ 50 000 000

这场测试从询问如果有 100 人突然拒绝美元将会发生什么开始。拒绝意味着个人不接受美元作为交换媒介、价值存储、定价和执行其他计价作用的可靠方式的传统功能。这 100 人将不愿意持有美元，而始终把他们获得的美元转换成硬资产如贵金属、土地、房屋和艺术品。他们不会自行将这些硬资产在未来重新转换成美元，而只看重资产的内在价

值。他们将避免以美元计价的纸质资产，如股票、债券和银行账户。

对于这个测试案例，100 人拒绝的结果是什么也不会发生。这是因为系统中个体共享的最低临界阈值是 T = 500。这意味着需要 500 或是更多人拒绝美元才会使这一集团也拒绝美元。在假设的情况下，因为只有 100 人拒绝美元，未达到最敏感集团的临界阈值 T = 500，因而这一集团作为整体不受 100 人行为的影响。由于所有 T 值都高于 T = 500，其他集团的行为也不受影响。没有一个临界阈值被触发。这是随机事件在系统中消亡的一个例子。最初发生了一些事，但后续没有其他事情发生。如果把最先拒绝美元的最大群体固定在 100 人，这个系统就被称为亚临界，意味着它不容易产生拒绝美元的连锁反应。

现在考虑第二种假想情况，如表 2 所示。各个集团的人数与表 1 完全相同。其临界阈值系统与表 1 中的系统几乎完全相同但有两个小差别。第一集团的临界阈值由 T = 500 改为 T = 100。第二集团的临界阈值由 T = 10 000 改为 T = 1 000，其余三个集团的 T 值不变。换句话说，我们仅仅改变了 0.3%人口的偏好而留下 99.7%人口的偏好不变。下面是新的阈值表，其中的两个小变化用加黑显示：

表 2：美国人口中拒绝美元的假设临界阈值（T）

对于第一个 1 000 人	T = **100**
对于下一个 100 万人	T = **1 000**
对于下一个 1 000 万人	T = 100 000
对于下一个 1 亿人	T = 10 000 000
对于下一个 2 亿人	T = 50 000 000

现在，若跟第一种情况一样，有 100 个美国公民拒绝美元，那么将会发生什么？在第二种情况下，100 人拒绝美元将触发 1 000 人的临界阈值，他们现在也拒绝了美元。打个比方，有更多的人从电影院逃跑了。这个 1 000 人拒绝美元触发了下一个 100 万人的临界阈值，他们也拒绝美元。于是现在有 100 万人拒绝美元，下一个 10 万人的阈值已被

超越，于是有额外的 1 000 万人拒绝了美元。到这时，崩溃已然势不可挡。因为有 1 000 万人拒绝美元，下一个 1 亿人加入，不久，剩下的 2 亿人同时拒绝美元——全部美国人口完成了对美元的拒绝。美元作为一种货币单位在国内和国际都已崩溃。这个被称为超临界的第二个系统灾难性地崩溃了。

需要做一些重要的附加说明。这些阈值是假设的；T 的实际值是未知的，也许是不可知的。我们为了方便起见，把 T 值的适用范围分成五档。然而在现实世界中，会有数以百万计的独立临界阈值，所以现实世界比这里显示的要复杂得多。崩溃过程可能不会从一个阈值立即扩展到另一个阈值，而是随着时间的推移逐渐发生，因为信息缓慢传播且各部分反应时间有所不同。

然而这些说明并没有妨害以下要点：初始条件的微小变化会导致灾难程度极其不同的结果。在第一种情况下，对 100 人的最初拒绝没有进一步反应，而在第二种情况下，整个系统崩溃。催化剂相同，99.7%人的偏好也相同。只是 0.3%人口的偏好的小小变化，就足以将结果从平安无事变为彻底崩溃。造成系统从亚临界转为超临界的变化，几乎是零变化。

这对于央行行长和赤字支持者们是发人深省的。政策制定者通常从以下模型出发：假定政策偏好以阶梯形方式继续，并且没有不可预测的非线性崩溃。货币印制和通货膨胀被认为是对总需求不足的回应。赤字被认为是一个可接受的政策工具，因为它通过公共部门的开支刺激总需求的增加。年复一年地印制货币和赤字支出，似乎系统总是处于亚临界状态而不会受到极端的影响。以上模型显示，这不一定成立。从稳定到崩溃的相变，可能因为无法实时检测的个人偏好的微小变化而在不知不觉中开始。这些缺点直到系统崩溃时才被发现，但一切为时已晚。

通过复杂系统如何运作以及如何对美元失去信心的例子，现在我们可以观察货币战争的前线，看看这些理论建构如何体现在现实世界中。

第一次和第二次货币战争的历史表明，货币战争是应对更大的宏观经济问题的最后手段。在过去的一百年里，这些问题涉及过多的无法偿还的债务。今天，是一个世纪以来第三次，债务过剩阻碍了经济增长并推动了货币战争，问题是全球性的。欧洲的主权借贷人和银行的状况比美国的更糟。爱尔兰、西班牙和其他地方的房地产市场繁荣，就像美国的房地产市场一样毫无顾忌。即便是中国，近年来保持着相对强劲的增长和巨大的贸易顺差，但也有过度举债的地方影子银行系统、大规模扩张的货币供应和随时可能破灭的房地产泡沫。

2010年后的世界在许多方面与1920年代和1970年代不同，但大量无法偿还的不可持续的债务正在产生相同的动力学：私人部门的通货紧缩和去杠杆化，被政府的通货膨胀和货币贬值所抵消。这些通货膨胀和货币贬值政策导致了经济在过去崩溃的事实，却无法阻止政府再一次尝试。

避免这些不良后果的前景如何？用什么方式，可以既减少全球债务又推动经济增长？一些分析家认为，在政府开支方面的政治斗争只是故作姿态，一旦事情紧急并且关键的选举过去，人们将头脑冷静地选择正确的事情。另一些人依赖备受争议的有关增长、利率、失业等关键因素的预测，认为赤字处于下跌且可持续的道路上。有充分的理由对这些预测表示怀疑，甚至是悲观。原因与社会本身的动力学有关。货币战争和资本市场本身是复杂系统，但它们也是更大的复杂系统的一部分，并与之相互作用。这些更大系统的结构和动力学是相同的，只是规模更大，因而崩溃的潜力也更大。

复杂系统理论家埃里克·J·蔡森和约瑟夫·A·泰恩特提供了一些理论工具，可以帮助我们理解为什么有计划的开支很可能会失败，从而货币战争和美元崩溃会紧随其后。蔡森是一位天体物理学家，也是关于演化复杂性的一位重要理论家。泰恩特是一位人类学家，也是研究文明崩溃复杂性的一位重要理论家。把他们的理论结合起来应用于受当代政治影响的资本市场，应当对我们有所启发。

蔡森考虑了从宇宙到亚原子的所有复杂系统，特别关注生命和人类——已被发现的最具复杂性的系统之一。在他的著作《宇宙演化》中，他思考了随着复杂性增加的相关能量需求，特别是与能量、时间、复杂性和规模相联系的系统的“能量密度”。

蔡森指出，宇宙最好被理解为辐射和物质之间的定常能量流。① 这种流体动力学创造的能量比转换所需要的更多，从而提供了支持复杂性所需的“自由能量”。蔡森的贡献，是将系统中的自由能量流与密度之比作为复杂性的经验定义。简单地说，一个系统越复杂，维持它大小和空间所需要的能量就越多。从热力学的原始定律出发，通过近来对宇宙中秩序和复杂性增加的精确的局部观测，蔡森的理论得到了充分的支持。

众所周知，太阳使用的能量要比人脑使用的多得多。然而太阳比人脑大得多。考虑到质量的差异，用蔡森的标准单位度量，大脑使用的能量是太阳的 75 000 倍。蔡森也确认了另一个比人脑复杂得多的实体：文明社会。这不足为奇；毕竟，具有大脑的许多个人构成的社会，本应产生比个人复杂得多的东西。这完全符合复杂理论：文明对个别主体而言

① 关于蔡森自由能量率密度的讨论取自 Eric J. Chaisson，*Cosmic Evolution: The Rise of Complexity in Nature*，Cambridge：Harvard University Press，2001。蔡森给出自由能量率密度值 Φm 为：

一般结构	大约年龄（10^9 年）	Φm（ERG $S^{-1}G^{-1}$）平均值
银河	12	0.5
恒星（太阳）	10	2
行星（地球）	5	75
植物（生态环境）	3	900
动物（人体）	10^{-2}	20 000
大脑（人类头盖骨）	10^{-3}	150 000
社会（现代文明）	0	500 000

是一种涌现性，其整体大于各部分之和。蔡森的关键发现是，经过密度调整，文明使用的能量是太阳的25万倍，更是银河的100万倍。

为了理解这对宏观经济和资本市场意味着什么，我们先从将货币看成是被储存的能量开始。货币的经典定义包含“存储价值”的意思，但究竟是什么价值被存储呢？典型的价值是劳动和资本产出，两者都是能量密集型的。在最简单的情况下，面包师用配料、设备和他自己的劳动制作面包，所有这些都使用能量或是其他形式的能量产物。面包师出售面包换取货币，货币代表了他做面包时储存的能量。当面包师购买商品或服务时，这种能量得以释放，例如通过付款转移给粉刷房屋的油漆匠。货币中的能量现在以油漆匠的时间、精力、设备和材料的形式释放出来。货币的作用就像蓄电池。蓄电池充电得到能量，储存一段时间，等需要时重新释放能量。货币储存能量的方式完全一样。

将蔡森的结论应用于市场和社会的实际运作时，需要从能量到货币的转换。蔡森通过估计人类社会的质量、密度和能量流，在宏观水平上进行了处理。而在社会内部个体经济互动的水平上，必须有一个单位来测量蔡森的自由能量流。对此，货币是最方便的量化单位。

人类学家约瑟夫·A·泰恩特根据这个线索，提出了一个更巧妙的投入产出流分析，他也运用了复杂系统理论。利用货币作为能量的模型，便于我们对泰恩特理论的理解。

泰恩特的专长是研究文明的崩溃。自希罗多德记载公元前5世纪波斯的兴起和衰落以来，这就是历史学家和学生们最喜爱的一个课题。在他最雄心勃勃的著作《复杂社会的崩溃》[①] 中，泰恩特分析了超过四千五百年间二十七种不同文明的崩溃，从鲜为人知的缅甸高地克钦文明，到广为人知的古罗马帝国和古埃及的案例。他考察了极大数量的可能因

① Joseph A. Tainter, *The Collapse of Complex Societies*, Cambridge: Cambridge University Press, 1988.

素来解释崩溃，包括资源枯竭、自然灾害、外敌入侵、经济困境、社会功能停滞、宗教和官僚主义的无能等。

泰恩特基于一些同样的基础，就像蔡森和复杂系统理论家所做的那样，论证了文明是复杂系统。① 他指出了随着社会复杂性的增加，维持社会所需的投入将指数级增长——与蔡森有关复杂性的一般量化完全一样。就投入而言，泰恩特并非特指蔡森式的能量单位，而是一系列潜在的储存能量值，包括劳动力、灌溉、作物和商品，所有这些都可以转化为货币并常用于交易目的。同时，泰恩特更进了一步，他指出，不仅投入随着文明的规模指数级增加，就公共商品和服务而言，文明和政府的产出相对于投入呈下降趋势。

这是每个学习微观经济学的新生都熟悉的现象——边际收益递减律②。事实上，社会要求其成员缴纳的税收不断增加，但他们得到的政府服务却不断减少。边际收益一开始有很好的上升弧线，然后持平，之后下降。在这个议题中，我们熟知的边际收益弧线反映了文明的崛起、衰落和毁灭。

泰恩特的主要观点是，随着时间的推移，人与社会之间的关系在收益和负担方面发生了重大变化。有关政府"好"还是"坏"，或税收"高"还是"低"的最好的解决方法，是将社会放在收益曲线上来衡量。在文明的一开始，政府形式的对复杂性投资的收益一般都特别高。在灌溉项目上相对较少时间和精力的投入，就可以在农民人均粮食产量方面产生巨大的收益。在全部人口中分摊的短期兵役制，可以在和平与安全方面产生巨大的收益。一个相对精简的官僚机构组织灌溉、防御和类似

---

① Tainter，上引书。

② 边际收益递减律（The Law of Diminishing Returns）指在短期生产过程中，在其他条件不变（如技术水平不变）的前提下，增加某种生产要素的投入，当该生产要素投入数量增加到一定程度以后，增加一单位该要素所带来的效益增加量是递减的。——译者

的其他工作可以是高效的，而且无须特别监管。

在文明的开端，发明火的研究预算为零，而其好处是无法估量的。值得将它同有少量改进的下一代波音飞机的开发成本进行比较。当超出某个低基数时，对于政府支出增加可能产生的预期收益而言，研究这种动力学具有重要的意义。

随着时间的推移和复杂性的增加，社会投资的收益开始持平并转向下降。初级的灌溉项目完成后，社会开始逐渐扩展此项目，进而需要更长的管道，而得到的水量则逐渐减少。以高效的组织者开始的官僚机构，慢慢转化为效率低下的障碍，更多关注自身的延续而不是服务于社会。社会管理机构的精英们慢慢变得更加关注既得利益，而不是社会整体的福祉。社会的精英阶层由领导转向吸血。他们就像是社会主体身上的寄生虫，经济学家所谓的“寻租”[①]，即通过非生产性手段积累财富就是一个例子。

到了 2011 年，有证据表明，美国在收益曲线上已经明显下降，更多人作了更大的努力，但社会产出却更少，同时，精英们攫取了绝大多数的收入和利润增长。据报道，2010 年二十五名对冲基金经理一共挣了 220 亿美元，与此同时，有 4 400 万美国人还在依赖食品券生活。相对于 2009 年，首席执行官们的工资在 2010 年增加了 27%，与此同时，有超过 2 000 万的美国人失业或被排斥在劳动大军之外，他们仍想要一份工作。为政府工作的美国人，比在建筑业、农业、渔业、林业、制造业、采矿业和公用事业工作的所有美国人还要多。

在停滞不前的经济中，对于精英和大众间寻租关系的最好度量之一是基尼系数——对于收入不平等的衡量指标；更高的系数值意味着更大

① 寻租（Rent-Seeking），寻求经济租金的简称，又称为竞租，是为获得和维持垄断地位从而得到垄断利润（亦即垄断租金）所从事的一种非生产性寻利活动。——译者

的收入不平等。2006 年，美国的基尼系数达到历史最高的 47，与 1968 年的历史最低纪录 38.6 形成鲜明的对照。基尼系数在 2007 年略为下跌，但在 2009 年又接近历史最高值并趋向更高。美国的基尼系数现跟墨西哥的基尼系数差不多，而后者是一个典型的寡头社会，以收入不均和财富高度集中于精英为特征。

对于精英寻租的另一个衡量指标是，收入前 20% 的美国人与贫困线以下的美国人的收入之比。这个比例从 1968 年的低点 7.7 比 1 增加到 2010 年的高点 14.5 比 1。美国的基尼系数和贫富收入比，与泰恩特所述的临近崩溃的文明征兆是一致的。当社会给大众在投入上带来负面收益时，大众会选择退出社会，这将最终导致大众和精英的崩溃。

在这一收益递减理论中，泰恩特发现了导致文明崩溃的变量。传统的历史学家指出是地震、干旱或野蛮人入侵等因素，但泰恩特指出，被野蛮人最终摧毁的文明，在此之前曾多次击退了野蛮人，而被地震最终摧毁的文明，在此之前曾在地震后多次重建。因此，最终起关键作用的不是野蛮人入侵或地震，而是应对。没有征税过度或负担过重的社会，可以积极应对危机和灾后重建，而那些征税过度或负担过重的社会，可能就放弃了。当野蛮人终于推翻了古罗马帝国后，并没有遭遇来自农民的反抗；相反，农民们举双手欢迎。几个世纪以来，农民们为古罗马的货币贬值政策和繁重税收所累，几乎没有收益，所以在他们心中，野蛮人不会比帝国更糟。事实上，野蛮人在一个比古罗马帝国低得多的复杂水平上运作，他们能够以非常低的代价为农民提供基本的保护。

泰恩特还补充了一点，对 21 世纪的社会尤其重要。文明的解体同文明内部个别社会或国家的解体是有区别的。古罗马的覆灭是一种文明的解体，因为没有另一个独立的社会来代替它。反之，欧洲文明在 6 世纪以后从未解体，因为每个解体的国家都有另一个现成的来填补空白。西班牙或威尼斯衰落后，英国或荷兰崛起了。从复杂理论的角度，今天高度集成化、网络化和全球化的世界越来越像古罗马帝国中相互依赖的各行省，而不是中世纪和现代欧洲的各自治国家。在泰恩特看来："崩溃，当它再次来临时，将会是全球性的，而不是个别国家的崩溃。世界文明作为一个整体，将分崩离析。"

总之，蔡森展示了一个高度复杂的系统（如文明），如何需要指数级增加的能量投入来产生增长，泰恩特则展示了那些文明如何变得正投入、负产出，从而最终崩溃。货币作为投入/产出度量适用于蔡森模型，因为它是储存能量的一种形式。资本和货币市场则嵌套在泰恩特文明模型更大的复杂系统中。随着社会变得更复杂，它需要指数级增加的大量货币支持。发展到某一点时，生产率和税收不再能维持社会，于是，精英们试图伪造投入，采用信贷、杠杆化、贬值和其他形式的假货币，方便寻租而不是生产。这些方法在短期内会起作用，直到由债务推动的虚假增长幻觉，被收入不均日益扩大情况下财富丧失的现实所取代。

在这一时刻，社会面临三种选择：精简、征服或崩溃。精简是一种清理社会的自愿的努力，以便让投入/产出比回到更可持续且更富生产力的水平。精简当代复杂系统的一个实例，是华盛顿特区将其政治权力和经济资源，移交给再度复兴的联邦制度下的五十个州。征服是用武力从邻国获取资源以提供新的投入。货币战争是不使用暴力进行征服的一种尝试。崩溃则是一种突然的、非自愿的和混乱的简约形式。

华盛顿是新的古罗马帝国吗？是不是因为华盛顿和其他主权国家在更高税收、更多监管以及更多官僚主义和自私行为的道路上走得如此之远，以至于社会投入产生了负收益？是否有一些企业、金融和机构精英与政府有如此紧密的联系，以至于他们可以因为对社会的负面效应而获得不相称的收入呢？是否所谓的市场现在已经被操纵、干预和救市所扭曲，无法再提供可靠的价格信号以分配资源呢？是否那些对扭曲价格信号最应该负责任的当事人，同时也是收受不当分配资源的人呢？当野蛮人下一次来临时，与崩溃和让精英们自生自灭相比，普通民众奋起抵抗的回报又是什么呢？

历史和复杂性理论表明，这不是意识形态问题。相反，它们是分析性问题，其相关性被五千多年文明的经验和对一百亿年来越来越复杂的自然的研究所证实。科学和历史提供了一个完整的框架，运用能量、货币和复杂性来理解货币战争中的美元崩溃风险。

最重要的是，我们直接关注的货币、资本市场及衍生品是社会的发明，因此也可以被社会所改变。最坏情况的动力学令人气馁，但并非不可避免。从崩溃的边缘后退一步并且在全球以美元为基础的货币体系中恢复一些安全边际还不算太晚。不幸的是，我们面前充斥着精英们违背常识的解决方案，他们控制着系统并借助复杂性牟利。递减的边际收益对社会并无好处，但对那些处于投入接收端的人而言却十分有利——至少直到投入枯竭为止。今天，精英们正在以税收、救市、抵押贷款欺诈、对消费者的高利贷和高收费、欺骗性的衍生品和奖金等形式，劫掠社会的金融资源。由于大众被寻租的总量所压垮，崩溃更趋可能。金融必须回复其为产业服务的本色。复杂理论指出了通过精简和机构规模的缩小实现安全的途径。难以置信的是，财政部长盖特纳和白宫正在积极打造更大规模且更高度集中的银行业，包括寓于国际货币基金组织的全球中央银行原型。在这一运作中，任何成功都将直接加速美元的崩溃。

第十一章　终曲——纸币、黄金或混沌？

“我只想向大家明确地说明，我们的政策一直并将永远是……坚挺的美元是我们作为一个国家的利益所在，我们永远不会采取以下策略：以牺牲贸易伙伴为代价，试图削弱我们的货币以获得经济优势。”

美国财政部长蒂莫西·F·盖特纳

2011年4月26日

“不，他们不能判我私造货币的罪名，我就是国王。”

威廉·莎士比亚，《李尔王》

极少有国际货币基金组织或全球央行的经济学家或政策制定者，会接受前一章以复杂性为基础的“金钱即能量”的模型。虽然物理学和行为科学基础扎实，但主流经济学家却并不太欢迎跨学科的方法。中央银行家们的模型中没有美元的突然崩溃。然而主流经济学家和中央银行家们都很清楚，美元疲软和新货币战争所引起的国际货币稳定性风险。采用从传统到前沿的一系列观点，我们可以预测美元的前景——姑且称之为美元末世四骑士。按破坏性的顺序从小到大，它们分别是：多种储备货币、特别提款权、黄金与混沌。

多种储备货币

一个国家的储备就像一个人的储蓄账户。个人从工作中获得收入，并持有各种形式的债务，但保有一定的储蓄以为今后或紧急情况下使用。这些储蓄可以用来投资股票和期货，或存入银行。一个国家对其储备可以有相同的选择。它可以用主权财富基金投资股票或其他的资产类型，或保留一部分用于流通票据或黄金。流通票据可以是用不同货币计价的债券，每种货币都可以称为储备货币，因为各国用它们来投资并将其储备多样化。

自从 1944 年布雷顿森林体系出现以来，美元一直是最主要的储备货币，但是，它从来不是唯一的储备货币。国际货币基金组织有一个全球数据库，显示各国官方储备组成中包含美元、欧元、英镑、日元和瑞士法郎。近期数据显示，美元占已知储备的 61%以上，剩余的组成部分中，欧元刚刚超过 26%。国际货币基金组织报告，过去十年里美元占比缓慢但稳步下滑；2000 年，美元占储备总额的 71%。美元储备的这种下滑是规则的而不是大起大落的，这与欧亚之间和亚洲内部的贸易扩展相一致。

美元在国际贸易和储备占比中的弱化趋势提出了一个问题，当美元不再占主导地位，而只是几种储备货币之一时会发生什么？美元主导地位的转折点是什么？是占总储备量的 49%，还是美元与第二大储备货币（可能是欧元）占比相当之时？

贝里·艾辛格林是这个领域中的杰出学者，他也是世界正在等待多种储备货币格局的主要支持者。① 在一系列的学术论文和最近颇为热门

① 关于艾辛格林对多种储备货币前景的观点，见 Barry Eichengreen，*Exorbitant Privilege: The Rise and Fall of the Dollar and the Future of the International Monetary System*，Oxford：Oxford University Press，2011；Barry Eichengreen，“The Dollar Dilemma：The World's Top Currency Faces Competition，” *Foreign Affairs*，September/October 2009：53 – 68。

的书籍和文章中，艾辛格林和他的合作者指出，1944 年美元突然起到主要储备货币的作用，实际上并非是布雷顿森林体系的结果，而是早在 1920 年代中期就发生了。他还指出，主要储备货币在美元与英镑之间的转变，是在英镑于 1920 年代失去主导地位时发生的，但在 1933 年罗斯福的美元贬值后又被逆转了。有证据表明，多种储备货币的世界不单是可行的，而且已经在第一次货币战争中实现了。

艾辛格林的结论是，多种储备货币和没有单一主导货币的世界，可能再次成为一个前景。这次，吸引公众注意的是美元和欧元，而不是美元和英镑。这种观点也随时间打开了进一步改变的大门，最终人民币将加入美元和欧元，共同起到主导作用。

在艾辛格林乐观的解释中，我们缺乏的是一种系统性支柱——如美元或黄金——的作用。美元和英镑在 1920 年代和 1930 年代用于交易场所，无论什么时候，至少其中有一个是与黄金挂钩的。事实上，美元和英镑可以相互替代，因为它们都是与黄金挂钩的。有时确实会发生货币贬值，但每次贬值后，其与黄金的挂钩均会被重置。在布雷顿森林体系确立后，这一支柱由美元和黄金构成，自 1971 年以来，美元是主要的储备货币。战后，世界上总需要有一个参考点，从未有过使用多种纸质储备货币而无一种支柱的情况发生。结果是，艾辛格林的世界是一个储备货币漂移的世界。不只是一家中央银行如美联储可以滥用职权，若干家央行都可以做同样的事情。在这种情况下，不会有作为避风港的安全的储备货币，市场将更加动荡和不稳定。

在艾辛格林的看法中，有一个关于区域货币集团的令人不安的变数，其中居局部主导地位的是美元、欧元、人民币，也有可能包括在东欧和中亚这些区域有影响力的俄罗斯卢布。根据复杂系统中众所周知的自组织模型，这样的集团会自发地出现。区域货币集团可能很快就变成区域贸易集团，从而使全球贸易减少，这无疑与艾辛格林这类多种储备货币倡导者所设想的恰好相反。

艾辛格林预期，在多种储备货币中会出现所谓的良性竞争。他所称的不健康的竞争模式和功能障碍，被经济学家们称为“竞次”。当主导的中央银行通过网络效应并同时借助印钞滥用储备，从而锁定其在区域中的主导地位时，这种情况有可能出现。对于多种储备货币模式倡导者的最佳建议是，“大胆假设，小心求证”。缺乏黄金或单一的货币支柱，是一种未经试用检验的模型。可能正是因为缺乏支柱，尽管美元困难重重，但它仍然继续占据着主导地位。

特别提款权

国际货币体系中也许没有其他特点会像特别提款权那样，对于非专业人士而言始终笼罩在神秘和混乱中。其实不应如此，因为特别提款权是一种简单的工具。特别提款权是世界货币，受控于国际货币基金组织，无须任何支持，可随意印刷。一旦国际货币基金组织发行了一份特别提款权，它就会舒舒服服地待在接收人的储备账户中，与其他储备货币相同。在国际金融中，特别提款权体现了 1985 年热门电影《横财就手》[①] 中的心态。

专家们反对使用“货币”这个词来描述特别提款权。毕竟，个人无法得到它，如果你走进一家酒店，试图用特别提款权买几瓶葡萄酒，是不会成功的。然而，特别提款权确实在许多方面满足了传统的货币定义。特别提款权是价值的储存，因为国家保留其储备的一部分作为特别提款权计价的资产。它也是交换媒介，因为有贸易赤字或盈余的国家，

---

① 《横财就手》（*Money for Nothing*），拉蒙·门内德兹导演的 1993 年美国电影。运钞车意外地将百万现金遗失在公路旁，码头工人乔伊无意中发现这笔不义之财。捡到巨款的事渐渐在小镇中传开并引起轩然大波，而此时警方已介入调查，并盯上了乔伊。为了躲避警方追捕，乔伊和女友开始了逃亡之旅。——译者

可以使用特别提款权计价的工具，与其他国家结算它们本地货币的贸易差额。最后，特别提款权是一个国际计账单位，因为国际货币基金组织用特别提款权单位来记录其会计账目与资产负债表。特别提款权与货币的不同，在于公民和企业在私人业务中不能使用它。不过在国际货币基金组织内部，已在筹划创建这样一个私人市场。

另一个反对把特别提款权作为货币的理由基于以下事实：特别提款权被定义为一篮子其他货币，如美元和欧元。持有这一观点的分析家说，特别提款权并没有独立于篮子内货币的价值或目的，因此不是单独的货币形式。这并不正确，理由有两个。第一个理由是，特别提款权的发行数量不受篮子内基础货币数量的限制。那些基础货币是用来计算特别提款权的价值，但不是用来限制其数量的——特别提款权的潜在发行数量不受限制。这给予特别提款权一个不与篮子里的货币挂钩，即“浮动”的数量。第二个理由是，篮子本身是可以改变的。事实上，国际货币基金组织正在计划改变它，以减少美元的作用并增加人民币的作用。这两个元素——不受数量限制的发行以及变化的篮子，使得特别提款权作为货币在国际金融中的作用，在任何时刻都独立于一篮子货币中的任何一个。

国际货币基金组织在1969年国际货币危机中创造了特别提款权。经常性的汇率危机，猖獗的通货膨胀和美元贬值，使得全球流动性和许多国际货币基金组织成员的储备头寸备受压力。1969年和1981年间，国际货币基金组织发行和分配了若干特别提款权，但是数量相对较少，按2011年4月的兑换率相当于338亿美元。此后的二十八年间，没有发行特别提款权。有趣的是，1969年的最初特别提款权以黄金的重量定值。黄金特别提款权于1973年被放弃，并用纸质货币篮子的特别提款权来代替，一直沿用至今。

2009年，缘起于2008年的恐慌和随后金融机构和消费者在资产负债表去杠杆化时所产生的损失，令世界再次面临极端的流动性短缺。世界迫切需要货币，于是国际货币系统的领导者在1970年代的脚本中寻找答案。这一次的努力，并非来自国际货币基金组织本身，而是出自于二十国集团将国际货币基金组织作为全球性货币政策的工具。这次的特别提款权数额巨大，按2011年4月的兑换率相当于2 890亿美元。这一次全球性的救急印钞几乎没有受到任何金融出版物的注意，因为它们当时正忙于报道股市和房产价格的崩溃。然而，这是二十国集团和国际货币基金组织推动特别提款权替代美元作为全球储备货币的一个新的共同努力的开始。

美元、欧元和人民币不会在新的特别提款权的全球货币制度下消失；它们仍将在纯粹的国内交易中使用。美国人仍会用美元购买牛奶或汽油，叙利亚人也可以用叙利亚镑做同样的事情。然而，在全球的重要交易如国际贸易发票、国际银团贷款、银行救助和国际收支结算中，特别提款权将是新的世界货币，而美元将是其从属部分，受制于二十国集团的指令从而定期贬值和降低在货币篮子中的份额。

除了直接印制特别提款权，国际货币基金组织已把特别提款权的借贷能力从危机前的水平翻了一番以上，从（相当于）2 500亿美元上升到2011年3月5 800亿美元的新水平。借贷能力的这一扩展，是通过成员国向国际货币基金组织贷款实现的，后者用特别提款权票据作为交换。这种借贷的目的，是为了使国际货币基金组织能给予处于窘境中的成员国一定的贷款。国际货币基金组织现在处于这样的地位：在二十国集团的领导下，作为其事实上的董事会，以特别提款权为货币形式，实施中央银行的两个关键功能——创造货币并充当最后的借贷人。1969年国际货币基金组织创建人的远见，已在更广大的范围里收获颇丰。全球性的中央银行指日可待。

即使有这些扩展的发行和借贷设施，特别提款权仍远不能取代美元作为国际主要储备货币的地位。为了使特别提款权成为储备货币，持有者将需要一个巨大的可流动的共同资金池，其中有可供投资的不同期限的资产，以便他们将余额投资以保值和增值。这就需要有公共的和私人的工具，一级交易商网络以及提供流动性和杠杆化衍生品的特别提款权债券市场。这样的市场会在长时间里零星出现；然而，因为其他的流动资金来源枯竭，二十国集团和国际货币基金组织没有时间等待。2011年，美联储面临着由其单独提供全球流动性能力的极限。此时，人民币尚未能承担外汇储备货币的角色。欧元则有它自己的问题，源于外围成员国的主权债务危机。国际货币基金组织需要加速特别提款权的推行，需要某种路线图。2011年1月7日，国际货币基金组织提供了这样一张路线图。

在题为“提高国际货币的稳定性——特别提款权的作用?”的文章中，国际货币基金组织提出了创建流动性特别提款权债券市场的一张蓝图，用特别提款权替代美元作为全球储备货币的先声。国际货币基金组织的文章确定了两种潜在的特别提款权债券发行人，世界银行和区域发展银行，以及潜在的买家，主权财富基金和全球性公司。文中包含了对债券的到期结构和定价机制的推荐，以及清算、结算和融资的详细示意图。文章建议，随着时间的推移，更改特别提款权篮子以提高人民币的权重并降低美元的权重。

国际货币基金组织的研究对这项任务的速度和隐蔽性持乐观态度。“经验……建议，这一过程可能相对较快，且不需要涉及重大的公众支持，”它如此陈述。国际货币基金组织并未试图掩饰其意图，它解释说：“这些证券可能构成全球性货币的一个胚胎。”该文还列出了特别提款权货币的印制时间表，称每年2 000亿美元的特别提款权发行，会让全球货币有一个良好的开端。

私人组织和学者也在这场讨论中作出了贡献。诺贝尔奖得主约瑟夫·斯蒂格利茨领导下的一组跨国经济学家和央行行长，建议可以将特别提款权发行给国际货币基金组织的成员国，然后存回国际货币基金组织以资助其贷款计划。这将加速国际货币基金组织担当全球央行的角色，甚至比它自己建议的更快。除了已有的货币发行人和最后借贷人的功能，再增加接受存款的作用，将使国际货币基金组织成为实际上的全球央行，只是没有名分而已。全球央行和世界货币的崛起，将使美元和美联储自然地处于从属地位。

国际货币基金组织以上所推崇的一切，是全球权力精英对于货币战争和美元潜在崩溃的回答。特里芬难题[①]将一劳永逸地解决，因为不再有单一国家承担提供全球流动性的重任。现在，货币可以在全球印制，不受主要储备货币发行者需要贸易平衡的约束。

最重要的是，从国际货币基金组织的角度来看，其印钞业务不受民主监督或问责。国际货币基金组织制订全球特别提款权货币计划时，还提出增加中国的投票权重，并减少法国、英国和荷兰等国家的投票权重。有趣的是，这种新的投票安排，使得国际货币基金组织的前二十名成员更接近于二十国集团的国家名单。两组二十国并不完全相同，但很快会趋向一致。

国际货币基金组织的反民主倾向十分明显，这被称为“政治考量”。特别提款权蓝图要求任命一个“杰出专家咨询委员会”，就新的特别提款权系统中的发行数量提供指导。这些“杰出专家”也许将遴选于导致

① 1960年，美国经济学家罗伯特·特里芬（Robert Triffin）在其《黄金与美元危机——自由兑换的未来》一书中提出布雷顿森林体系存在着其自身无法克服的内在矛盾：“由于美元与黄金挂钩，而其他国家的货币与美元挂钩，美元虽然因此而取得了国际核心货币的地位，但是各国为了发展国际贸易，必须用美元作为结算与储备货币，这样就会导致流出美国的货币在海外不断沉淀，对美国来说就会发生长期贸易逆差；而美元作为国际货币核心的前提是必须保持美元币值稳定与坚挺，这又要求美国必须是一个长期贸易顺差国。这两个要求互相矛盾，因此是一个悖论。”这一内在矛盾在国际经济学界称为“特里芬难题（Triffin Dilemma）”正是这个“难题”决定了布雷顿森林体系的不稳定性和垮台的必然性。——译者

2008年国际货币系统濒临毁灭的同一批经济学家和央行行长。无论如何，都不会有民主社会里的公开听证会和新闻监督，一旦指定就可以秘密运作。

约翰·梅纳德·凯恩斯有一句名言："没有比滥发货币更精妙且更有把握地破坏社会存在基础的手段了。这一过程调动经济法则中的所有隐藏力量来进行毁灭，其实施方式百万人中无一能判断。"如果百万人中无一能理解货币贬值，也许千万人中无一能了解国际货币基金组织的内部运作。在国际货币基金组织实施其特别提款权取代美元的计划之前，我们是否能对这些内部运作有一个更全面的了解，尚有待观察。

归根结底，国际货币基金组织在其蓝图中宣布的特别提款权计划是一种权宜之计，而不是解决方案。它创建新的法定货币来对抗迫在眉睫的法定货币制度的失败。它将纸币的问题用一种新的纸币掩盖起来。

然而，该计划有两个致命缺陷。首先是时机——国际货币基金组织的新特别提款权方案能在下一次金融危机出现之前实施吗？创造一种如国际货币基金组织所设想的新货币，至少需要五年，也许会更久。由于美国不断增长的预算赤字、欧洲未解决的主权债务危机和中国的资产泡沫，世界未见得能在货币体系崩溃之前广泛运用特别提款权。

其次是美国的作用。美国在国际货币基金组织拥有足够的投票权以停止特别提款权计划。2009年以来，特别提款权的印制和借贷的扩展是在美国的合作下完成的，契合奥巴马政府对于多边而不是单边解决全球问题的偏爱。一个新的美国政府可能会采取完全不同的观点，而且国际货币基金组织的替代美元的战略很可能成为新一届总统竞选的话题。但目前来看，特别提款权是全球货币奖池中生气勃勃的强大竞争者。

回归金本位

与国际金融的其他主题相比，黄金更容易产生慷慨激昂的争论，既有拥护的也有反对的。金本位的反对者很快就会引用凯恩斯的老话，说黄金是一个“野蛮人的遗迹”。传奇投资者沃伦·巴菲特说，全世界所有的黄金合在一起，也只是一大块闪闪发光、没有产出和收入潜力的金属。当权派人物罗伯特·佐利克①只是在2010年11月的讲话中提到了“黄金”一词，就几乎使精英们当场晕倒，尽管他离开呼吁金本位还差着十万八千里。一般对于精英们而言，提倡黄金被认为是愚蠢和脑子进水了，出自那些不欣赏现代货币供应“灵活”和“扩张”好处的笨蛋们。

在提倡黄金者眼中，现代中央银行家就像魔法师一样，无中生有地变出货币，稀释了劳动阶级的血汗储蓄。对立双方的立场相差如此之远，很难想象其他的金融议题中会有类似的状况。

不幸的是，拥护者和反对者根深蒂固的立场，扼杀了黄金在21世纪货币体系中发挥作用的想法。黄金的稳定性已经得到证明，而货币供应管理中必须保有一定的自由度，出于意识形态的考虑，人们不愿意将两者协调，以应对危机和纠正错误。但事实上早就需要这样一种协调了。

黄金不是日用品。黄金不是投资。黄金是最出色的货币。它是真的稀缺——历史上产出的所有黄金，堆在一起大致相当于一个每边为20米的立方体，大约有一个郊区小办公楼那么大。新开采的金矿供应以相

---

① 罗伯特·佐利克（Robert Zoellick），世界银行行长，先后获得哈佛大学公共政策硕士学位和法学博士学位，2006年担任高盛集团主管国际事务的副董事长、常务董事和高盛集团国际顾问委员会主席。2007年7月1日就任世界银行第十一任行长，2012年6月卸任。——译者

当缓慢和可预测的速度增长，每年约 1.5%。这太过缓慢而不容许有多少通货膨胀；事实上，温和的持续通货紧缩是金本位最有可能的结果。黄金的密度很大；相当重量的黄金可以被压缩在与其他金属相比小得多的空间内，以作为基础货币。黄金的化学性质稳定，是具有固定性质的一种元素，在周期表中的原子序数为 79。石油或小麦这样的大宗商品可以在许多层级上用来支持货币供应，但其使用要复杂得多。黄金不会生锈或玷污，实际上不可能被销毁，除非用特殊的酸或炸药。它的延展性强，容易制成硬币和条块。最后，它是比任何竞争对手都有更久远记录的一种货币——五千年以上，这显示了它对于许多文明和文化在不同环境中的效用。

鉴于其稀缺性、耐用性、稳定性和其他属性，将黄金作为货币的提议似乎十分有力。但是现代的中央银行家和经济学家们并不屑于将黄金视为货币的一种形式。其缘起可以追溯到第一次和第二次货币战争，以及大萧条和布雷顿森林体系的破裂。研究大萧条的领军学者本·伯南克，美联储主席，是反对将黄金作为货币本位的最强大对手之一。要将论辩向前推进，黄金鼓吹者们需要考虑并最终驳倒他的观点。

伯南克对黄金和大萧条的研究，首先引用了彼得·特明（大萧条研究的领军学者之一）、艾辛格林和其他人著作的大段文字，以说明 1924 年到 1936 年间金汇兑本位与世界经济整体之间的联系。伯南克总结如下：①

> 废弃金本位的国家能够刺激其货币供应和价格水平，并在一段延迟后做到了；保留金本位的国家将被迫进一步通缩。压倒性的证据显示，那些废弃金本位的国家从衰退中复苏的速度，要比保留金

① Ben Bernanke，“The Macroeconomics of the Great Depression：A Comparative Approach，” *Journal of Money，Credit and Banking* 27 (1995)：1 – 28.

本位的国家更快。事实上，没有一个保留金本位的国家有重大的经济复苏。

经验证据证实了伯南克的结论，但这些证据只是说明所有货币战争的核心是以邻为壑式的。与上面所述一样，我们可以指出以下也成立的事实：如果一个国家侵略和掠夺了另一个国家，它将更富裕而受害者将更贫穷。问题在于这是不是一种理想的经济模型。

1931 年如果法国与英国同时脱离金本位，英国相对于法国的优势就会消失。事实上，法国等到 1936 年才实行贬值，这让英国在此期间从法国窃取了增长。结果没什么可惊讶的——事实上，完全是可以预计的。

今天，在伯南克的指导下，美国正在努力实施英国在 1931 年所做的事情——贬值。伯南克成功地在绝对基础上将美元贬值，黄金价格多年来的上涨便是证据。然而，他使美元相对于其他货币这一相对基础贬值的努力更加持久。美元相对于其他货币波动，但没有明显地对所有货币一致贬值。取而代之的是，所有主要货币都对黄金贬值。结果是全球性的大宗商品通胀，以邻为壑被贫穷世界所取代。

为了支持其将大萧条的严重性和长期性部分地归咎于黄金的观点，伯南克发展了一个六要素模型，以此说明央行创造的国家基础货币，银行体系创造的更大的货币供应，黄金储备的数量和价格，以及外汇储备之间的关系。①

① Bernanke，上引文章。伯南克的具体模型是：M1 = (M1/BASE) × (BASE/RES) × (RES/GOLD) × PGOLD × QGOLD，其中 M1 = M1 货币供应（流通中的货币和票据加上商业银行存款），BASE = 货币基础（流通中的货币和票据加上商业银行储备），RES = 中央银行的国际储备（外国资产加上黄金储备），以国内货币计价，GOLD = 中央银行的国际储备 = PGOLD × QGOLD，PGOLD = 黄金的官方国内货币价格，和 QGOLD = 黄金储备的数量（例如吨）。

伯南克的模型就像是一个倒置的金字塔，黄金和外汇在底部，美联储创造的货币在黄金之上，由银行创造的更多货币在顶部。诀窍是拥有足够的黄金，使得倒置的金字塔不会倾侧。直到 1968 年为止，美国法律规定了金字塔底部的黄金的最低数量。大萧条时期，按一个固定美元价格计算的黄金价值，必须至少等于 40%的联邦货币，但没有规定最高数量。这意味着即使黄金的供应量增加，美联储的货币供应量也可以收缩。当银行家们去杠杆化时就会发生这种情况。

伯南克观察到：

> 金本位国家的货币供应量——如天真的金本位观点所建议的，远低于货币化黄金的价值——常常是黄金储备价值的很多倍。在 1930 年代，货币黄金总库存持续增长；因此，可以观察到……货币供应量的急剧下降，完全归因于平均货币-黄金比的收缩。

即使在充足的黄金储备下，货币供应量仍然可能收缩，伯南克对此给出了两个原因。第一个涉及央行的政策选择，第二个涉及储户和私人银行家对金融恐慌的反应。基于这些，伯南克总结说，在金汇兑本位下，存在两个货币供应的均衡点。一个在信心高涨和杠杆比扩张时存在。另一个在信心低落和杠杆比收缩时存在。当缺乏信心而通过去杠杆化导致货币收缩时，这个过程可能进一步降低信心，导致银行资产负债表进一步收缩，以及支出和投资下降。伯南克总结道："因为对其自我确认期望的脆弱，金本位似乎相当类似于一个……缺乏存款保险的银行系统。"这又是默顿式的自我实现预言。

对伯南克、艾辛格林、克鲁格曼和自 1980 年代以来自成一统的一代学者而言，这就是确凿的证据。黄金是货币供应的基础，因此黄金是当需要更多货币时对货币扩张的限制因素。这里有分析的和历史的证据，支持艾辛格林的验证和伯南克的模型，即黄金是造成大萧条的重要因素。在他们的心目中，这些证据表明，是黄金促成了大萧条，越先脱离金本位的就越先复苏。从此，黄金丧失了作为货币工具的信誉。结案。

尽管在这点上大家看法一致，但是反对黄金的学术观点有一个重大缺陷。反对黄金的观点与黄金本身无关；它与政策有关。我们可以通过伯南克的模型来看，从而考虑大萧条背景下的替代情景。

例如，伯南克考虑了基础货币与黄金和外汇总储备的比例，有时称为覆盖率。在1930年代初，黄金流入美国，美联储原本可以让基础货币供应量扩张至黄金价值的2.5倍。但美联储并没有这么做，实际上相应减少了货币供应量，从而部分地抵消了黄金流入的扩张性影响。所以这取决于美联储的政策选择。减少货币供应量与否，无论与黄金是否有关都可能发生，因此，这是一种与黄金供应量无关的政策选择。将货币供应紧缩归咎于黄金，无论在历史上和分析上都是错误的。

伯南克指出，1930年代初银行业的恐慌，以及银行和储户们的倾向性，使得广义货币①供应量与基础货币间的比例减少。反过来，相对

---

① 国际上大致的划分是：

- 狭义货币（M1）= 流通中的现金 + 支票存款（以及转账信用卡存款）
- 广义货币（M2）= M1 + 储蓄存款（包括活期储蓄存款和定期储蓄存款）

另外还有M3 = M2 + 其他短期流动资产（如：国库券、银行承兑汇票、商业票据等）

我国现行对货币层次的划分是：

- M0 = 流通中的现金
- 狭义货币（M1）= M0 + 可开支票进行支付的单位活期存款
- 广义货币（M2）= M1 + 居民储蓄存款 + 单位定期存款 + 单位其他存款 + 证券公司客户保证金

另外还有M3 = M2 + 金融债券 + 商业票据 + 大额可转让定期存单等；

其中，M2减M1是准货币（Quasi-money），M3是根据金融工具的不断创新而设置的。

M1反映经济中的现实购买力；M2不仅反映现实购买力，还反映潜在购买力。若M1增速较快，则消费和终端市场活跃；若M2增速较快，则投资和中间市场活跃。中央银行和各商业银行可以据此判定货币政策。M2过高而M1过低，表明投资过热、需求不旺，有危机风险；M1过高M2过低，表明需求强劲、投资不足，有涨价风险。以上取自智库百科。——译者

于外汇，银行家们更偏爱用黄金作为其储备。这两种观察在历史上都是正确的，但与黄金本身没有必然的联系。广义货币供应量与狭义货币供应量之比并不需要涉及黄金基础，而且随时都可能发生——事实上已经在2008年恐慌后发生了。中央银行用黄金替代外汇，代表了各国央行的另一种政策选择。各国央行同样也很容易表现出相反的偏好，增加外汇储备。

除了对伯南克特定历史分析的反驳，各国央行可以在1930年代采取许多行动来缓解不受黄金约束的银根紧缩局面。美联储可以用新印刷的美元购买外汇，相当于现代中央银行的货币互换额度行动，从而将美国和外国的储备头寸都加以扩张，以便支持创造更多的货币。1960年代创造的特别提款权要解决的，正是1930年代的储备不足问题。如果1930年代类型的全球流动性危机再次出现，就可以发行特别提款权以提供外汇兑换的基础，从而使货币创造和贸易融资流动起来——正如在2009年经历过的那样。类似举措将会实施，以避免世界贸易的全球性衰退和全球紧缩。同样，这种类型的货币创造可以完全不用考虑黄金。这类举措的失败并不是黄金的失败，而是政策的失败。

1930年代的央行，特别是美联储和法国银行，即使在金兑换本位下，也并未尽可能地扩大货币供应量。这是大萧条的主要原因之一；但是，起限制作用的不是黄金，而是央行们缺乏远见和想象力。

有人怀疑伯南克反对黄金的真正原因，并不是因为它在1930年代妨碍了货币供应量的增长，而是因为它可能在今日的某一时刻发挥同样的作用。在大萧条时期，银行家的失败在于未能完全运用货币创造的能力，虽然这种能力从来都不是不受限制的。伯南克也许是希望保留央行行长们创造无限量货币的能力，但这就要求脱离金本位。自2009年以来，伯南克和美联储一直在测试现实世界条件下创造无限量货币的政策。

将大萧条归咎于黄金就像因银行被抢劫而指责出纳员一样。出纳员在抢劫发生时或许在场，但她没有犯罪。大萧条和货币紧缩的罪不是黄金造成的，而是中央银行家们一系列本可避免的政策失误造成的。在国际金融中，黄金不是政策，它是一种工具。将大萧条的悲剧归于金本位名下，对于寻求无限印钞能力的中央银行家们实在是方便。应该为大萧条负责的，是中央银行家而不是黄金，指责黄金的经济学家们只是为无限量的法定货币辩护寻找一个借口而已。

如果黄金从大萧条元凶的错误指控中恢复名声，今天它能不能发挥建设性的作用？21 世纪的金本位会是什么样的？

在博客和网上聊天室里，一些强烈主张金本位的支持者也无法清晰解释其确切的意思到底是什么。通常的感觉是，货币应该与一些有形的东西相联系，当然，中央银行不应该无限制地创造货币。困难的是，怎么把这些观点转变为具体的、能够应对周期性恐慌和衰退挑战的货币制度。

在最简单的金本位——纯金本位之下，美元被定义为特定数量的黄金，发行美元的机构拥有足够数量的黄金，可以在一对一的基础上，按指定的价格赎回已发行的美元。在这类系统中，纸币实际上是美元持有人放在保险箱里并随时可以赎回黄金的一张收据。在纯金本位下，如果没有通过新的金矿开采或其他采购扩大黄金供应，就不可能扩大货币供应量。这类系统将导致经济进入温和的通缩，因为全球的黄金供应量每年增加约 1.5%，而实体经济在理想的条件下能够保持 3.5%的增长。假定其他因素不变，价格就会每年下降 2%左右，以平衡每年 3.5%的实际增长和 1.5%的货币供应量增加。这种通缩会抑制边际借贷①。纯

① 边际借贷（Borrowing at the Margin）是指借贷投资。用自己的储蓄和借贷基金使你能进行更多的投资，与仅用储蓄投资相比，获取的回报可能更高。与物业投资者预付 20%～30%的保证金类似，边际借贷款也允许你用 20%的保证金购买某一股票或者基金或者投资组合。这种方式就是通常所说的杠杆作用。——译者

金本位允许通过货币交换单据来建立信用和债务，但不允许创造超出库存黄金以外的货币。这类债务工具可以在作为替代货币或近似货币的经济中起作用，但它们不会是狭义货币。

所有其他形式的金本位都涉及对现有黄金库存的某种形式的杠杆化，一般采取两种形式。第一种，货币发行量超过黄金储备。第二种，使用黄金替代品，如外汇或特别提款权，依托于作为货币基础的黄金储备。这两种杠杆化形式可以单独使用或联合使用。这类金本位标准——被称为弹性金本位，要求考虑多项设计问题。货币供应量必须具备的黄金储备的最低百分比是多少？20%？还是需要 40%以便重建信心？在历史上，美联储维持相对于基础货币供应约 40%的黄金储备。2011 年 4 月初，这个比例约为 17.5%。虽然美国早已脱离了正式的金本位，但仍然保留着黄金与基础货币比例配置的某种隐性金本位，即使在 21 世纪初也是如此。

其他的问题包括了对货币的定义，目的是计算货币-黄金比值。取决于被计算的金融工具的可用性和流动性，银行系统中的“货币”有着不同的定义。所谓的基础货币或 M0，包括了流通中的纸币和硬币以及银行在美联储存入的储备。更广义的货币定义是 M1，其中包括支票账户和旅行支票，但不计入银行的准备金。美联储也会计算 M2，它在 M1 的基础上增加了储蓄账户和一些定期存款。外国央行们也使用类似的定义。2011 年 4 月，美国的 M1 约为 1.9 万亿美元，M2 约为 8.9 万亿美元。因为 M2 比 M1 大得多，所以在计算黄金与货币的比例时，所选择的“货币”定义会对黄金的隐含价格有很大的影响。

当决定有多少黄金应该被计入时，就会出现类似的问题。应该只计入官方储备的黄金呢，还是也应该计入私人持有的黄金？计算是否只应以美国为参考，还是做一些努力，制定一个适用于所有主要经济体持有黄金的标准呢？

同时，还必须考虑强制执行新的金本位的法律机制。确认一种法律地位也许就够了，但法律地位是可以被改变的。所以，最好是美国的宪法修正案，因为这更难改变，从而可以激发最大的信心。

在新的标准下，黄金的美元价格应该是多少呢？选择错误的价格是1920年代金兑换标准最大的缺点，1925年每盎司黄金20.67美元的价格水平是高度通缩的，因为它没有考虑到第一次世界大战期间欧洲的大规模印钞。当时如果设定每盎司黄金大约50美元的价格，可能会导致轻度通胀，也许会有助于避免大萧条的一些最坏的影响。

考虑到上述因素，我们得到以下黄金的潜在价格：

弹性金本位因子（2011年4月）	黄金的潜在价格
40%黄金支持美国M1货币供应	每盎司2 590美元
40%黄金支持美国M0货币供应	每盎司3 337美元
100%黄金支持美国M1货币供应	每盎司6 475美元
40%黄金支持美国、中国和欧洲央行的货币供应	每盎司6 993美元
100%黄金支持美国M0货币供应	每盎司8 342美元
40%黄金支持美国M2货币供应	每盎司12 347美元
100%黄金支持美国、中国和欧洲央行的M2货币供应	每盎司44 552美元

为了使被选择的政府受到约束，允许有一个自由的黄金市场与官方价格并存。央行可以被要求公开市场运作以维持市场价格接近于官方价格。

假设选择的是1930年代的覆盖率，当时美联储被要求持有黄金储备相当于基础货币供应量的40%。若根据2011年4月的数据，这将导致黄金价格为每盎司3 337美元。美联储一般会在该价格附近设定一个小幅度，比如2.5%的升或降。这意味着，如果市场价格下跌2.5%到每盎司3 254美元，美联储就要进入市场购买黄金，直到价格稳定为每盎司3 337美元左右。反之，如果价格上涨2.5%到每盎司3 420美元，美联储就需要进入市场抛售黄金，直到价格恢复到每盎司3 337美元的水平。美联储可以保持其调整货币供应的自由，或视情况合理地提高或降低利率，以维持自由市场的黄金价格稳定在接近官方价格的水平。

最后一个问题是，紧急情况下央行行长可以偏离严格覆盖范围的灵活度。在罕见的情况下，当真正的流动性危机或通货紧缩出现时，在货币-黄金覆盖率以外快速地大额印钞也许是可取的。这种特殊的权力，将直接解决伯南克在其研究中所称的大萧条时期货币政策的金本位问题。这是非常困难的政治问题，因为本质上是央行与它服务的公民之间的信任问题。一般来说，在把货币兑换成黄金这方面，中央银行的历史就是一个破碎的承诺。特别是美国央行的历史，一直以牺牲大众利益为代价而维护银行的利益。鉴于央行与公民间这种敌对关系的历史，如何才能产生必要的信任呢？

为了确立对新的黄金支持系统的信心，我们提到了两个基本要素：强有力的法律机制和稳定价格的强制性公开市场运作。有了这些要素，我们才能考虑允许美联储印钞并超过覆盖率上限的情况。

一种方法是，让美联储自行决定是否超过其覆盖率上限并做公开的宣布。假定美联储只在极端情况下才会这样做，比如英国1920年代经历的那种通货紧缩。在那种情况下，公开市场运作将构成对美联储决定的一种民主公投。如果市场与美联储对通缩的判断是一致的，那么就不会出现黄金挤兑——事实上，美联储可能不得不买入黄金以维持价格。反之，如果市场质疑美联储的判断，人们就可能急于用纸币赎回黄金，对美联储来说，这是一个强大的信号：它需要回到原始的货币-黄金比。与依靠美联储会议室里一些律师和经济学家狭隘的判断相比，基于行为经济学家和社会学家观察到的反映在市场价格中的“大众智慧”，似乎是一个更可靠的指南。

这种做法的一个变通方案，是在美国总统和众议院议长联合声明的财政紧急情况下，允许美联储超过其黄金覆盖率上限。这将防止美联储从事单边救助和货币实验，如果在真正的紧急情况下需要扩大货币的供应量，它也将受到民主监管。这一程序是民主的“双保险”，民选官员宣布原始的紧急状态，而市场参与者则用钱包投票，通过他们是否购买黄金的决定来认可美联储的判断。

国际货币体系的新的金本位含义也需要澄清。第一次和第二次货币战争的历史表明，国际金本位会一直存活到系统中的某位成员陷入足够糟的经济窘境为止，该成员通常因为负债过度，决定通过黄金脱钩和货币贬值来单方面寻求相对于贸易伙伴的优势。针对这种单方面破局模式的一种解决方案，是创造凯恩斯在布雷顿森林体系中建议的由黄金支持的那种全球性货币。也许可以重新采用凯恩斯建议的名字——班科。班科不会像今天的特别提款权那样是可以掺水的不可兑换纸币，而是由黄金支持的真正货币。班科可以被指定为唯一有资格用于国际贸易和国际收支结算的货币。国内货币将与班科挂钩，用于内部交易，其相对于班科的贬值需经国际货币基金组织同意。这将杜绝单方面或随意的货币贬值，以及从而引发的货币战争。

重建一种足够灵活的金本位以适应现代中央银行的做法，值得我们深入研究。一个由美国白宫和国会、或许是二十国集团建立的技术研究机构，可以配备专家负责开发在五年内实施的可行的金本位。该机构将精确地解决上述问题，特别要注意适当的价值挂钩，以避免1920年代所犯的错误。

根据美国的货币供应量和黄金储备的规模，若采取40%的覆盖率，黄金价格将会是每盎司约3 500美元。鉴于公民们对央行丧失信心以及央行持续贬值的经验，可能需要对货币供应更广泛的定义和更高的覆盖率，以确保人们对一种新的金本位的信心。在全球范围内实施这一做法则需要更高的黄金价格，因为像中国这样的主要经济体的纸币供应要比美国大得多，但黄金储备却少得多。这个问题值得深入研究，根据在全球基础上恢复信心的预期需求，每盎司约 7 500 美元的黄金价格也是可能的。对一些观察家来说，这是美元价值的巨变。然而，实际上巨变已经发生。它只是还没有被市场、央行或经济学家们认可而已。

仅仅宣布这种努力方向，可能就会立即对全球经济产生有利和稳定的影响，因为市场对未来稳定性的评价，会比多年前欧元推出前对欧洲货币紧缩的评价更好。一旦确定了适当的价格水平，就可以提前宣布，并立即开始公开市场的运作，以便在新的黄金当量上稳定货币。最后，货币本身可以与黄金挂钩，或者推出由黄金支持的一种新的全球货币，并与其他货币挂钩。这样，世界的能量和创造力将从通过操纵不可兑换纸币的剥削，转向技术和生产力的改进以及其他创新。全球的经济增长将在真实的而不是纸面财富的基础上进行。

混　沌

也许货币战争和美元贬值最有可能的结果是一场混沌的、灾难性的投资者信心崩溃，这源于政府采取紧急措施以维持一个表面上起作用的货币、贸易和投资系统。这并不是任何人的意图或计划；它就像不稳定的债务雪原上最后一片金融雪花所造成的雪崩。

近年来，由于大大增加的市场参与者的多样性和关联性，金融体系的不稳定性一直在增加。因为衍生品合约的规模以及“大而不能倒银行”杠杆化的极大扩张，系统内含的风险已呈指数级增加。针对所有市场参与者的精确的临界阈值是不可知的，但因为以上详细讨论过的原因，整个系统肯定比以往任何时候都接近于临界值。启动崩溃所需要的，只是对临界阈值的一个合适的催化剂。不一定需要惊人的大事件。回想一下，小型火灾和大型火灾都是由相同大小的闪电引起的，火灾的大小并不取决于闪电，而是世界的状态。

催化剂本身是值得注意的，但催化剂与崩溃之间的关联就不见得很明显。以下是对连锁型崩溃的一种情景假设。

触发事件起于欧洲交易日的开始。西班牙的政府债券拍卖意外失败，尽管有来自欧洲央行和中国支持西班牙债券市场的承诺，它仍然暂时无力偿还一些到期的债务。法国和德国迅速提供了一个救助方案，但对市场信心的打击仍很严重。同一天，一个不太出名但重要的法国一级债券交易商提交了破产文件。通常，欧洲的麻烦对美元是利好，但现在美元和欧元都受到了打击。这个来自西班牙和法国的双重坏消息，足以使荷兰一些养老基金中的美元拥趸们改变他们的想法，转而看好黄金。荷兰人按下了“卖出”美元的按钮，一些雪片开始滑动。在日内瓦，一家对冲基金中的美元临界阈值被超过，基金也按下了“卖出”按钮。现在，滑落是显而易见的；雪崩开始了。

美元迅速超出其之前的交易范围，相对于主要指数创出新低。预定的止损极限到达后，交易员被迫卖出，而这种止损交易只是增加了强迫美元贬值的一般动量。随着亏损的累积，许多对冲基金陷入了困境，不得不抛售美国股票以募集现金，满足追加保证金的要求。黄金、白银、白金和石油的价格都开始飙升。巴西、澳大利亚和中国的股市看起来开始像是安全港。

由于银行和对冲基金交易员认为广义美元的崩溃已经开始，他们产生了另一种想法。如果一种证券以美元计价，而美元正在崩溃，那么这种证券的价值也在崩溃。此时，外汇市场上的压力立即转移到以美元为基础的股票、债券和衍生品市场，就像地震转为海啸一样。市场交易过程不再理性，不再深思熟虑。没有时间了。“卖掉一切!”的狂呼声在交易所中处处可闻。美元和美元计价的证券市场毫无差别地崩溃了，大宗商品市场和非美国股市则开始飙升。美元计价的债券的抛售也导致了利率飙升。这一切都发生在伦敦的正午之前。

纽约的交易员、银行家和监管员被来自欧洲的同事和同行们的疯狂电话惊醒。他们醒在同一片红色的大海中，匆忙赶去上班。通常睡眼蒙眬的清晨6点的郊区通勤列车现在站满了人；通常的“不用手机”礼仪被忽略了。火车似乎是一个车轮上的交易所，现在它确实是。当银行家们抵达曼哈顿市中心和华尔街时，美元指数下跌了20%，股票期货下跌了1000点。黄金上涨了每盎司200美元，因为投资者争相涌入安全的避风港。没有逆向操作者和抄底者；他们不想跳向一列失控的火车。因为没有投标价格，一些证券停止了交易。美元恐慌正在全方位展开。

某些市场，特别是证券交易所，当损失超过一定数量时有自动关闭功能。其他市场，如期货交易所，官员们被赋予特别权力以处理无序下跌，其中包括增加保证金或限制头寸。这些规则并不自动应用于货币或实体黄金。为了制止恐慌，中央银行和政府必须直接介入反击私人抛售的浪潮。对刚才的恐慌态势，中央银行的第一道防线是协调大规模买入美元和美国政府债券。

美联储、欧洲央行和日本央行迅速在纽约时间上午10点召开电话会议，讨论协调购买美元和美国国债。在会议前，央行行长们向财政部长和美国财政部汇报，以获得所需的批准和额度。官方购买活动开始于纽约时间下午2点，此时，美联储向主要银行交易台发出指令，大量“买入”美元和美国国债，并且“卖出”欧元、日元、英镑、加拿大元和瑞士法郎。在购买开始之前，美联储官员将消息泄漏给他们最喜欢的记者，称中央银行将“尽一切努力”支持美元，美联储特别使用了短语“无限制”来描述央行的购买力。消息很快在各大通讯社传播，遍及世界各地的每一个交易场所。

历史上，当政府干预时市场的私人参与者就开始退出。私人投资者的资源比政府少得多，并一直受到告诫，“不要与美联储作对”。在这种情况下，绝大多数恐慌的交易者乐于平仓，获利回家。之后，中央银行通过纳税人埋单来清理这副烂摊子，交易员们则养精蓄锐，准备改日再战。恐慌很快会自然地过去。

然而，这一次的情况有所不同。美联储购买债券如同火上浇油，因为美联储购买债券时必先印钞——这是市场被困扰的第一步。美联储在恐慌前印了这么多钞票，买了这么多债券，这是市场第一次质疑美联储是否有能力掌控大局。这也是第一次，恐慌的抛售力度超过了美联储的购买力度。卖家们不再害怕美联储，他们“拍板成交”，使美联储持有越来越多的债券。卖方立即抛售从债券销售得到的美元收益，除了亚洲的股票，他们也购买加拿大、澳大利亚、瑞士和韩国的货币。美元继续崩溃，美国利率飙升。到第一天结束时，美联储不再是喷水熄火，而是火上浇油。

第二天始于亚洲，情况没有任何好转。即使假定其货币较强国家（澳大利亚和中国）的股票市场也开始崩溃，因为投资者需要卖出赢利的头寸以弥补亏损，也因为其他投资者现在失去了对所有股票、债券和政府债券的信心。对黄金、白银、石油和农田的争夺造成了购买恐慌，与卖出纸质资产的另一种恐慌交相映衬。黄金价格已经隔夜翻番。官员们关闭了一个又一个亚洲和欧洲的证券交易所，给市场冷静的机会，让投资者们有时间重新考虑估值。但效果与预期相反。投资者们认为交易所可能永远不会重新开放，他们持有的股票已成为流动性不良的私人股本。一些银行关闭大门停止营业，一些大型的对冲基金暂停赎回。许多股票账户因无法满足保证金要求而被经纪人关闭，但这只是把不良资产转移到经纪人的账户而已，而且一些经纪人自己也面临着破产。在恐慌席卷欧洲的第二天，所有的目光都慢慢转向白宫。美元的崩溃无异于对美国本身丧失信心。美联储和财政部已经不堪重负，现在只有美国总统才能恢复信心。

军事术语中充斥着“核选项”“末日机器”和其他类似的表达式，在字面上被象征性地使用着。在国际金融中，总统拥有一个鲜为人知的威力巨大的核选项。这个选项被称为1977年《国际紧急经济权力法案》(International Emergency Economic Powers Act，简称IEEPA)，在卡特执政期间通过，是1917年《对敌贸易法》的更新版。1933年总统富兰克林·罗斯福曾援引《对敌贸易法》关闭银行并没收黄金。现在，一位面临相当规模危机的新总统，将采用该法案的新版本，采取同样的极端措施。

应用IEEPA有两个前提条件，即必须存在对美国国家安全或经济的威胁，且威胁必须来自国外。对此需要给予国会事后通知，但总的说来，总统拥有应对国家紧急状态时几近独裁的权力。当前形势的发展满足了《国际紧急经济权力法案》的条件。总统会见其经济和国家安全顾问以及讲演撰稿人，为自从1971年尼克松冲击以来最引人注目的经济演说作准备。全球美元恐慌的第二天，纽约时间下午6点，总统对焦虑的世界听众们作实况演讲并签署了包括以下行动的行政命令，立即生效：

· 总统将任命一个由经验丰富的资本市场老手和“杰出的经济学家们”组成的两党合作委员会，对恐慌进行研究并在三十天内提出实施改革的适当建议。

· 所有由纽约联邦储备银行或纽约汇丰银行和加拿大丰业银行托管的私人和外国人的黄金，将转换为美国财政部所有，并转移至西点军校的美国黄金库。前所有人将获得适当的补偿，补偿额待定。

· 所有以电子账册形式录入美联储系统中的外国持有的美国财政

部债券将立即被冻结。如前所约定，持有人将获得利息及本金，但不得出售或转让。

· 所有的金融机构将在其账册中按面值录入美国财政部债券，持有并直至到期。

· 金融机构和美联储将协调购买所有新发行的美国财政部债券，以继续为美国的赤字和重新贷款顺利融资，或赎回到期的债券。

· 证券交易所将立即关闭，直到得到进一步的通知。

· 禁止从美国出口黄金。

这一临时计划，通过将大部分的债券持有人冻结并强制银行在未来购入，以阻止国库债券市场的立即崩溃。它并未提供永久性的解决方案，最多只是赢得几星期的时间以发展更持久的解决办法。

此时，政策制定者已经意识到不能把纸币当作货币了。纸币作为价值储备的功能，由于缺乏信任和信心已经丧失，结果是，其作为交换媒介和记账单位的其他功能也已蒸发。现在需要一种新的货币。与之前类似的货币是无法接受的，因此，新货币肯定要由黄金来支持。

现在，美国金融地位的隐秘力量将显现出来。通过没收美国本土上外国官方和大多数私人所有的黄金，财政部的黄金储备将超过 17 000 吨，相当于世界上所有官方黄金储备的 57%。这将使美国与其在 1945 年布雷顿森林体系后所处的地位大致相同，当时它控制了 63%的官方黄金储备。这样的储备量将使美国得以实行其在布雷顿森林体系时所实行的——独断地打造新的全球金融体系。

美国可以宣布发行相当于 10 美元价值的“新美元”，新美元可以兑换成黄金，其价格为每盎司 1 000 新美元，在旧美元体系下，这相当于每盎司 10 000 美元。以 2011 年 4 月的黄金市场价格来衡量，这相当于将美元贬值 85%。这个数据略高于 1933 年罗斯福施行的美元对黄金贬值 70%，但基本处于同一个量级。同时，这远远低于 1971 年到 1980 年间在尼克松、福特和卡特任期内所发生的美元相对于黄金贬值95%。

由于得到了黄金的支持，新的美元将是世界上唯一可取的货币——货币战争的终极胜利者。美联储下令进行公开市场运作，以便按照以上灵活的金兑换本位，维持新的黄金价格。同时对于黄金升值导致的私人收益，将征收90%的暴利税。美国将承诺慷慨的优惠贷款和赠款给予欧洲和中国，以提供流动性促进世界贸易，就像马歇尔计划①所做的那样。渐渐地，那些被没收黄金的当事人，大多数是欧洲国家，将被允许以新的更高的价格回购他们的黄金。毫无疑问，他们会选择将黄金储存在欧洲。

信心会慢慢恢复，市场将重新开放，商品和服务会重新定价，生活还将继续，王者新美元也将处于金融世界的中心。

也许事情不是这样的。上述混沌后凤凰涅槃式的由黄金支持的新美元的新兴，只是一种可能。其他可能的情景包括了无法阻挡的金融崩溃以及社会秩序的广泛瓦解，最终是物理基础设施的崩溃。这些情景在热门电影和小说（如科马克·麦卡锡的小说《路》② ）中很常见，一般是战争、自然灾害或外星人入侵造成的世界末日生存故事。原则上，货币战争和美元崩溃之后，财富、储蓄、信任和信心被破坏的后果很可能是灾难性的，不亚于外星人的敌对入侵。除了随身之物以外，我们将一无所有。

---

① 马歇尔计划（The Marshall Plan），官方名称为欧洲复兴计划（European Recovery Program），是第二次世界大战结束后美国对被战争破坏的西欧各国进行经济援助和协助重建的计划，对欧洲国家的发展和世界政治格局产生了深远的影响。该计划于1948年4月正式启动，并整整持续了四个财政年度。在这段时间里，西欧各国通过参加经济合作发展组织（OECD），总共接受了美国包括金融、技术、设备等各种形式的援助合计131.5亿美元。——译者

② 科马克·麦卡锡（Cormac McCarthy，1933－ ）美国小说家和剧作家。代表作有《血色子午线》《边境三部曲》《老无所依》《路》等。小说《路》是麦卡锡的第十部作品，描述一对父子游历浩劫后的虚构世界，被认为是一部“残酷的诗学”。小说于2006年9月出版，好评如潮，2007年4月16日赢得普利策奖。——译者

美元崩溃的另一个可能反应是，政府将采取一种比《国际紧急经济权力法案》允许的更为极端和强制的干预。这种强制手段更可能发生在亚洲或俄罗斯，包括股本和知识产权的泛国有化、封锁边界以及把生产能力重新定向为满足国内需求而非出口。世界将退回为一个个半自给自足的区域，世界贸易将会崩溃。结果是全球化的反面。这将成为没有免费搭车的北京共识①——因为没有人会留下来驾车。

① 美国《时代》周刊高级编辑、美国著名投资银行高盛公司资深顾问乔舒亚·库珀2004年5月在英国伦敦外交政策中心发表了一篇论文，提出当代经济发展的“北京共识”概念。旋即在欧洲、中国和世界其他国家引起强烈反响，中国的经济奇迹及其背后的“中国模式”一时成为世界的焦点。乔舒亚在论文中阐述说，中国的发展模式是一种适合中国国情和社会需要、寻求公正与高质量增长的发展途径。他把这种发展模式概括为“北京共识”，主要包括三方面内容：艰苦努力、主动创新和大胆试验；坚决捍卫国家主权和利益；循序渐进、积聚能量。其中，创新和试验是“北京共识”的灵魂，强调解决问题应因事而异，灵活应对，不求死板统一。——译者

结 论

美元的演化之路是不可持续的，因此美元无法持续。假以时日，美元会成为多种储备货币之一，被特别提款权支配，因黄金而恢复活力，或是陷入混沌中，它可能被救赎也可能被终结。在这四条出路中，采用多种储备货币看来最无可能，因为它没有解决任何债务和赤字问题，只是在经典的货币战争延续中将问题从一个国家转移到另一个国家。特别提款权的解决方案，为二十国集团诸财政部和国际货币基金组织领导层中的全球精英所推荐，但它只是将各国的纸币用一种全球性纸币代替，其自身有被拒绝和不稳定的风险。经过深思熟虑和专业操作回归金本位，将为稳定提供最好的机会，但这一方案所吸引的学界注意力如此微小，以至于无法列入有关货币的争论中。这就为混沌留下了很大的可能。然而在混沌中，我们仍然有机会运用黄金，只是以一种突然而未经深思熟虑的方式。最终，只剩混沌，随之而来是更糟糕的东西。

美元的崩溃是它自身的大灾难，也可以是更大文明崩溃的一部分。它可以是抛弃过度纸币的标志，也可以是通向大风暴的里程碑。以上这些并非不可避免，但所有一切皆有可能。

从灾难性崩溃的边缘退一步，现在还不算太晚。复杂性开始时是朋友，但结束时是敌人。一旦复杂性和大规模看起来是一种风险，解决方案就是缩小规模、紧凑化和简约之组合。被分割为若干密封舱位的船舶，比只有单一密封舱位的更不易沉没，原因就在于此。这也是护林员为什么在森林中构筑分离的防火带。每一位工匠都会遵循“工欲善其事，必先利其器”的原则，经济学家在选择合适的工具方面其实还不如工匠。

应用于资本和货币市场，正确的方法是将大银行分割，并把它们的功能限制于收受存款、办理个人和商业贷款、金融交易、付款、信用证和其他几种有用的服务。应该禁止银行从事资产交易、上市和股票交易，这些业务只限于经纪人和对冲基金。需要大银行来做大交易的想法是错误的。辛迪加[①]正是为此目的而发明的，并对分散风险极其有效。

除了期货的标准化交易，应当禁止衍生品交易，前者也应该有每日的交易限制和资本雄厚的结算机构。衍生品并不能分散风险；它们放大了风险，并把风险集中于几个大而不能倒的机构中。衍生品并不为消费者服务，它们通过高额费用和难以理解的条款为银行和经销商服务。用于管理衍生品风险的模型从来不起作用，因为它们专注于净风险而不是全风险。

应当采用灵活的金本位来降低通胀、利率和汇率的风险。一旦企业和投资者得到较高的确定性和价格稳定性，他们就能对新的投资承担更大的风险。即使没有通胀、通缩、利率和汇率等设置的障碍，企业本身在创新的道路上就已经有足够的不确定性了。美联储指导下的美国经济，在美国脱钩黄金后的四十年间，持续地发生资产泡沫、崩溃、上升和下降。是时候消除金融作用并加强商业作用了。黄金在价格和资产价值方面具备最高的稳定性，因而为投资者提供了最好的可见性。

应该用泰勒规则来指导货币政策，该规则以提出它的经济学家约翰·B·泰勒命名。泰勒规则通过在方程中囊括真实的通货膨胀而应用

---

① 辛迪加（Syndicate）是资本主义垄断组织的一种基本形式，它是指同一生产部门的少数大企业为了获取高额利润，通过签订共同销售产品和采购原料的协定而建立起来的垄断组织。——译者

了正反馈，但仍提供了简洁性和透明性。它不是完美的，但套用温斯顿·丘吉尔的话，它比任何其他一切都好。泰勒规则和灵活金本位的组合，会使央行的工作索然无趣，而这正是目的所在。中央银行工作中的戏剧性局面越少，为企业家提供的确定性就越高，而企业家正是创造工作机会和财富的真正本源。

逆转复杂性影响的其他建议包括了取消公司所得税、简化个人所得税和减少政府开支。反对越来越大的政府不是出于意识形态，只是为了小心起见。当崩溃的风险在于规模本身时，政府实施计划的一阶福利被不可见的二阶成本所控制。小一点就意味着安全一点。

以上各种建议的共同点在于，它们都缩小或简化了金融系统，或是就黄金建立大量储备以对抗崩溃。批评者会说，这些建议是落后的，考虑的是在银行业、财务政策和货币政策中较少政府干预和较少复杂性的情况。他们是正确的，而这正是要点。当你进入复杂性的投入-产出曲线的负边际收益段时，回到过去是一件好事，因为社会将会更有效率和更加鲁棒地对付灾难。

如果没有对政策进行修补，事态发展到不受控制，就不得不让五角大楼出面，采取财政部和美联储无法采取的方法来恢复秩序。2009 年金融战争演习中面临的威胁将更加现实。国防部长罗伯特·盖茨在听取金融战争演习要点简述时说，这是“一次脑洞大开的演习”，它“反映了政府的不同部门在共享信息的能力和愿望方面的缺点”。盖茨没有提到美国财政部；但我的经验是，财政部和美联储需要与国家的安全部门更多更紧密地合作，以帮助美国应对今后可能出现的问题。

正如我在本书开始时所说的，一本有关货币战争的书不可避免地会是一本有关美元及其命运的书。尽管有种种缺点和弱点，美元毕竟是货币、股票、债券、衍生品和所有类型投资的支持中心。虽然所有货币按其定义都代表了价值的某种储存，美元却有所不同。它是一个国家的经济价值的储存，它的道德价值观在历史上是超群的，因而是世界的一座灯塔。美元的贬值必定会导致那些价值观和超群性的贬值。本书试图提供对前方即将出现危险的恰当警告，以帮助弯道绕行。

社会和金融崩溃发生过多次，它们很容易被忽略和忘记。但历史不会忘记，而复杂系统也不会在其所为上受到什么限制。复杂系统开始于无害的组织原则，结束于吸收所有可获得的能量，并摧毁了系统本身。资本和货币市场都是复杂系统并最终会崩溃，除非其被分割、限制、紧凑化并缩小规模。货币战争最终同美元有关，而今日的美元，由于衍生品、杠杆化、印钞和黄金含量的减少，只是它过去形式的一个暴发户版本。要挽救它还有时间，虽然时间不多了。

平装版后记（2012年）

撰写《货币战争》的挑战之一在于讲述始于2010年的战争故事。毕竟，书中叙述的第一次货币战争从1921年到1936年，持续了十五年，而第二次货币战争从1967年到1987年，持续了二十年。如果这一模式不变，新的货币战争可能延续到2020年或是更久。试图在2011年写这个故事看起来有点太早了。

我的方法是专注于国际货币系统的潜在动力学。通过提供对系统结构的理解，我给予读者们合适的方法来评估今后的事件。事实上，理解动力学的好处是，你无需水晶球就可以预卜未来。对货币战争动力学的理解，使我们能够高瞻远瞩，透过市场的混乱、反复无常和政治风险的迷雾看清前景。

就本书的主题而言，我的分析和预测得到了支持。第八章提到，“对欧元的生存已无悬念”。鉴于2011年对欧元命运的高度忧虑，这在当时似乎是一个令人惊讶的预测，但它被证明是正确的。请注意欧元即将崩溃、希腊将被驱逐出欧洲货币系统和德国正在印制新版本的马克以便欧元废弃后使用的流言蜚语。看来我们似乎匪夷所思地预测了欧元仍然会完好无损，写作本书后记时，1欧元的价值仍为1.30美元，几乎与2011年1月危机的最后阶段开始时完全一样。欧元活了下来。

这个预测就是来自对更大动力学的理解。如本书所述，美国和中国都有自己的理由削弱其货币，或至少保持其不升值。欧洲依赖美国和中国的流动性和投资，以保证其经济渡过难关。美国和中国都希望欧元强势，并拥有金融力量促使其发生。基于这些原因，很容易看出为什么欧元能一直保持强势。

《货币战争》也叙述了国际货币基金组织在二十国集团首脑的授权下，作为事实上的世界央行的权力之扩张。国际货币基金组织力求其成员国所谓特别提款权的借贷能力的巨大扩张。在过去的一年里，这一趋势持续并扩大了。

2012 年，国际货币基金组织实际上提取了它的一部分信贷资金参与对希腊的救助，并建立了一道金融防火墙，降低了危机向西班牙、法国和意大利扩展的可能性。现在国际货币基金组织更接近于真正的中央银行，其扩展的资产平衡表的负债部分是特别提款权票据，而资产部分是主权票据。这一平衡表会随着防火墙所需规模的扩大而继续。

当一个危机出现时，无论它是在欧洲实时滚动的，还是另一种如 2008 年的恐慌，各国央行和全球精英的自然选项，便是印钞以及国际货币系统具有流动性。然而，主要央行——美联储、欧洲中央银行、中国人民银行、英格兰银行和日本银行——已经为多年来的印钞、杠杆化以及低质量和低流动性的债券所累。世界上剩留的仅有主要净资产平衡表隶属于国际货币基金组织。因此，在可预见的未来，每一场重大的金融危机，将涉及国际货币基金组织特别提款权的某种资产平衡表扩展和货币印制，因为它是新的流动性的唯一来源。这是今后几年里另一种会出现的金融动力学。

在这些和其他主题——中国对黄金的索求、俄罗斯在自然资源方面的主导地位和美国的持续衰退——方面，本书是对国际金融前景的一份良好导引。然而，在过去的一年里有一些重要的发展，其中最重要的是公开的金融战争的到来。货币战争一般涉及对经济优势的争夺，但并无真正的敌意。2012 年，我们看到了用货币作为武器的真实战争的出现。

三十多年来，美国对伊朗实施过不同类型的禁运，最近，随着伊朗接近于掌握铀浓缩以及核武器制造，禁运的节奏加快，范围扩大。美国于 2012 年 2 月 5 日投放了针对伊朗的终极金融武器：银行接到指令，如果它们与伊朗的中央银行有业务往来，将被禁止使用美元结算系统。

这一禁令使得伊朗拥有的美元很快耗尽。需要用美元购买进口商品如手机和电脑的商家，无法获得美元，除非通过黑市。美元稀缺引发伊朗里亚尔在几天内对美元贬值 40%。这意味着商家们必须将商品的里亚尔定价翻倍，以获得补充进口商品库存所需的美元。

价格上涨为伊朗经济的诸多方面注入了超级通胀，并引发了银行挤兑，因为储户急于提取他们的存款，以便转换为硬资产寻求保护。伊朗银行大大提高了存款利率以安抚储户停止挤兑。与此同时，伊朗政府对美元的黑市交易实施严惩，最高判处死刑。

通过将伊朗完全挤出美元结算系统，美国在短短几天内造成了货币崩溃、超级通胀和利率飙升。这些事件将导致伊朗大城市居民的深深不满，他们与巴黎和东京的人们一样热爱和享受着移动设备和摇滚乐。虽然事件发生在伊朗议会选举几周前也许并非巧合，但选举如常进行，民众们也没什么明显的不满。

不过美国的制裁措施有一个巨大的漏洞。那就是存在着其他结算系统，包括那些在欧洲的欧元交易结算系统。在更高的水平上，主要货币的支付，几乎都通过位于布鲁塞尔的 SWIFT（环球同业银行金融电讯协会）进行。伊朗可以继续用欧元、日元或瑞士法郎通过相应的银行甚至是 SWIFT 支付，即使它被排除在美元结算系统之外。

2012 年 3 月，美国成功地迫使 SWIFT 的董事会将伊朗的银行排除出它的系统。现在伊朗似乎真的被隔绝了。整个伊朗的银行系统，包括中央银行，都不能与它的国际贸易伙伴进行结算。比方说，伊朗无法对它的原油出口正常收款，也无法对精炼产品如汽油的进口，以及小麦和其他粮食的进口付款给对方。

就像总会发生的那样，一旦实施经济禁运，走私活动便开始猖獗起来。早就有一条从迪拜穿越波斯湾到伊朗各港口的走私消费品的贸易通道。近来，又出现了一种新的兑换模式以获得支付迪拜走私者所需的美元。

在邻近的伊拉克，其中央银行有大量来自石油出口的美元。常规上，伊拉克央行会抛售部分美元以交换其货币第纳尔，从而维持其汇率以保证伊拉克的进口需求。伊拉克的投机商人很快就发现，他们可以将第纳尔换成美元，然后走私美元到伊朗以黑市价格换取里亚尔，再将里亚尔以官方价格兑换为更多的第纳尔，这是典型的套利行为，虽然风险很大，必须提防不被伊朗政府发觉。2012 年 2 月禁运收紧后，这种伊拉克式兑换立即成为在伊朗获得美元的有限资源。

尽管如此，走私者和套利者只能弥补伊朗因禁运而损失的全球贸易的一小部分。伊朗需要更实在的解决方案，很快解决方案就出现了。

2012 年 3 月，伊朗联络其主要的贸易伙伴——中国、印度和俄罗斯，试图发展一种不涉及美元和 SWIFT 结算的贸易—金融机制。其中有些想法涉及简单的以货易货，伊朗可以用原油交换印度的黄金，或者用黄金交换俄罗斯的小麦。伊朗也可以与某些国家建立不涉及 SWIFT 的双边银行关系。例如，伊朗原油的印度进口商可以将卢比存入印度银行的某个伊朗账户作为付款。伊朗在使用这些卢比上可能会有局限，但这毕竟是一种美国无法禁止的付款方式。

一种更大胆的解决方案是暗地里绕过 SWIFT，将大量的硬通货存入中国和俄国的银行。这些银行不露声色地成为伊朗的代理，经由 SWIFT 代其收取和支付不同的货币，包括美元，而无须告知相关方面。这类交易违反了 SWIFT 规定的应告知收益第三方身份的规则，然而，SWIFT 没有足够的能力发现并核实这类违规。SWIFT 甚至不想知道这类交易，因为它本身就对这种制裁缺乏热情，只不过是为了敷衍美国罢了。

美国领导的对伊朗的金融战争是典型的“承诺必须慎重”。一开始，美国的禁运被证明十分有效，引发了伊朗的货币崩溃、通货膨胀和高利率。但伊朗太强大，它的原油对国际贸易太重要，因此不可能长期被孤立于世界之外。替代性的支付渠道几乎立即出现，其中包括走私、以货易货、双边付款和隐蔽行动。

替代支付还导致了一个意料外的后果。亚洲国家和金砖五国——巴西、俄罗斯、印度、中国和南非，开始寻找如何摆脱 1944 年以来美元的世界霸权地位。

2012 年 3 月晚些时候，金砖五国举行了一次峰会，研究创建一家新的多边银行，以便新兴市场中的借贷和支付，同时创造一种不同于美元的货币以作为交换媒介。金砖五国中的俄罗斯、印度和中国，早就积极参与了为伊朗安排替代支付。这也是自 2009 年以来，这些国家对于美国财政部和美联储使美元贬值，以及美元作为优等储备货币地位强烈不满的一种表露。人们很容易看到，这一支付同盟扩大了，还包括了马来西亚、哈萨克斯坦和土耳其。

美元的替代物，如欧元及其前身，存在有几十年了，但它们的成功大部分基于一个开放的资本账户和兑换美元的便利性。金砖五国倡议的是一种新的东西——支付系统和一种货币，它无须转换为美元，反而使美元无关紧要，至少在参与国家的交易中。

这一连串事件，从对伊朗的制裁到金砖五国的反应，同本书开始两章叙述的 2009 年五角大楼的金融战争演习十分相似。所有这些新近的发展，从特别提款权在国际货币基金组织的功能扩展，到金砖五国建立一种全新货币的努力，都有一个共同点，就是对美元贬值的不满以及寻求新的流动性和稳定性的需求。

目前没有任何迹象表明，货币战争会在短期内结束。美国财政部和美联储继续努力使美元贬值。世界继续批评美国并寻找其替代物。中国位于通货膨胀和失业率上扬的两难之间，这有可能促使人民币贬值以创造出口相关的就业机会。由于紧缩造成了欧洲外围社会的动荡，要求欧元贬值的呼声也将时有所闻。这些彼此竞争的诉求无法调和，将在未来引起压力和变数的增加。《货币战争》是对过去的一个总结，但更是对未来的一份指南。通向混沌的旅途，才刚刚开始。

致 谢

衷心感谢在本书写作过程中帮助过我的那些人，首先我要感 Melissa Flashman，我的文学经纪人，是她帮忙推进了《货币战争》从概念到项目到实现的过程。她的支持从未动摇，是我在长期研究和写作中的慰藉。

我十分感谢 Penguin/Portfolio 出版社的 Adrian Zackheim 为这本书开绿灯，给予了新作者一次机会。2010 年我们都觉得，货币战争还有很长的路要走。不幸的是，就世界经济而言，我们是正确的。我的编辑 Courtney Young、助理编辑 Eric Meyers 和 Penguin 出版社团队的其他成员，为本书作出了专业的贡献。非常感谢我的文字编辑 Nicholas LoVecchio，他的精心推敲使得文本更为一致和流畅。谢谢所有人的技巧和耐心。

我非常感谢我在弗吉尼亚州麦克莱恩市奥姆尼斯的合作伙伴，是你们使我能把华尔街带到国家安全的领域。Randy Tauss、Chris Ray、Joe Pesce 和 Charlie Duelfer 都是默默无闻的无名英雄。与他们一起工作是我的荣幸。让我们一起，为已故的合作伙伴 Zack Warfield 祈祷。

感谢我在国家安全部门的同事，我不能提他们的名字。但你们知道我说的是谁。美国可能不知道你们的名字，但很幸运有你们能为她服务。

感谢应用物理实验室的领导们，是他们使我跳出了固有的思维模式。Duncan Brown、Ted Smyth、Ron Luman和Peggy Harlow从未停止过他们的威胁性评估，以及如何应对这些威胁的前瞻性思考。

多年来我欠了不少人情，其中尤其对我的法律导师Tom Puccio、Phil Harris、Mel Immergut、Mary Whalen和Ivan Schlager亏欠甚多。律师也需要律师，而他们是最好的律师。

要感谢我的经济学导师John Makin、Greg Hawkins、David Mullins, Jr.、Myron Scholes和Bob Barbera。在对他们的领域采用非主流的理论方法上，我要感谢他们的倾听和分享。

还要感谢我的从业导师Ted Knetzger、Bill Rainer、John Meriwether、Jim McEntee、Gordon Eberts、Chris Whalen、Peter Moran和Dave "Davos" Nolan。2005年Davos和我做空房利美，当时它每股45美元，但之后升至每股65美元，我们亏了一大笔。今天，房利美跌至每股39美分。时间就是一切。

在华盛顿特区，当今的金融和政治中心，没有那些最接近权力人士的支持和鼓励，以及知识的来回切磋，写成这样一本书断无可能。感谢Taylor Griffin、Rob Saliterman、Blain Rethmeier、Tony Fratto、Tim Burger、Teddy Downey、Mike Allen、Jon Ward、Juan Zarate和Eamon Javers带领我穿越了新罗马的灌木丛。

当需要军事观点时，谁也不能与Joe Shaefer准将和Steve Baker少将相比。谢谢你们。当我遇见Shaefer时，他是唯一持有美国证监会证券期权交易许可证的现役将军。这是极其宝贵的。同时要感谢国防部长办公室的Greg Burgess在资助金融战争演习中的远见和坚持，相关内容组成了本书的第一部分。要感谢Greg的邀请并安排我加入"中国军团"。当中国有更多的黄金储备时，或许我们可以再演习一次。

如果没有我招募的"华尔街非正规军"的加入，没有五角大楼全球金融棋盘中我们的努力，本书的战争演习章节就不可能存在。谢谢史提夫·哈利韦尔和比尔·奥唐奈，谢谢你们的友情参与并允许我讲述你们的故事。我们将再次相会于“1020 路标”小酒馆。

感谢 CNBC 的 Lori Ann LaRocco、CBC 的 Amanda Lang 和 King World News 的 Eric King 邀请我在你们的节目中分析经济，本书因此获益甚多。没有什么比同睿智的主持人一起电视直播更能磨炼你的思想了。

感谢阅读本书不同阶段各部分手稿的诸位，是他们提供了深思熟虑的问题、批评和鼓励。不是以经济学家的身份，而是以有抵押贷款、子女、待付账单和渴望了解颠倒了的金融世界意义的公民的身份。是他们的评论使得这本书更好。感谢你们，Joen、Glen 和 Diane。

同配偶一起生活并写一本书，根本没有办法阻止对方成为写作的一大部分。你们对此讨论、争执和辩论，休戚与共。谢谢你，Joen，因为一千件小事情和帮助我成为更好的作家这件大事。我所有的爱都属于你。

霍普金斯大学金融经济学中心的 Jon Faust 和外交关系委员会的 Sebastian Mallaby 慷慨地奉献了他们的时间阅读手稿并提供专家点评。当然，本书表达的观点是我的而不一定是他们的。谢谢你们两位。

让我把最好的留到最后。最大的感谢和最高的专业敬意要归于 Will Rickards，科罗拉多大学和塔夫脱学校的骄傲，我的研究助理和编辑助理。本书的清晰和连贯都源于他高度严格的要求。若有错谬，都只是我个人的。

参考文献

ARTICLES

Ahamed, Liaquat. "Currency Wars, Then and Now: How Policymakers Can Avoid the Perils of the 1930s." *Foreign Affairs*, March/April 2011.
Bak, Per. "Catastrophes and Self-Organized Criticality." *Computers in Physics* 5 (1991): 430–33.
———. "The Devil's Staircase." *Physics Today* 39, no. 12 (1986): 38–45.
Barro, Robert J. "Are Government Bonds Net Wealth?" *Journal of Political Economy* 82 (1974): 1095–1117.
Barro, Robert J., and Charles J. Redlick. "Macroeconomic Effects from Government Purchases and Taxes." Working Paper No. 10–22, Mercatus Center, George Mason University, July 2010.
Bernanke, Ben. "Deflation: Making Sure 'It' Doesn't Happen Here." National Economists Club, November 21, 2002.
———. "Global Imbalances: Links to Economic and Financial Stability." Speech by Chairman Ben S. Bernanke at the Banque de France Financial Stability Review Launch Event, Paris, France, February 18, 2011.
———. "The Macroeconomics of the Great Depression: A Comparative Approach." *Journal of Money, Credit and Banking* 27, no. 1 (February 1995): 1–28.
Blanchard, Olivier, and Roberto Perotti. "An Empirical Characterization of the Dynamic Effects of Changes in Government Spending and Taxes on Output." *The Quarterly Journal of Economics* (2002): 1329–68.
Blessing, Karl. Letter of Karl Blessing to William McChesney Martin, March 30, 1967. Lyndon Baines Johnson Library and Museum, Austin, Texas.
Bordo, Michael David. "The Classical Gold Standard: Some Lessons for Today." Federal Reserve Bank of St. Louis, May 1981.
Buiter, Willem, et al. "Global Economics View: The Debt of Nations." Research report prepared for Citigroup Global Markets, January 7, 2011.
"Business: Nixon's Dollar and the Foreign Fallout." *Time*, September 6, 1971.
"China Admits to Building Up Stockpile of Gold." Reuters, April 24, 2009.
Christ, Carl F. "A Short-Run Aggregate-Demand Model of the Interdependence

and Effects of Monetary and Fiscal Policies with Keynesian and Classical Interest Elasticities." *American Economic Review* 57, no. 2 (May 1967).
Cline, William R., and John Williamson. "Currency Wars?" Policy Brief, Peterson Institute for International Economics, November 2010.
Cogan, John F., and John B. Taylor. "The Obama Stimulus Impact? Zero." *Wall Street Journal*, December 9, 2010.
Cogan, John F., et al. "New Keynesian Versus Old Keynesian Government Spending Multipliers." Working Paper No. 14782, National Bureau of Economic Research, March 2009.
"Communiqué." Presented at Meeting of Finance Ministers and Central Bank Governors, Gyeongju, Republic of Korea, October 23, 2010.
Cutler, David M., James M. Poterba and Lawrence H. Summers. "What Moves Stock Prices?" Working Paper No. 2538, National Bureau of Economic Research, March 1988.
De Rugy, Veronique, and Garett Jones. "Mercatus on Policy: Will the Stimulus Bill Crowd Out Good Economics?" Working Paper No. 58, Mercatus Center, George Mason University, September 2009.
"The Economy: The Advantages of the Unthinkable." *Time*, December 27, 1971.
"The Economy: Changing the World's Money." *Time*, October 4, 1971.
"The Economy: The Forthcoming Devaluation of the Dollar." *Time*, December 13, 1971.
"The Economy: Money: A Move Toward Disarmament." *Time*, October 11, 1971.
"The Economy: Money: The Dangers of the U.S. Hard Line." *Time*, September 27, 1971.
"The Economy: The Quiet Triumph of Devaluation." *Time*, December 27, 1971.
Eichengreen, Barry. "The Dollar Dilemma: The World's Top Currency Faces Competition." *Foreign Affairs*, September/October 2009: 53–68.
Eichengreen, Barry, and Douglas A. Irwin. "The Slide to Protectionism in the Great Depression: Who Succumbed and Why?" Working Paper No. 15142, National Bureau of Economic Research, July 2009.
———. "Trade Blocs, Currency Blocs, and the Reorientation of World Trade in the 1930s." *Journal of International Economics* 38 (1995): 1–24.
Eichengreen, Barry, and Marc Flandreau. "The Rise and Fall of the Dollar, or When Did the Dollar Replace Sterling as the Leading Reserve Currency?" Paper No. 6869, Centre for Economic Policy Research, June 2008.
"Europe's Web of Debt." *New York Times*, May 1, 2010.
"Fed Seeks Power to Issue Own Debt When Crisis Ebbs, Yellen Says." Bloomberg, March 26, 2009.
"Fed's Yellen Defends Bond-Purchase Plan." *Wall Street Journal*, November 16, 2010.
Ferguson, Niall. "Complexity and Collapse: Empires on the Edge of Chaos." *Foreign Affairs*, March/April 2010.

Forbes, Kristin. "Why Do Foreigners Invest in the United States?" Report prepared for International Monetary Fund's Conference on International Macro-Finance, May 29, 2008.

Freedman, Charles, Michael Kumhof, Douglas Laxton, Dirk Muir and Susanna Mursula. "Global Effects of Fiscal Stimulus during the Crisis." International Monetary Fund, February 25, 2010.

"G-20 Mutual Assessment Process and the Role of the Fund." Prepared for International Monetary Fund, December 2, 2009.

Gertz, Bill. "Financial Terrorism Suspected in 2008 Economic Crash." *Washington Times*, February 28, 2011.

Gilson, Ronald J., and Curtis J. Milhaupt. "Sovereign Wealth Funds and Corporate Governance: A Minimalist Response to the New Mercantilism." Social Science Research Network, February 18, 2008, http://ssrn.com/abstract=1095023.

Hayek, Friedrich. "The Use of Knowledge in Society." *The American Economic Review* 35, no. 4 (September 1945): 519–30.

Hetzel, Robert L. "Monetary Policy in the 2008–2009 Recession." *Economic Quarterly* 95 (2009): 201–33.

"IMF to Begin On-Market Sales of Gold." Press Release No. 10/44, International Monetary Fund, February 17, 2010.

Kahneman, Daniel. "A Perspective on Judgment and Choice: Mapping Bounded Rationality." *American Psychologist* 58, no. 9 (2003): 698–99.

"Leaders' Declaration." G20 Seoul Summit, November 11–12, 2010.

"Leaders' Statement: A Framework for Strong, Sustainable and Balanced Growth." G20 Pittsburgh Summit, September 24–25, 2009.

Lyons, Gerald. "State Capitalism: The Rise of Sovereign Wealth Funds," in "Thought Leadership." London: Standard Chartered Bank, October 15, 2007.

Makin, John H. "Inflation Is Better Than Deflation." Prepared for the American Enterprise Institute for Public Policy Research, March 2009.

Merton, Robert K. "The Self-Fulfilling Prophecy." *The Antioch Review* 8, no. 2 (Summer 1948): 193–210.

"The Mild Repercussions of a Deft Devaluation." *Time*, August 22, 1969.

Milgram, S. "Behavioral Study of Obedience." *Journal of Abnormal Social Psychology* 67, no. 4 (October 1963): 371–78.

"The Monetary System: What's Wrong and What Might Be Done." *Time*, November 29, 1968.

"Money: Aquarius in the Foreign Exchanges." *Time*, October 10, 1969.

"Money: De Gaulle v. the Dollar." *Time*, February 12, 1965.

"More Credit with Fewer Crises: Responsibly Meeting the World's Growing Demand for Credit." A World Economic Forum Report in Collaboration with McKinsey & Company, January 2010.

"Nations Act to Put Brakes on Yen's Rise." *Wall Street Journal*, March 18, 2011.

Newman, Mark. "Power Laws, Pareto Distributions and Zipf's Law."

Contemporary Physics 46 (September 2005): 323–51.
Nixon, Richard M. "Address to the Nation Outlining a New Economic Policy: 'The Challenge of Peace,'" August 15, 1971.
Pastore, S., L. Ponta and S. Cincotti. "Heterogeneous Information-Based Artificial Stock Market." *New Journal of Physics* 12 (2010).
Plosser, Charles I. "Exit: Shadow Open Market Committee." Speech Given in New York, March 25, 2011.
———. "The Scope and Responsibility of Monetary Policy." Report prepared for GIC 2011 Global Conference Series: Monetary Policy and Central Banking in the Post-Crisis Environment, January 17, 2011.
"Proposal for a General Allocation of SDRs." Report prepared for International Monetary Fund, June 9, 2009.
Rajan, Raghuram. "Currencies Aren't the Problem: Fix Domestic Policy, Not Exchange Rates." *Foreign Affairs*, March/April 2011.
Reinhart, Carmen M., and M. Belen Sbrancia. "The Liquidation of Government Debt." Working Paper 11–10, Paterson Institute for International Economics, April 2011.
Rickards, James G. "A New Risk Management Model for Wall Street." *The RMA Journal: The Journal of Enterprise Risk Management*, March 2009: 20–24.
Roberts, Richard. "Sterling and the End of Bretton Woods." University of Sussex, from "A Reassessment of Sterling, 1945–2005," XIV International Economic History Congress, University of Helsinki, Helsinki, Finland, August 2006, www.helsinki.fi/iehc2006/papers1/Roberts.pdf.
Romer, Christina D. "The Debate That's Muting the Fed's Response." *New York Times*, February 26, 2011.
Romer, Christina D., and Jared Bernstein. "The Job Impact of the American Recovery and Reinvestment Plan." Report prepared by the Council of Economic Advisers, January 9, 2009.
Scheinkman, José A., and Michael Woodford. "Self-Organized Criticality and Economic Fluctuations." *The American Economic Review* 84, no. 2 (May 1994): 417–21.
Sornette, Didier. "Critical Market Crashes." *Physics Reports* 378 (2003): 1–98.
———. "Dragon-Kings, Black Swans and the Prediction of Crises." *International Journal of Terraspace Science and Engineering*, December 2009.
Sornette, Didier, and Ryan Woodward. "Financial Bubbles, Real Estate Bubbles, Derivative Bubbles, and the Financial and Economic Crisis." Report prepared for Proceedings of Applications of Physics and Financial Analysis Conference Series, May 2, 2009.
Stiglitz, Joseph E. "A Modest Proposal for the G-20." *Project Syndicate*, April 1, 2011.
Subbotin, Alexander. "A Multi-Horizon Scale for Volatility." Working paper prepared for Centre d'Économie de la Sorbonne, March 3, 2008.

Svensson, Lars E. O. "Escaping a Liquidity Trap and Deflation: The Foolproof Way and Others." Working Paper No. 10195, National Bureau of Economic Research, December 2003.
———. "The Zero Bound in an Open Economy: A Foolproof Way of Escaping from a Liquidity Trap." Working Paper No. 7957, National Bureau of Economic Research, October 2000.
"Systematic Risk and the Redesign of Financial Regulation." A Global Financial Stability Report, prepared for the International Monetary Fund, April 2010.
Taylor, John B. "Discretion Versus Policy Rules in Practice." Carnegie-Rochester Conference Series on Public Policy (1993): 195–214.
———. "Evaluating the TARP." Written testimony for the Committee on Banking, Housing and Urban Affairs, United States Senate, March 17, 2011.
"U.S. and China Agree to Negotiate Investment Treaty." Associated Press, June 19, 2008.
Weitzman, Martin L. "On Modeling and Interpreting the Economics of Catastrophic Climate Change." *The Review of Economics and Statistics*, February 2009.
Woodford, Michael. "Convergence in Macroeconomics: Elements of the New Synthesis." Paper prepared for annual meeting of the American Economics Association, New Orleans, January 4, 2008.
———. "Simple Analytics of the Government Expenditure Multiplier." Paper presented at the Allied Social Sciences Association, Atlanta, Georgia, January 3–5, 2010.
Zhang, Xiaohe. "The Economic Impact of the Chinese Yuan Revolution." Paper prepared for the 18th Annual Conference of the Association for Chinese Economic Studies, Australia, July 13, 2006.
Yellen, Janet L. "Improving the International Monetary and Financial System." Remarks delivered at the Banque de France International Symposium in Paris, France, March 4, 2011.

BOOKS

Ahamed, Liaquat. *Lords of Finance: The Bankers Who Broke the World*. New York: Penguin Press, 2009.
Ariely, Dan. *Predictably Irrational: The Hidden Forces That Shape Our Decisions*. New York: HarperCollins, 2008.
Authers, John. *The Fearful Rise of Markets*. Upper Saddle River, NJ: Financial Times Press, 2010.
Bagehot, Walter. *Lombard Street: A Description of the Money Market*. New York: Scribner, Armstrong, 1873.
Bak, Per. *How Nature Works: The Science of Self-Organized Criticality*. New York: Copernicus, 1996.

Barabási, Albert-László. *Linked*. New York: Plume, 2003.

Beinhocker, Eric D. *Origin of Wealth: Evolution, Complexity, and the Radical Remaking of Economics*. Cambridge: Harvard University Press, 2007.

Bernanke, Ben S. *Essays on the Great Depression*. Princeton: Princeton University Press, 2000.

Bernstein, Peter L. *Against the Gods: The Remarkable Story of Risk*. New York: Wiley, 1996.

———. *Capital Ideas: The Improbable Origins of Modern Wall Street*. Hoboken: Wiley, 2005.

Bernstein, William J. *A Splendid Exchange: How Trade Shaped the World*. New York: Atlantic Monthly Press, 2008.

Bhagwati, Jagdish. *A Stream of Windows: Unsettling Reflections on Trade, Immigration, and Democracy*. Cambridge: MIT Press, 1998.

Bookstaber, Richard. *A Demon of Our Own Design: Markets, Hedge Funds, and the Perils of Financial Innovation*. Hoboken: Wiley, 2007.

Braudel, Fernand. *The Structures of Everyday Life: Civilization and Capitalism, 15th–18th Century, Volume 1*. New York: Harper and Row, 1979.

———. *The Wheels of Commerce: Civilization and Capitalism, 15th–18th Century, Volume 2*. New York: Harper and Row, 1979.

Brown, Cynthia Stokes. *Big History: From the Big Bang to the Present*. New York: New Press, 2007.

Brown, Stephen R. *Merchant Kings: When Companies Ruled the World, 1600–1900*. New York: St. Martin's, 2009.

Bruner, Robert F., and Sean D. Carr. *The Panic of 1907: Lessons Learned from the Market's Perfect Storm*. Hoboken: Wiley, 2007.

Buchanan, Mark. *Ubiquity: The Science of History, or Why the World Is Simpler Than We Think*. New York: Crown, 2001.

Capie, Forrest. *Depression and Protectionism: Britain Between the Wars*. London: Allen and Unwin, 1983.

Chaisson, Eric J. *Cosmic Evolution: The Rise of Complexity in Nature*. Cambridge: Harvard University Press, 2001.

Christian, David. *Maps of Time: An Introduction to Big History*. Berkeley: University of California Press, 2004.

Davies, G. *A History of Money: From Ancient Times to the Present Day*. Cardiff: University of Wales Press, 2002.

Dawson, Christopher. *Dynamics of World History*. Wilmington, DE: ISI Books, 2002.

Dunbar, Nicholas. *Inventing Money: The Story of Long-Term Capital Management and the Legends Behind It*. Chichester, UK: Wiley, 2000.

Eichengreen, Barry. *Exorbitant Privilege: The Rise and Fall of the Dollar and the Future of the International Monetary System*. Oxford: Oxford University Press, 2011.

———. *Global Imbalances and the Lessons of Bretton Woods*. Cambridge: MIT Press, 2007.

———. *Globalizing Capital: A History of the International Monetary System*, 2nd ed. Princeton: Princeton University Press, 2008.

———. *Golden Fetters: The Gold Standard and the Great Depression, 1919–1939*. New York: Oxford University Press, 1995.

Elliott, J. H. *Empires of the Atlantic World: Britain and Spain in America, 1492–1830*. New Haven: Yale University Press, 2006.

Ferguson, Niall. *The Ascent of Money: A Financial History of the World*. New York: Penguin, 2008.

Fergusson, Adam. *When Money Dies: The Nightmare of Deficit Spending, Devaluation, and Hyperinflation in Weimar Germany*. New York: Public Affairs, 2010.

The Financial Crisis Inquiry Report: Final Report of the National Commission on the Causes of the Financial and Economic Crisis in the United States. New York: Public Affairs, 2011.

Findlay, Ronald, and Kevin H. O'Rourke. *Power and Plenty: Trade, War, and the World Economy in the Second Millennium*. Princeton: Princeton University Press, 2007.

Fox, Justin. *The Myth of the Rational Market*. New York: HarperCollins, 2009.

Friedman, Milton, and Anna Jacobson Schwartz. *A Monetary History of the United States, 1867–1960*. Princeton: Princeton University Press, 1963.

Frydman, Roman, and Michael D. Goldberg. *Imperfect Knowledge Economics: Exchange Rates and Risks*. Princeton: Princeton University Press, 2007.

Gallarotti, Giulio M. *The Anatomy of an International Monetary Regime: The Classical Gold Standard, 1880–1914*. New York: Oxford University Press, 1995.

Gasparino, Charles. *The Sellout: How Three Decades of Wall Street Greed and Government Mismanagement Destroyed the Global Financial System*. New York: Harper Business, 2009.

Gleick, James. *Chaos: Making a New Science*. New York: Viking, 1987.

Hackett Fischer, David. *The Great Wave: Price Revolutions and the Rhythm of History*. Oxford: Oxford University Press, 1996.

Hahn, Robert W., and Paul C. Tetlock, eds. *Information Markets: A New Way of Making Decisions*. Washington, D.C.: AEI Press, 2006.

Hamilton, Alexander. *Writings*. New York: Literary Classics of the United States, 2001.

Hayek, F. A. *The Fortunes of Liberalism: Essays on Austrian Economics and the Ideal of Freedom*. Peter G. Klein, ed. Indianapolis: Liberty Fund, 1992.

———. *Good Money, Part I: The New World*. Stephen Kresge, ed. Indianapolis: Liberty Fund, 1999.

———. *Good Money, Part II: The Standard*. Stephen Kresge, ed. Indianapolis: Liberty Fund, 1999.

Homer, Sidney. *A History of Interest Rates*, 2nd ed. New Brunswick, NJ: Rutgers University Press, 1963.

Irwin, Douglas A. *Against the Tide: An Intellectual History of Free Trade.* Princeton: Princeton University Press, 1996.

Israel, Jonathan I. *The Dutch Republic: Its Rise, Greatness, and Fall, 1477–1806.* Oxford: Oxford University Press, 1995.

Janis, Irving L. *Groupthink: Psychological Studies of Policy Decisions and Fiascoes.* Boston: Houghton Mifflin, 1982.

Jensen, Henrik Jeldtoft. *Self-Organized Critically: Emergent Complex Behavior in Physical and Biological Systems.* New York: Cambridge University Press, 1998.

Johnson, Clark H. *Gold, France, and the Great Depression: 1919–1932.* New Haven: Yale University Press, 1997.

Johnson, Simon, and James Kwak. *13 Bankers: The Wall Street Takeover and the Next Financial Meltdown.* New York: Pantheon, 2010.

Kahneman, Daniel, and Amos Tversky, eds. *Choices, Values, and Frames.* Cambridge: Cambridge University Press, 2000.

Kahneman, Daniel, et al., eds. *Judgment under Uncertainty: Heuristics and Biases.* Cambridge: Cambridge University Press, 1982.

Kambhu, John, et al. *New Directions for Understanding Systematic Risk.* Washington, D.C.: National Academy Press, 2007.

Keynes, John Maynard. *The Economic Consequences of the Peace.* London: Macmillan, 1920.

———. *The General Theory of Employment, Interest, and Money.* San Diego: Harcourt, 1964.

———. *A Tract on Monetary Reform.* Amherst, NY: Prometheus Books, 1999.

———. *Treatise on Money, Volume I: The Pure Theory of Money.* London: Macmillan, 1950 [1930].

———. *Treatise on Money, Volume II: The Applied Theory of Money.* London: Macmillan, 1950 [1930].

Kindleberger, Charles P. *Manias, Panics, and Crashes: A History of Financial Crises*, rev. ed. New York: Basic Books, 1989.

———. *The World in Depression, 1929–1939.* Berkeley: University of California Press, 1986.

Knapp, Georg Friedrich. *The State Theory of Money.* San Diego: Simon Publications, 1924.

Kuhn, Thomas S. *The Structure of Scientific Revolutions.* Chicago: University of Chicago Press, 1996.

Liang, Qiao, and Wang Xiangsui. *Unrestricted Warfare.* Panama City: Pan American Publishing, 2002.

Lowenstein, Roger. *When Genius Failed: The Rise and Fall of Long-Term Capital Management.* New York: Random House, 2000.

Luman, Ronald R., ed. *Unrestricted Warfare Symposium*, three volumes. Laurel, MD: Johns Hopkins University Applied Physics Laboratory, 2007–2009.

MacMillan, Margaret. *Paris 1919: Six Months That Changed the World.* New York: Random House, 2001.

Makin, John H. *The Global Debt Crisis: America's Growing Involvement.* New York: Basic Books, 1984.

Mallaby, Sebastian. *More Money Than God.* New York: Penguin, 2010.

Mandelbrot, Benoît, and Richard L. Hudson. *The (Mis)Behavior of Markets: A Fractal View of Risk, Ruin, and Reward.* New York: Basic Books, 2004.

Mead, Walter Russell. *God and Gold: Britain, America, and the Making of the Modern World.* New York: Random House, 2007.

Meltzer, Allan H. *A History of the Federal Reserve, Volume 1: 1913–1951.* Chicago: University of Chicago Press, 2003.

Mihm, Stephen. *A Nation of Counterfeiters: Capitalism, Con Men, and the Making of the United States.* Cambridge: Harvard University Press, 2007.

Milgram, Stanley. *The Individual in a Social World: Essays and Experiments,* 2nd ed. New York: McGraw-Hill, 1992.

Mitchell, Melanie. *Complexity: A Guided Tour.* New York: Oxford University Press, 2009.

Newman, Mark, Albert-László Barabási and Duncan J. Watts. *The Structure and Dynamics of Networks.* Princeton: Princeton University Press, 2006.

Peters, Edgar E. *Chaos and Order in the Capital Markets: A New View of Cycles, Prices, and Market Volatility.* New York: Wiley, 1991.

———. *Fractal Market Analysis: Applying Chaos Theory to Investment and Economics.* New York: Wiley, 1994.

Rajan, Raghuram G. *Fault Lines: How Hidden Fractures Still Threaten the World Economy.* Princeton: Princeton University Press, 2010.

Ray, Christina. *Extreme Risk Management: Revolutionary Approaches to Evaluating and Measuring Risk.* New York: McGraw-Hill, 2010.

Reinhart, Carmen M., and Kenneth S. Rogoff. *This Time Is Different: Eight Centuries of Financial Folly.* Princeton: Princeton University Press, 2009.

Roett, Riordan. *The New Brazil.* Washington, D.C.: Brookings Institute Press, 2010.

Rothbard, Murray N. *The Case Against the Fed.* Auburn, AL: Ludwig von Mises Institute, 1994.

———. *A History of Money and Banking in the United States: The Colonial Era to World War II.* Auburn, AL: Ludwig von Mises Institute, 2005.

———. *What Has Government Done to Our Money?* Auburn, AL: Ludwig von Mises Institute, 2005.

Rothkopf, David. *Superclass: The Global Power Elite and the World They Are Making.* New York: Farrar, Straus and Giroux, 2008.

Samuelson, Paul A., and William D. Nordhaus. *Economics,* 19th ed. New York: McGraw-Hill, 2010.

Sanger, David. *The Inheritance: The World Obama Confronts and the Challenges to American Power.* New York: Harmony Books, 2009.

Schelling, Thomas C. *Micromotives and Macrobehavior.* New York: Norton, 1978.
———. *The Strategy of Conflict.* Cambridge: Harvard University Press, 1980.
Schumpeter, Joseph A. *Capitalism, Socialism and Democracy.* London: Allen and Unwin, 1976.
Shlaes, Amity. *The Forgotten Man: A New History of the Great Depression.* New York: HarperCollins, 2007.
Shleifer, Andrei. *Inefficient Markets: An Introduction to Behavioral Finance.* Oxford: Oxford University Press, 2000.
Sowell, Thomas. *Applied Economics: Thinking Beyond Stage One.* New York: Basic Books, 2004.
———. *Basic Economics: A Common Sense Guide to the Economy.* New York: Basic Books, 2011.
Steil, Benn, and Manuel Hinds. *Money, Markets and Sovereignty.* New Haven: Yale University Press, 2009.
Steil, Benn, and Robert E. Litan. *Financial Statecraft: The Role of Financial Markets in American Policy.* New Haven: Yale University Press, 2006.
Stewart, Bruce H., and J. M. Thompson. *Nonlinear Dynamics and Chaos*, 2nd ed. Chichester, UK: Wiley, 2002.
Surowiecki, James. *The Wisdom of Crowds.* New York: Doubleday, 2004.
Tainter, Joseph A. *The Collapse of Complex Societies.* Cambridge: Cambridge University Press, 1988.
Taleb, Nassim Nicholas. *The Black Swan: The Impact of the Highly Improbable.* New York: Random House, 2007.
Tarnoff, Ben. *Moneymakers: The Wicked Lives and Surprising Adventures of Three Notorious Counterfeiters.* New York: Penguin Press, 2011.
Taylor, John B. *Getting Off Track: How Government Actions and Interventions Caused, Prolonged, and Worsened the Financial Crisis.* Stanford: Hoover Institution Press, 2009.
———. *Global Financial Warriors: The Untold Story of International Finance in the Post-9/11 World.* New York: Norton, 2007.
Temin, Peter. *Lessons from the Great Depression.* Cambridge: MIT Press, 1989.
Thaler, Richard H., and Cass R. Sunstein. *Nudge: Improving Decisions about Health, Wealth, and Happiness.* New York: Penguin, 2009.
Thompson, J.M.T., and H. B. Stewart. *Nonlinear Dynamics and Chaos*, 2nd ed. New York: Wiley, 2002.
Tilden, Freeman. *A World in Debt.* Toronto: Friedberg Commodity Management, 1983.
Von Mises, Ludwig. *The Theory of Money and Credit.* Indianapolis: Liberty Fund, 1980.
Von Mises, Ludwig, et al. *The Austrian Theory of the Trade Cycle and Other Essays.* Richard M. Ebeling, ed. Auburn, AL: Ludwig von Mises Institute, 1996.

Von Neumann, John, and Oskar Morgenstern. *The Theory of Games and Economic Behavior.* Princeton: Princeton University Press, 1944.
Waldrop, Mitchell. *Complexity: The Emerging Science at the Edge of Order and Chaos.* New York: Simon and Schuster, 1992.
Watts, Duncan J. *Six Degrees: The Science of a Connected Age.* New York: Norton, 2003.
Whalen, Christopher R. *Inflated: How Money and Debt Built the American Dream.* Hoboken: Wiley, 2011.
Woodward, Bob. *Maestro: Greenspan's Fed and the American Boom.* New York: Simon and Schuster, 2000.
Wriston, Walter B. *The Twilight of Sovereignty: How the Information Revolution Is Transforming Our World.* New York: Charles Scribner's Sons, 1992.
Yergen, Daniel, and Joseph Stanislaw. *The Commanding Heights: The Battle between Government and the Marketplace That Is Remaking the Modern World.* New York: Simon and Schuster, 1998.

图书在版编目(CIP)数据

货币战争 / (美) 詹姆斯·里卡兹
(James Rickards)著;凌复华译. — 上海: 上海译文
出版社,2018.7 (2023.6 重印)
(译文纪实)
ISBN 978-7-5327-7747-1

Ⅰ. ①货… Ⅱ. ①詹… ②凌… Ⅲ. ①货币贬值-研
究-世界 Ⅳ. ①F820.3

中国版本图书馆 CIP 数据核字(2018)第 034657 号

图字: 09-2018-056 号

货币战争
[美] 詹姆斯·里卡兹 / 著 凌复华 / 译
责任编辑/张吉人 特约编辑/丁立峰 装帧设计/邵旻工作室 未氓设计工作室

上海译文出版社有限公司出版、发行
网址: www.yiwen.com.cn
201101 上海市闵行区号景路159弄B座
启东市人民印刷有限公司印刷

开本 890×1240 1/32 印张 8.75 插页 2 字数 180,000
2018 年 7 月第 1 版 2023 年 6 月第 7 次印刷
印数: 27,001-29,000 册

ISBN 978-7-5327-7747-1/F·218
定价: 55.00 元